Tenzin Choedrak
Der Palast des Regenbogens

Der Leibarzt des Dalai Lama erinnert sich

Herausgegeben von
Gilles van Grasdorff
Mit einem Vorwort des
XIV. Dalai Lama

Aus dem Französischen von
Carola Feist und
Mechtild Russell

Insel Verlag

Die Originalausgabe erschien 1998
unter dem Titel *Le Palais des arcs-en-ciel* bei Albin Michel, Paris

Redaktionelle Mitarbeit und fachliche Beratung:
Monika Deimann-Clemens

Erste Auflage 1999

Druck: Bercker, Graphischer Betrieb GmbH, Kevelaer
Printed in Germany

1 2 3 4 5 6 – 04 03 02 01 00 99

Dem tibetischen Volk,
der tibetischen Kultur und Medizin,
mit einem besonderen Gedenken
an die Mönche von Chöde
und den Mentsikhang.

Solange es leidende Wesen gibt,
Und bis ihre Krankheiten geheilt sind,
Möge ich, um ihnen zu helfen,
Ihr Arzt, ihr Heilmittel und ihr Diener sein.

Shantideva, »Eintritt in die Praxis des Bodhisattva«,
Kapitel III, Vers 8

Inhalt

Anhang

Der Dalai Lama

Vorwort

Ich freue mich über die Veröffentlichung der Autobiographie von Dr. Tenzin Choedrak. In seinem Leben und in seiner Geschichte finden wir die Leiden wieder, die das tibetische Volk während der letzten fünf Jahrzehnte durchgemacht hat. Dieses Buch wird auch zu einem besseren Verständnis für die Situation Tibets in der Welt beitragen.

Dr. Tenzin Choedrak hat während seines Aufenthaltes im Gefängnis zahlreiche chinesische Funktionäre behandelt und geheilt und auf diese Weise ungewollt die Bewunderung seiner Peiniger gewonnen. Die Tatsache, daß eingefleischte Kommunisten sich an ihn wandten, um von ihm behandelt zu werden – und dies zu einer Zeit, als Altes und Traditionelles geächtet war –, beweist die Wirksamkeit unseres medizinischen Systems.

Man muß betonen, daß Dr. Choedrak – wie im übrigen viele Tibeter – gegenüber seinen Gefängniswärtern und Folterern keinerlei Haßgefühle empfunden hat. Weder die Folterungen noch die furchtbaren Entbehrungen während seiner Zeit in chinesischen Arbeitslagern und Gefängnissen haben ihn von den buddhistischen Lehren abbringen können, die er von seinen Lehrmeistern erhalten hat. Dr. Choedrak sah in seinen Peinigern vor allem menschliche Wesen, die zwar über die Buddha-Natur verfügen, jedoch, wie wir alle, der Welt der Illusionen und des Verhängnisses verfallen sind. Diese Überzeugung hat Dr. Choedrak und vielen anderen Tibetern das Leben und den Verstand gerettet.

Seit seiner Ankunft in Indien ist Dr. Tenzin Choedrak mein Leibarzt und Leiter des Instituts für Medizin und Astrologie in Dharamsala, wo junge Tibeter nun eine praktische Ausbildung in traditioneller tibetischer Medizin erhalten können.

Ich bin ganz sicher, daß viele Leser dieses bewegenden Berichts von Dr. Choedraks Beispiel an Widerstand, Mut und Großherzigkeit berührt, ja inspiriert sein werden. Ich hoffe, daß dieses Buch in der internationalen Öffentlichkeit weitere Sympathie für die Sache Tibets wecken wird.

Tenzin Gyatso,
Dalai Lama XIV

Vorbemerkung

Auf Tibet, seine Geschichte, seine Kultur und seine Religionen ist eine breitere Öffentlichkeit erst in den letzten Jahren aufmerksam geworden. Doch noch immer schreitet die Tibetologie, die der Öffentlichkeit ein vom Aussterben bedrohtes Land und Volk vorstellt, eher zögernd voran. Dieses Buch soll zu einer vertieften Kenntnis beitragen.

Für die Umschrift der tibetischen Namen und Begriffe wurde im allgemeinen die international gebräuchliche englische Schreibweise benutzt. Ausnahmen bilden Namen und Begriffe, für die sich eine der tibetischen Aussprache näherkommende deutsche Umschrift eingebürgert hat.

An dieser Stelle sei insbesondere auf die unterschiedlichen Schreibweisen *Mentsikhang* und *Men-Tsee-Khang* hingewiesen. *Mentsikhang* ist der Name für das tibetische Institut für Medizin und Astrologie, das der dreizehnte Dalai Lama 1916 in Lhasa gründete. Dagegen bezeichnet die englische Schreibweise *Men-Tsee-Khang* das unter dem Namen »Tibetan Medical & Astro Institute of His Holiness the Dalai Lama« bekanntgewordene Institut, das der vierzehnte Dalai Lama 1961 in seinem nordindischen Exil ins Leben rief.

Für die deutsche Ausgabe wurde eine ausführliche Zeittafel zur Geschichte, Religion und Politik Tibets angefügt.

Erster Teil
1922-1950

1

Rückkehr in die Welt der Menschen

Ich heiße Tenzin Choedrak. Ich bin vorzeitig am 15. Tag des zweiten Monats im Wasser-Hund-Jahr des tibetischen Kalenders (April 1922) in einer armen Familie und einem einfachen Haus geboren, mitten in einem Land, welches so alt ist, daß man es für ewig halten könnte, in Tibet. Die umgebenden Berge mit ihren gewaltigen Felsen waren majestätisch, bedeckt von reinem Schnee und spärlichem Grün. Alles hier war rauh, doch so reich an Geschichte ...

*Amala**[1] – der vertraute Name, mit dem wir Tibeter unsere Mutter bezeichnen – hatte nach nur sechs Monaten Schwangerschaft entbunden, an einem Tag, an dem der Donner in den Bergen so sehr grollte, daß die Dorfbewohner glaubten, in der Ferne das Brüllen eines Drachens zu hören, ausgelöst durch meine unerwartete Ankunft.

Den Texten der tibetischen Medizin nach zu urteilen, ist es leicht, den Vorgang der Geburt zu erklären, doch im Einzelfall erweist sich die Suche nach den genauen Ursachen als eine komplexe Angelegenheit. Stellen Sie sich vor, wie der Augenblick der Wiedergeburt naht: Sie sind im *Bardo**, und Ihr Geist empfindet immer stärker das Bedürfnis nach einer physischen Stütze, die im Uterus Ihrer Mutter Gestalt annimmt. Getragen von der Energie des *Karmas**, nähern Sie sich Ihren künftigen Eltern in der sexuellen Vereinigung. Sie so zu sehen, erweckt in Ihnen ein sehr starkes Gefühl; Sie empfinden auf ganz natürliche Weise bei dem einen eine gewisse Anziehung, bei dem anderen Abneigung. Das *Gyüzhi** besagt:

1 Mit Asterisken (*) versehene Begriffe werden im Glossar am Schluß des Bandes erläutert.

Drei Elemente sind wichtig für die Bildung eines Körpers: ein perfektes Sperma, ohne einen Defekt infolge einer Krankheit; Menstruationsblut [Terminus, mit dem die Tibeter die Eizelle bezeichnen], das im geeigneten Augenblick seines Zyklus und ohne Mangel sein muß, und der Geist des Wesens im Zwischenzustand [Bardo], der eine Folge seines *Karmas* ist. Die Natur der fünf Elemente – Erde, Wasser, Feuer, Luft und Raum – ist notwendig für seine physische Existenz: Dies ist der Grund für die Empfängnis. Die Entwicklung hin zu einem Körper männlichen oder weiblichen Geschlechts hängt von den Verbindungen ab, die das Wesen im Zwischenzustand herstellen wird. Wenn es sich zur Mutter hingezogen fühlt und dem Vater gegenüber Abneigung empfindet, wird es als männliches Wesen geboren werden. Wenn es dagegen vom Vater angezogen wird und der Mutter gegenüber Zorn empfindet, dann wird eine Tochter geboren werden...

Was mich betrifft, so bin ich als Junge geboren. Wahrscheinlich sollte ich auf diese Weise ins Dasein zurückkehren, um meinen spirituellen Weg fortzusetzen und anderen zu helfen. Nur die Welt der Menschen ermöglicht einen solchen Fortschritt. Gegen Ende der Schwangerschaft sieht das Baby den Uterus als Gefängnis voller widerwärtiger Substanzen. In dieser dunklen Festung empfindet es auch ein intensives Gefühl von Traurigkeit, Ekel und Schmutz. Jetzt erst stellt es sich darauf ein, den Bauch seiner Mutter zu verlassen. Im Augenblick der Geburt erlebt das Kind ein schmerzliches Trauma: »Das Gefühl ist ähnlich wie bei einer lebendig gehäuteten Kuh oder bei Wespenstichen, und wenn der Säugling gebadet wird, gibt ihm der Kontakt mit dem Wasser das Gefühl, geschlagen zu werden.«

Was habe ich früher getan, um so vorzeitig geboren zu werden? Ich kann es nicht sagen. Die einzige Erklärung, die ich vorbringen könnte, hängt mit den Handlungen meiner

Eltern und mit meinem in früheren Leben angesammelten *Karma* zusammen.

Meine Familie hat immer große Achtung vor den tibetischen Sitten und Traditionen gehabt. Nachdem sie mich auf die Welt gebracht hatte, hat *Amala* weder ihre Haare noch sonst irgendwelche Gegenstände berührt, aus Angst davor, sie vorzeitig zu verlieren oder sie vorzeitig abzunutzen. *Mola** – meine Großmutter, ich ziehe es vor, das tibetische Wort zu verwenden, da es auch unsere Achtung zum Ausdruck bringt – trat an *Amalas* Lager, um sie einen Kieselstein betasten zu lassen.[2] Am dritten Tag nach der Geburt[3] nahm meine Familie die Reinigungszeremonie vor, die mich von den Verunreinigungen der Niederkunft befreien sollte. Jeder Besuch ist zu dieser Zeit noch untersagt; die Tibeter halten die Atmosphäre, die dann im Innern eines Hauses herrscht, für verdorben. Man muß daher warten, bis die Gebete und das Räucherwerk ihre Wirkung erzielt haben.

Amala wusch sich Gesicht und Haare mit heißem Wasser, zog saubere Kleider an und empfing dann die Dorfbewohner, die in großer Zahl gekommen waren, um ihr Geschenke zu bringen. Alle legten Wert darauf, mich zu begrüßen und in dieser Welt willkommen zu heißen, in dem Wissen, daß für uns Buddhisten die Welt der Menschen den größten Wert hat, gibt sie uns doch die Möglichkeit, genügend Verdienste anzusammeln, um vielleicht noch in diesem Leben, nach dem Beispiel des mystischen Dichters Milarepa[4], Erleuchtung zu erlangen.[5]

2 Dies kann auch ein Stückchen Holz sein.

3 In einigen Regionen Tibets findet diese Zeremonie für ein Mädchen am vierten Tag nach der Geburt statt.

4 Milarepa (1040-1123): Weiser, Autor von Gedichten, die im Westen erst in diesem Jahrhundert veröffentlicht wurden. Er verbrachte den größten Teil seines Lebens in Höhlen.

5 Der Buddha sagte auch ganz klar, daß ein Wesen gleichzeitig Mitgefühl (Eigenschaft des Herzens) und Weisheit (Eigenschaft des Verstandes) entwikkeln muß, um Vollkommenheit zu erlangen. Wenn der Weg vollständig zurück-

Einen Monat später bildete sich bei Tagesanbruch ein Regenbogen, gefolgt von einem schwarzen, beinahe greifbaren Schatten, dessen gewundene Arme das Kloster in der Ferne, dann den nächstliegenden Hügel umschlossen. Nun fiel Regen, kalt und schräg. Zu Beginn des Nachmittags ließ sich ein Rabe, schwarz und gedrungen, auf einem Baum im Südwesten unseres Hauses nieder. Bei Sonnenuntergang krächzte er unheilvoll, und unser Hund bellte sechsmal. Einige Stunden nach diesen beunruhigenden Vorzeichen verließ meine Mutter, ihrer Krankheit erlegen, ihre leibliche Hülle. Mein älterer Bruder war 16 Jahre alt; ich gerade einen Monat...

Viele Jahre sind seit dem Ableben meiner Mutter vergangen. Heute bin ich ein einfacher buddhistischer tibetischer Mönch, und ich weiß eines: Alles ist Vergänglichkeit.

»Manchmal aus Glück, manchmal aus Not bestehend, bleibt ein Menschenleben dies zerbrechliche und kostbare Gut«, sagte der siebte Dalai Lama. Jedes Wesen, das auf dieser Erde geboren wird, muß unvermeidlich durch die Phasen von Geburt, Alter, Krankheit und Tod hindurchgehen. Man muß sich nur umsehen, um sich klarzumachen, in welchem Maße die Vergänglichkeit offensichtlich ist. Nichts ist von Dauer, doch die Dinge geschehen nicht zufällig. Jedes Ereignis ergibt sich aus Vorangegangenem und folgt einer strengen Kausalität. Selbst in unserem Verhalten sind wir nicht frei, denn unser Wille und unsere Wünsche sind abhängig von der Summe unserer früheren Handlungen. Das ist es, was wir Buddhisten Kausalitätsgesetz nennen.

Im Augenblick des Todes löst sich ein Wesen nicht einfach in nichts auf. Eine Wiedergeburt wird folgen, die glücklich, elend, erhaben oder einfach weniger gut sein wird. Sie wird

gelegt ist, wird der Praktizierende selbst ein Buddha oder Erleuchteter, das heißt ein Wesen, das in sich alle Möglichkeiten geweckt und zu ihrer vollen Entfaltung gebracht hat. Die fundamentale Botschaft des Buddha ist, daß alle Wesen in gleicher Weise in sich die Buddha-Natur besitzen und damit die Möglichkeit haben, Buddha zu werden.

vorherbestimmt vom Geisteszustand des Sterbenden und der Eigenschaft seines *Karmas*, gegenüber dem die meisten Wesen ohnmächtig bleiben. Sie müssen daher eine Wiedergeburt auf sich nehmen, entsprechend der Beschaffenheit ihres eigenen *Karmas* und der Reifung ihrer psychischen Prägungen, die sich durch vergangene Handlungen des Körpers, der Rede und des Denkens auf dem Geistkontinuum niedergeschlagen haben. Deshalb müssen wir uns lange Zeit im voraus auf solche Aussichten vorbereiten, wie uns Milarepa auffordert:

> Wenn ihr stark und bei guter Gesundheit seid,
> Denkt ihr nicht an die Krankheit, die auftreten kann.
> Aber sie trifft euch
> Mit der plötzlichen Kraft des Blitzes.
> In weltliche Dinge verwickelt,
> Denkt ihr nicht an das Herannahen des Todes;
> Schnell kommt er, wie das Gewitter,
> Das sich über eurem Kopf entlädt.

Mola hat mir oft vom Tod von *Amala* erzählt. In jener schrecklichen Nacht im Monat Mai hörte man lange das dumpfe Gemurmel der Stimmen von nahen Verwandten und Freunden, Mönchen und Laien, die unermüdlich das *Mantra** von Chenresi[6], dem *Bodhisattva** des Großen Mitgefühls rezitierten: *Om Mani Padme Hum*. Am frühen Morgen war der Berg von großen, grauen Wolken bedeckt, und der Donner grollte, immer stärker, immer näher. Doch gegen Mittag hellte sich der Himmel auf, und die Landschaft schmückte sich mit kräftigen Farben. Spiralförmig stieg noch Weihrauch vom Altar auf, als man den Körper meiner Mutter in sitzender Stellung in ein weißes Leintuch hüllte. Der

6 Im Sanskrit Avalokiteshvara; er ist der Beschützer des Landes und seiner Bewohner. In China unter dem Namen Kuanyin, und in Japan als Kannon sehr verehrt, wird er mit weiblichen Attributen dargestellt.

*Lama** sprach mit der Familie ein letztes Gebet, bevor man den Leichnam auf einen benachbarten Berg brachte, zu einem geheimnisvollen Ort, wo die Geier nisten. Die Sonne brannte mit voller Kraft auf die Erde nieder. Ganz oben löste sich plötzlich eine Schneeplatte vom Felsen, einem langen Tränenstrom ähnlich, wie ein letztes Lebewohl an das geliebte Wesen, das gerade aus diesem Leben geschieden war.

Mola hat mir erzählt, daß mein Vater seinen Kummer aus Stolz zurückhielt und mit einem traurigen Blick dem *Lama* folgte, bis dessen Schatten mit dem Horizont verschmolz. Ein sonderbares Licht, milchig und weich, nahm ihn auf. Der Mann setzte den Leichnam an einem geweihten Ort ab, während seine Gebete die beeindruckende Stille der Gipfel durchdrangen. Dann zerschnitt er ihn, indem er jedes Stück Fleisch sorgfältig löste, um ihn den Raubvögeln zuzuwerfen, die schon darauf lauerten; er zerstieß die Knochen, um sie mit *Tsampa**, der traditionellen Speise aus geröstetem Gerstenmehl, zu vermengen, und ließ diese Mischung dort liegen. Durch diese Handlung gab er *Amala* die Möglichkeit, ein letztes Verdienst zu erwerben, während sie die verschiedenen Etappen des *Bardo* durchschritt.

Heute bin ich ein alter Mann geworden, der nicht weiß, ob er noch lange leben wird: »Im Ozean des *Samsara** bewegt sich unser Leben wie im ewigen Strom wechselnder Gezeiten.« Um diesem Meer von Leid zu entrinnen, das uns Geburt, Alter, Krankheit und Tod bringen, müßten wir unermüdlich Güte, Liebe, Mitgefühl und Gelassenheit gegenüber allen fühlenden Wesen zum Ausdruck bringen. Ein Sprichwort besagt:

> An welchem Ort auch immer wir leben,
> Solange wir Gefangene des Samsara sind,
> Bedeutet das, wie auf einer Nadelspitze zu leben,
> Was uns weder Glück noch Freude bringen kann.

Es macht wenig Freude, sich an seine Kindheit zu erinnern, wenn man als Halbwaise ohne Mutter viele Entbehrungen erlitten hat. Aber dies waren nicht meine einzigen Leiden. Es gibt auch eine andere Zeit in meinem Leben, an die ich mich nur sehr ungern erinnere: Es sind die einundzwanzig Jahre, die ich im Gefängnis verbracht habe. Sie haben mich tief geprägt. Die Mehrzahl der Menschen, deren Leiden wir geteilt haben, lebt nicht mehr, ist Opfer der Greueltaten unserer chinesischen Gefängniswärter geworden. Mit Bewegung erinnere ich mich an zwei alte Leute, einen Vater und einen Hirten aus meinem Dorf, die ich in einem Lager getroffen habe. Ich habe sie nie mehr lebend wiedergesehen. Einige haben jedoch überlebt, wie der Mönch Palden Gyatso, der ein Jahr lang mit mir eine Zelle im Gefängnis Nr. 1 in Drapchi in der Nähe von Lhasa geteilt hat.

Mein Bericht ist auch als ein Gedenken an diese Menschen zu verstehen.

Die beste Art, mit solchen Erinnerungen umzugehen, ist zu versuchen, sich mit dieser so schwer zu ertragenden Vergangenheit abzufinden, indem man sie entweder als vergangenen Zeitabschnitt ansieht und sie ganz einfach aus seinem Bewußtsein auslöscht oder über das Gesetz der Kausalität meditiert. Weder das eine noch das andere ist einfach. Dennoch bin ich noch heute, in Dharamsala[7], in jedem Augenblick mit diesen schweren Erfahrungen konfrontiert, vor allem wenn Eltern kommen und mir ihre Kinder anvertrauen, damit diese in den Einrichtungen, die Seine Heiligkeit der Dalai Lama ins Leben gerufen hat, eine tibetische Erziehung erhalten und auf diese Weise den kommunistischen Repressalien entkommen können, die immer noch auf unserem Land lasten. Der Schmerz wird dadurch nur noch heftiger. Wenn die Erinnerung mich überkommt, frage ich mich

7 Dharamsala, das im Unionsstaat Himachal Pradesh (Indien) liegt, ist seit 1960 Sitz der Regierung Tibets im Exil und Wohnort Seiner Heiligkeit des XIV. Dalai Lama.

manchmal, ob es für mich nicht besser gewesen wäre, mich als Einsiedler zurückzuziehen.

Mein Vater hat einige Monate nach dem Tod meiner Mutter wieder geheiratet, und meine Stiefmutter hat mich nie geliebt, weil ich nicht ihr Sohn war und weil ich darüber hinaus in den Augen aller als Dorftrottel galt. Als ein Kind, das immer in Lumpen gekleidet war, hatte ich keine andere Wahl, als alles zu ertragen. Mein Vater, der von seinen Tätigkeiten sehr in Anspruch genommen und deshalb oft abwesend war, hatte bei seiner Rückkehr nicht die Zeit, mir zuzuhören. Außerdem hatte er zu Hause kaum Autorität. Was *Mola* betrifft, so wußte sie immer, was in unserem Haus vor sich ging, aber sie hatte nichts zu sagen. Ich gewöhnte mich langsam an das Leiden und kam schließlich dahin, mich nicht mehr über die schlechte Behandlung durch meine Stiefmutter zu beklagen. »Im Schoß des *Samsara* gedeihen Elend und Finsternis«, sagte der Große Fünfte, wie wir Tibeter den fünften Dalai Lama bezeichnen. Eine Wahrheit, über die ich nie aufgehört habe zu meditieren.

Klargestellt sei, *Mola* hat mich sehr geliebt; sie hat sich mit mir mehr beschäftigt als mit ihren eigenen zehn Kindern, die alle schon älter waren. Als ich noch ein Säugling war, hat sie mich mit der Milch der *Dri* ernährt, des weiblichen Yaks. Später, als ich in ihrer Nähe schlief, verging kein Tag, an dem sie mir nicht heimlich, ohne daß meine Stiefmutter davon erfuhr, eine kleine Schale mit frischer Milch brachte. Jeden Abend verrichtete sie ihre Gebete und und machte ihre Niederwerfungen. In eine dicke Decke gekuschelt, hörte ich ihr zu und beobachtete sie schweigend. Sie war den alten Frauen des U-Tsang sehr ähnlich, die man heute noch in McLeod Ganj, dem oberen Dharamsala, antreffen kann, eine Mischung aus Strenge und Sanftheit, mit einem Blick voller Liebe, Mitgefühl und innerem Frieden. Wenn Reisende einen der drei Wege nahmen, die zu unserem Dorf und zu unserem Haus führten, bot sie ihnen regelmäßig ein kleines, bis an den

Rand gefülltes Glas mit *Chang** an, unserem Gerstenbier. Sie erwies allen gegenüber die gleiche Gastfreundschaft und fragte unaufhörlich nach Neuigkeiten aus Lhasa und von *Kundun**. Manchmal erzählte sie ihnen Geschichten über unsere Familie und betonte dabei, daß der Vater von Kyabje Ling *Rinpoche**, der ältere Tutor Seiner Heiligkeit des Dalai Lama, und der *Gyaltsab** von Tsurpu mit uns verwandt seien, daß wir jedoch kaum Kontakt zu ihnen hätten. *Mola* schüttete ihnen auch voller Mitgefühl ihr Herz über mein Schicksal aus und weihte sie in das schreckliche Geheimnis der entwendeten Milch ein, die sie mir heimlich gab.

2
Eine Kindheit als Waise

Mein Dorf heißt Nyerchen; es liegt fünfundvierzig Stunden Fußmarsch von Lhasa und fast ebenso weit von Shigatse[8] entfernt. Lange bevor ich geboren wurde, waren die Dorfbewohner fast alle Bauern, die mit dem Kloster Chöde verbunden waren. Alles hier war schön, sagte man, aber Unwetter und Mißernten hatten im Laufe der Jahre die Bewohner in Armut getrieben und sie gezwungen weiterzuziehen. Die einzige Spur ihrer Anwesenheit hier waren die Ruinen, die unser Haus umgaben und in die ich, als ich Kind war, meine Spielgefährten schleppte.

8 Shigatse, Hauptstadt der Region Tsang. Gendün Drub (1391-1475), der erste Dalai Lama, Schüler von Je Tsongkhapa, gründete 1447 das Kloster Tashilhunpo* (in der Nähe von Shigatse). Unter dem Namen Gyalwa Rinpoche (Kostbarer Siegreicher) wurde er dessen erster Abt. Nachdem er es mit einer Druckereiwerkstatt ausgestattet hatte, machte sich Gendün Drub an den Druck des *Kangyur* und des *Tengyur* (ersterer ist eine Sammlung der Lehrreden des Buddha Shakyamuni, letzterer eine Sammlung von Kommentaren, die später von indischen Meistern dazu verfaßt wurden; diese beiden Ausgaben sind Übersetzungen aus dem Sanskrit ins Tibetische). Tashilhunpo ist dann auf Wunsch des fünften Dalai Lama, Ngawang Lobsang Gyatso (1617-1682), Sitz der *Panchen Lamas** geworden.

Ich hatte zu der Zeit große Schwierigkeiten, mich auszudrücken. Man hatte sich angewöhnt, mich »den Dummen« zu nennen und mich als solchen zu betrachten. Als das eigentliche Familienoberhaupt führte meine Stiefmutter das Haus mit großer Strenge. Da sie mit mir nichts anzufangen wußte, hatte sie mich zum Hüten der Herde bestimmt, siebenhundert Ziegen und Schafe, Yaks und *Dris*, die ich bei Tagesanbruch auf die andere Seite des Hügels führte, wo sich, soweit das Auge reichte, eine grasbewachsene Ebene erstreckte. Ich war kaum sieben Jahre alt.

Unser Haus war am Fuße dieses Berges gelegen, abseits von den anderen Behausungen. Im Sommer glitten mit dem ersten Schein der Morgenröte verstohlene Schatten über die flachen Dächer. Die rhythmische Bewegung der Gebetsmühlen verlieh dem Murmeln der Gebete den Charakter von Beschwörungen. Man verbrannte auch Räucherwerk und vollzog religiöse Rituale, um die Gunst der Gottheiten zu gewinnen.

Anschließend begannen die Arbeiten auf dem Hof. Bei uns pflanzte man Gerste, ein wenig Weizen, Erbsen und in geringeren Mengen Senf an. Im Haus lebten vierzehn Personen: Onkel Tashi, Onkel Tseten, Papa Tsetsen, Pasang, Powo, Dorje, Bhuchung, Dekyi, Dolkar, Norzom, meine Stiefmutter, *Pala** – der Name, mit dem wir den Vater bezeichnen – *Mola* und ich. Jeder ging seinen Aufgaben nach. Die Arbeit war hart. Wenn die Sonne schien, brannte sie auf der Haut; die Werkzeuge kratzten auf der ausgetrockneten Erde. Am Abend, nach den Gebeten, bei Vollmond, nahm jeder seine mühsame Arbeit wieder auf. Oft gingen die Alten bereits bei den ersten Sonnenstrahlen zur Wassermühle auf der anderen Seite des Dorfes, um *Tsampa* herzustellen.

Ihre Gesänge trugen mich fort, und oben auf meinem Hügel versank ich in tiefes Träumen. Windstöße peitschten mir ins Gesicht. Das Meckern und Blöken der Herde drang bis zu mir. Manchmal erfaßte mein Blick in der Ferne den maje-

stätischen Flug der Adler, die ich nachahmte, indem ich die Arme ausbreitete und mich um mich selbst drehte. Doch sobald Falken scharenweise ihren Gleitflug unterbrachen, um auf eine Beute zu treffen, überlief mich ein Schauder: Der Tod ging um, und Nervosität erfaßte die Herde, zu der ich schnell wieder hinlief. Es gab in Tibet eine reiche Tierwelt: Moschustiere, Antilopen, Weißlippenhirsche und Rothirsche kamen sogar in die Nähe des Hauses. Bären, Schneeleoparden und Wölfe lauerten unseren Tieren auf, sie kamen an gewittrigen Abenden vom Gebirge herunter. Raben und Krähen gab es ebenfalls in großer Zahl.

Die Pflanzenwelt war großartig. Eine Vielzahl von wilden Pflanzen wuchs an den Hängen. Pilze bildeten einen vielfarbigen Teppich; es gab rote und weiße Pilze, aber die gelben waren die besten. Ich probierte sie gern schon beim Sammeln, aber besonders schätzten wir den Augenblick, wenn *Mola* sie ins Feuer steckte. Diese Mischung von gebratenen Pilzen und *Tsampa*, die ich genußvoll mit einer Prise Salz würzte, war ein richtiges Festessen. Es gab auch wilde Zwiebeln, eine Art Rettich, der, wenn er geschält war, besonders von den Kindern geschätzt wurde, und eine knoblauchähnliche Pflanze.[9]

Wenn die Herde erst einmal auf den Weiden war, beeilte ich mich, auf den Gipfel des Hügels zu klettern. Dort verbrachte ich einen Teil meiner Zeit damit, die Bäche zu beobachten, die sich den Abhang hinunterschlängelten. Jeden Morgen kamen meine Halbbrüder und Halbschwestern hinzu, die meine einzigen Spielgefährten waren. Wir verbrachten lustige Stunden damit, im Wasser Behälter für Fische mit silbrigen Flanken zu bauen, die wir mit der Hand fingen. Ihre Verrenkungen amüsierten uns sehr. Unsere

9 Sieben Knoblaucharten werden in der tibetischen Medizin verwendet. Nepalesische Kaufleute kamen seinerzeit, um diese Pflanzen in Tibet zu suchen, und verkauften sie in ihrem Land, wo man sich ihrer als Gewürz bediente.

Schreie und unser Lachen begleiteten den magischen Augenblick, wo wir die Behälter an einer Stelle öffneten. Die Fische stürzten sofort darauf zu, wurden von der Strömung fortgetragen und waren auf und davon.

Ein anderes Spiel bestand darin, kleine Tempel zu bauen, in der Art derjenigen, die wir um uns herum im Dorf sahen. Nachdem wir sorgfältig Steine und Schiefer ausgewählt und aufgeschichtet hatten, errichteten wir die Mauern und setzten die Dächer darauf. Der Hügel war übersät von solchen plumpen Bauten, die wir mit einer von *Mola* entwendeten Gebetsfahne verschönerten. Wenn wir keine Gebetsfahne hatten, wickelten wir ein wenig Wolle um ein Stöckchen, das wir in den Boden pflanzten. Im Verlauf dieser minuziösen Arbeit, die uns ganze Tage völlig in Anspruch nahm, sangen wir Gebete, deren Worte wir nicht kannten, deren Melodie allein jedoch, ununterbrochen und unter allen wiederzuerkennen, unaufhörlich durch unser Gedächtnis geisterte. Schließlich taten wir so, als verbrannten wir Räucherwerk.

Die Tage gingen dahin, mal bedeutungslos, mal reich an schmerzhaften Erfahrungen. An manchen Nachmittagen, wenn die Sonne auf das spärliche Gras brannte, streckte ich mich auf einem Abhang aus. Es kam vor, daß ich in einen tiefen Schlaf fiel, den Kopf an ein Zicklein geschmiegt. Wenn ich jedoch keinen Schlaf finden konnte, erschien mir alles verschwommen. Nur ein Gedanke beherrschte meine Sinne, der Gedanke an meine Mutter. Obwohl ich sie nicht gekannt habe, hatte ich oft das Gefühl, sie zu sehen, kaum wahrnehmbar. Ich faßte als Bild der Erinnerung auf, was schlicht und einfach ein Produkt meiner Phantasie war: das zärtliche Lächeln von *Amala*.

Ihre Gegenwart half mir, meine Andersartigkeit zu ertragen. Meine Stiefmutter war uns gegenüber sehr parteiisch eingestellt: Ihren eigenen Kindern gab sie die wärmeren Kleider, während sie mir, ohne zu zögern, Lumpen anzog – ein zerlöchertes Hemd aus weißem Wollstoff und eine zerrissene

*Chuba**, die ich ausbesserte, so gut ich konnte – und mich abgetragene Schuhe tragen ließ. Ich hatte mich so an diese Situation gewöhnt, daß ich die Kälte nicht mehr spürte, die mich durchdrang.

Am Ende des Tages brachte ich die Herde nach Hause zurück. Die Ställe nahmen das gesamte Erdgeschoß unseres Hauses ein, das das untere Zimmer genannt wurde. Die Feuerstelle befand sich in der ersten Etage; wir nannten sie das mittlere Zimmer. Die oberste Etage war dem Altar, den Opfergaben und der Brennstelle für Räucherwerk vorbehalten.

Die Zeit des *Losar*-Festes*, das Neue Jahr, ist Anlaß für vielfältige Feierlichkeiten. Im Kloster von Chöde, wie an allen anderen geweihten Orten Tibets, hielten die Mönche und *Lamas Pujas** ab, brachten den Dharmapalas, den Schutzgottheiten des *Dharma**, rituelle Opfergaben dar. Das Neue Jahr ist für uns Tibeter auch Anlaß, eine große Reinigung vorzunehmen: Man fegt das Haus von oben bis unten, man streicht die Wände und den Altar; man wechselt die Gebetsfahnen auf den Dächern der Häuser und Klöster, dies alles in einer Atmosphäre größter Freude. Den ganzen Monat lang finden in jedem Haus Zeremonien der Reinigung und der gemeinsamen Gebete statt. Man tauscht auch *Khatas** aus, Schals aus weißer Seide, die man anstelle von Blumen schenkt, *Khabse*, Schmalzgebäck, und wir sagen: *Tashi Delek**, um uns alles Gute zu wünschen.

Die Männer und auch die Frauen gehen zur großen Generalreinigung über. Am *Losar*-Tag müssen die Tibeter sich unbedingt die Haare waschen. Sie ziehen neue Kleider an; wenn sie dazu nicht die Mittel haben, so ziehen sie zumindest saubere an. Am *Losar*-Tag, wie bei anderen Dorffesten auch, äußerte sich die Parteilichkeit meiner Stiefmutter auf besondere Weise: Meine Halbbrüder und Halbschwestern trugen neue Kleider; ich dagegen trug immer noch die gleichen Lumpen. Ich denke, daß zu der Zeit viele Halbwaisen ohne Mutter ein ähnliches Schicksal hatten.

In unserem Haus wie im gesamten Land verlief das Leben in einer Inbrunst, die ansteckend war: Sobald der Morgen anbrach, erstrahlte der Altar im flackernden Schein der kleinen Butterlampen. Dazu erklang der eindringliche Gesang: *Om Mani Padme Hum*. Man sagt – und ich glaube das unbesehen – daß sich dieses *Mantra* so tief in das tibetische Gedächtnis eingeprägt hat, daß ein Kind in der Lage ist, es zu rezitieren, auch wenn es noch kaum das Wort *Amala* aussprechen kann. Der Älteste der Familie wiederholte unermüdlich das Gebet an Tara,[10] das die Kinder ganz leise murmelten, wobei sie so taten, als ob sie es bereits kannten. Draußen flatterten die Gebetsfahnen im Wind und fügten sich harmonisch in die Landschaft ein.

Jeden Monat nahm unsere Familie drei oder vier Mönche auf, je nach ihren Möglichkeiten. Man brachte ihnen Tee, gab ihnen zu essen und bot ihnen ein wenig Geld an. Als Gegenleistung verrichteten sie für uns Gebete und lasen heilige Texte. Eine Sache hat mich in dieser Periode meines Lebens erstaunt: Meine Familie rühmte sich, den *Bumdrog* und den *Nyitri*[11] zu lesen und dachte wohl, damit eine außergewöhnliche Tat zu vollbringen. Später habe ich mich oft gefragt, warum sie daraus so viel Eitelkeit ableitete. Meine Stiefmutter sagte immer: »Ich verstehe das nicht; wir werden trotzdem krank ...«

10 Im Tibetischen *Dölma*; Tara, eine weibliche Gottheit des Buddhismus, ist in Tibet sehr populär. Sie verkörpert das Wirken aller Buddhas für das Wohl der Lebewesen. Man ruft sie als Befreierin an.

11 *Bumdrog* (in dreizehn Bänden) und *Nyitri* (in drei Bänden) schildern die Leere ganz genau und detailliert. Einige Familien lesen den *Kadam* (ein einziger Band), vor allem wenn sie von Unglück, Trauer oder bösen Geistern heimgesucht werden. Man kann sich auch an die *Bönpos** wenden wegen spezifischer Rituale, insbesondere zur Vertreibung böswilliger Geister. Einmal im Jahr, nach der Ernte, sammeln die Dorfbewohner eine bestimmte Summe Geldes und laden die Mönche ein, den *Kangyur* zu lesen, der etwas mehr als hundert Bände umfaßt. Die Zeremonien dauern mehrere Tage; fünfzig bis sechzig Personen helfen bei der Vorbereitung dieser wichtigen Feiern und verrichten profane Tätigkeiten wie die Zubereitung der bestmöglichen Nahrung.

Die Eitlen, die ihr Glück nicht für sich behalten können,
Laufen in kindischer Aufgeregtheit hin und her.
Wenn sie Schmerzen haben, weinen sie laut.
Unfähig, Leiden zu ertragen,
Können sie daher nicht, auch nicht ein einziges Mal,
In einem Gefühl des Wohlbehagens leben.

Wenn meine Familie an diese Worte des dreizehnten Dalai Lama gedacht hätte, hätte sie wohl nicht so viel gelitten. Das erinnert mich an die bekannte Geschichte eines Mönchs, der zurückgezogen in einer Höhle lebte: »Eines Tages, während er auf den Besuch desjenigen wartete, der für seine materiellen Bedürfnisse Sorge trug, schmückte er seinen Altar mit Schalen, Opfergaben und Butterlampen. Als er seine Vorkehrungen beendet hatte – sein Gönner war schon auf dem Weg –, wurde dieser Mann sich darüber klar, daß seine Motivation nicht richtig war. Er versuchte, sich seinem Wohltäter dadurch in einem günstigen Licht zu zeigen, daß er sich den Anschein eines eifrig Praktizierenden gab. Sobald er sich dessen bewußt war, sammelte er Staub auf und warf ihn auf seinen Altar und seine Opfergaben. Später erklärte ein großer Meister, der erfahren hatte, was geschehen war: ›Das sind die besten Opfergaben, die man Tibet bringen kann!‹«

Als Kind verstand ich es nicht, doch später als Mönch erkannte ich, daß meine Familie sich keiner echten religiösen Praxis hingab. Auf diese Weise häufte sie gewaltige Mengen negativen *Karmas* an und hatte daher regelmäßig mit gravierenden Problemen zu kämpfen.

Nehmen wir das Beispiel der Chinesen, die sich dem tibetischen Volk gegenüber so schlecht verhalten. Es kann sein, daß wir zu einem anderen Zeitpunkt ihnen gegenüber schlecht gehandelt haben. Ich meinerseits habe, sei es zu Hause, im Kloster oder im Gefängnis, sehr schwierige, ja tragische Augenblicke durchgemacht. Dennoch bin ich der Arzt Seiner Heiligkeit des Dalai Lama geworden, und ich

bin es einundzwanzig Jahre später wieder geworden. Das Leben ist eine Mischung aus guten und schlechten Augenblicken, aus Freude und Kummer, aus Glück und tiefer Traurigkeit. Es kann etwa hundert Jahre dauern; allein es ist nicht unser erstes und nicht unser letztes Leben. Wir machen es auf diese Weise in den verschiedensten Formen durch. Doch wir müssen noch viele weitere Leben durchlaufen, bevor wir eines Tages zur Erleuchtung gelangen. Desgleichen sind wir alle Vater, Mutter, Bruder, Schwester, Freund und Feind jedes anderen lebenden Wesens gewesen und umgekehrt.

So werden wir, sofern wir nicht unseren Geist geläutert haben, immer mit den Folgen von Ursachen konfrontiert sein, die wir selbst geschaffen haben. Es gibt eine sehr erbauliche Geschichte zu diesem Thema: »Eines Tages zerkleinerte in den Bergen eine Mutter einen Ziegenkopf zu Pulver und ließ ihn dann in ihre *Chuba* gleiten. Ihr Kind hatte sie auf ihren Rücken gebunden. Sie warf ihm regelmäßig liebevolle Blicke zu. Es kam ein ausgehungerter Hund auf sie zu. Die Mutter nahm den Stein, der ihr als Werkzeug diente, und schlug damit das Tier. Ein vorbeigehender *Lama* beobachtete die Szene und ging lächelnd weiter. Seine Reaktion läßt sich so erklären: Die Frau hatte sorgfältig den Kopf einer Ziege zerkleinert, die in einem früheren Leben ihr Vater gewesen war. Sie hatte wild auf den Hund eingeschlagen, der ihre Mutter gewesen war, und sie ließ ihrem Kind, das sie auf dem Rücken trug, die größte Zärtlichkeit zukommen, während es in der Vergangenheit ihr schlimmster Feind gewesen war.«

Diese Geschichte illustriert die Worte des Buddha, der empfahl, eine mitfühlende Haltung allen Wesen gegenüber einzunehmen, weil jedes von ihnen einmal unser Vater oder unsere Mutter gewesen sein kann.

Der Winter war rauh. Die Bäche waren zugefroren, und Schnee bedeckte das Land. Die Luft war kalt und feucht.

Rauch stieg in dichten Spiralen von den Häusern auf. Trotz allem liebte ich diese Zeit, denn *Pala* war da. Oft, frühmorgens, ging ich zu ihm in den Stall. Dann verbrachte ich lange Zeit damit, die Gebirgskette zu beobachten, die sich hinzog, so weit das Auge reichte. Aber dieser Tag war nicht ein Tag wie alle anderen; ich hatte mich der stillen Gegenwart meines Vaters hingegeben. Ein doppelter Regenbogen ruhte auf dem Gipfel des benachbarten Hügels. Plötzlich erschien mir ein Gesicht, von dem ich wußte, es war das Gesicht von *Amala*: Sie lächelte mir zu.

Was bedeutete die Gegenwart meiner Mutter an diesem Ort? Ich beschloß, mit *Mola* darüber zu reden.

– *Amala* wacht über dich, sagte sie mir. Weißt du, Tenzin, es ist Zeit, daran zu denken, unser Haus zu verlassen. Der Tag wird kommen, wo du ohne mich heranwachsen mußt. Du kannst nicht hier bleiben und Diener deiner Familie sein. Im Kloster wirst du eine Ausbildung bekommen und ein friedliches Leben führen. Und dann wird sich dein Onkel um dich kümmern.

Die Entscheidung wurde getroffen. Am Ende des Winters würde ich in das Kloster von Chöde eintreten. Wie jeden Abend hatte sich die Familie um das Feuer versammelt. Als *Mola* die Neuigkeit verkündete, lachten die Älteren nicht. Sie nahmen einfach eine feierliche Haltung ein und rezitierten unermüdlich das *Mantra Om Mani Padme Hum*, wobei sie ihre *Mala**, die Gebetskette, die uns dazu dient, die *Mantras* zu zählen, durch die Finger gleiten ließen. *Pala* hatte nicht ein Wort gesprochen. Seine Augen waren in die Ferne gerichtet, auf eine seltsame Vision, die ihn an die Grenzen des Nichtwahrnehmbaren brachte. Was sah er? Er schien so friedlich, auch so frei. Als er zu uns zurückkam, verlor sich sein Blick noch einige Augenblicke in der Betrachtung des Feuers; blaue und rote Funken flackerten auf der Glut, die eine behagliche Wärme verbreitete. Dicht beieinander sitzend, beobachteten wir *Pala*, der mich ganz fest an sich

drückte. Dann begann er, eine der unzähligen Geschichten vom legendären Aku Tempa zu erzählen:

»Früher, zu einer Zeit, als es noch viele Lokalfürsten in Tibet gab, stand Aku Tempa einem von ihnen sehr nahe; er wurde sogar sein Sekretär. Dieser Fürst konnte weder lesen noch schreiben, doch er war ein tiefreligiöser Buddhist.

Zu Anfang war dieser Mann mit der Arbeit von Aku Tempa sehr zufrieden. Doch eines Tages ärgerte ihn dieser zutiefst. Um ihn zu bestrafen, zwang der Herrscher ihn, sich all seiner Kleider zu entledigen und sie auf dem Dach des Palastes abzulegen. Immerhin war es die eisigste Zeit des Jahres. Vor Kälte erstarrt, mußte der Arme eine ganze Nacht lang die schlimmsten Qualen erleiden.

Am nächsten Morgen entwendete Aku Tempa zu früher Stunde ein wenig Kalk, der zum Verputzen der Palastwand benutzt wurde. Er streute ihn behutsam auf dem Boden aus und verrichtete darauf seine Notdurft; anschließend besorgte er sich ein Stöckchen und steckte es in seine Exkremente, auf die er dann Buchstaben schrieb. Natürlich war einige Augenblicke später alles gefroren.

Aku Tempa stellte sich dann an einer Öffnung im Dach des Gebetsraumes auf. Er sah den Herrscher im Schneidersitz meditierend vor einem prächtigen Altar, der dem Buddha und allen Gottheiten geweiht war. Er wartete den günstigsten Augenblick ab und ließ sein Werk auf die Knie des Herrschers fallen, der erstaunt seine Meditation beendete. Sehr aufmerksam den seltsamen Gegenstand betrachtend, bemerkte er Inschriften darauf. Da er nicht lesen konnte, befahl er seinen Dienern, Aku Tempa kommen zu lassen, ihm vorher jedoch eine warme Mahlzeit zu servieren. Kurze Zeit später bat der Herrscher ihn, das ›wundersame Exkrement‹ zu lesen.

Aku Tempa verneigte sich respektvoll dreimal, bevor er sich bescheiden am Fuße des Thrones niedersetzte. Er nahm das Stöckchen und las mit lauter Stimme diese wenigen Worte:

Dieser Stiel aus Holz und dieses weiße Etwas
zieren die Exkremente des Himmels;
wer sie auf seinen Knien empfängt,
ist der glücklichste aller Herrscher!

Aku Tempa richtete sich auf. Er staunte: ›Oh! Ihr habt großes Glück, weil dies die Exkremente des Himmels sind. Und wenn sie auf Euch fallen, seid Ihr der glücklichste Mensch. Ihr solltet ein wenig davon essen, um ihre Segnungen voll auszukosten.‹

Der Fürst führte das seltsame Gemisch an sein Gesicht, biß herzhaft hinein und legte dann das Stöckchen auf den Altar.

Aku Tempa grüßte und durfte gehen.«

An diesem Abend hatten die Kinder aufmerksamer als gewöhnlich zugehört, wie mein Vater diese Episode der legendären Geschichten von Aku Tempa erzählte. Die Älteren hatten ihre Aufgaben verrichtet. Gegen Mitternacht brachte mich *Pala* ins Bett; *Mola* gab mir eine Schale mit *Dri*-Milch, dann machte sie ihre Niederwerfungen. Der Schlaf kam sehr schnell über mich. In einem Traum erschien mir von neuem *Amala*: Dieses Mal lächelte ich ihr zu.

3
Erste Schritte im Kloster

Der Winter 1932, das Wasser-Affe-Jahr des tibetischen Kalenders, ging seinem Ende zu. Ich war gerade 10 Jahre alt geworden, und nicht ohne Wehmut trieb ich zum letzten Mal die Herde auf die Ebene. Das Licht war grell, das Gras spärlich, aber saftig und mit Wildblumen übersät. In der nun ausklingenden Jahreszeit hatte es eine Geburt und zwei Todesfälle gegeben: Zwei Frauen aus dem Dorf waren gestorben. Es gab kaum Krankheiten in Nyerchen; in hohem Alter hat-

ten sie ganz einfach am Ende ihres Lebens ihre leibliche Hülle verlassen.

An diesem Morgen war es besonders kalt und feucht. Es gelang mir nicht einmal, die Augen zu öffnen. Bis tief in die Knochen tat mir alles weh. Meine zerlumpten Kleider schützten mich seit langem nicht mehr. Im übrigen gelang es mir nicht mehr, sie auszubessern, so abgetragen waren sie. Ich hatte solche Schmerzen, und dennoch ... Von großer Erschöpfung befallen, hörte ich mich mit tonloser Stimme wiederholen: *Om Mani Padme Hum.* Mir wurde bewußt, daß mein Leben an einem anderen Ort weitergehen würde. Doch eines machte mir Angst: die Trennung von *Mola.*

Plötzlich kam mir das Licht weniger schön vor. Eine zarte Wolke zog über den Himmel, genau über mich hinweg. In wenigen Minuten erschienen zahlreiche andere, weniger durchsichtige Wolken, die sich in der Ferne über den verschneiten Gipfeln neu gruppierten. Bald würde es hier regnen, und der Schmutz würde den Hügel erreichen. Doch das *Mantra* hatte auf mich gewirkt: Ruhig und entspannt empfand ich eine Art Glück darüber, meine Familie zu verlassen.

In der Ferne verdunkelte sich der Himmel. Ich wußte schon, daß etwas Wichtiges geschehen würde. *Mola* hatte es mir im übrigen oft gesagt:

– Im Kloster Chöde wirst du dein Leben an der Liebe ausrichten. Du wirst das Leben der Menschen und der Tiere schützen. Du wirst den Armen helfen, und du wirst Leiden lindern ...

Ja, dieses Mitgefühl, das ich in Chöde lernen würde: In den Augen von *Mola* sah ich es; ich hörte es in ihrer Stimme. Das mußte auch eine Art der Liebe sein. Was den Lehren des *Dharma* entspricht: Man soll bestrebt sein, anderen nicht zu schaden und ihnen so viel Gutes wie möglich zu tun.

Gegen Mittag suchte mich *Pala* oben auf dem Hügel auf. Sobald er wieder zu Atem gekommen war, setzte er sich neben

mich ans Ufer des Bachs. Einer unserer Hunde war ihm gefolgt und schmiegte sich gleich in meine Arme. Ich streichelte ihn zärtlich. Plötzlich schreckte er auf und lauschte mit gespitzten Ohren. Auch ich hatte ein seltsames Geräusch gehört, wie ein Pfeifen. Es kam aus einem Loch im Felsen, wo der Wind brauste, wirbelte und schlug, bevor er sich aufs neue erhob, gewaltig. Es war ein Loch, größer als ein Fuchsloch, von Büschen verdeckt. Das Rascheln wurde noch stärker.

Der Hund stürzte hinein; es folgte ein wilder Kampf. Einige Sekunden später kam der Hund heraus und hielt eine Schlange im Maul. In meiner gesamten Jugendzeit blieb dieses Geräusch, der Wind, der widerliche Anblick der toten Schlange für mich eine angstvolle Erinnerung.

Lange schauten *Pala* und ich auf das Dorf, das am Ende des Winters seine Gewohnheiten wieder aufnahm. Jetzt, da die Tage wärmer wurden, konnten die Menschen wieder öfter zusammenkommen und engere Kontakte pflegen.

Die Sonne ging am Horizont unter; ringsum herrschte eine seltsame Ruhe. *Pala* bestätigte, daß wir am nächsten Morgen aufbrechen würden. Innerlich fühlte ich mich im Frieden, wie auf einer Wolke oder wie jemand, der zu viel *Chang* getrunken hat. *Pala* erteilte mir noch einige Ratschläge, zum Beispiel:

– Obwohl wir geneigt sind, uns von Fehlern und Illusionen täuschen zu lassen, lautet die Botschaft des Buddha ...

Wisset, daß alle Dinge so sind:
Wie ein Zauberer uns die Illusion
Von Pferden, Ochsen, Wagen und anderen
  Gegenständen vorgaukelt;
Nichts ist so, wie es erscheint.[12]

12 Samadhiraja-Sutra, *Ancient Future: Learning from Ladakh*, Helena Norberg-Hodge, London, Rider, 1991. (Deutsche Ausgabe: Leben in Ladakh, Helena Norberg-Hodge, Freiburg-Basel-Wien, Herder 1993, Herder Spektrum Bd. 4204.)

Pala kehrte zum Haus zurück. Allein zurückgeblieben, verspürte ich das Bedürfnis, ein Gebet zu sprechen, das vom majestätischen Charakter dieses Ortes inspiriert war, von der Ebene und den Bergen, die in ihrer harmonischen Verschmelzung mit dem Horizont so viele Geheimnisse zu bergen schienen. Aber noch fehlten mir die Worte. Tränen rollten mir über das Gesicht. Ich hätte so gern das Aufsteigen der Morgendämmerung über dem Hügel, Liebe und Mitgefühl von *Mola*, das verträumte Lächeln von *Amala*, meinen Fortgang ins Kloster, dieses neue Leben besungen...

Die Wolken hatten den Hügel umschlossen. Der erste Tropfen klatschte laut und vernehmlich auf meine Handfläche. Ich blickte auf, um die schrägen Strahlen besser bewundern zu können, und verharrte dabei, unbeweglich, durchnäßt, den Regen zu betrachten. Schließlich machte ich mich daran, den Abhang hinunterzusteigen. Doch als ich mich unbekümmert auf den matschigen Boden gleiten ließ, rutschte ich ab und landete unten, mit der Nase im eiskalten Wasser des Baches, der zu einem kleinen Sturzbach geworden war. Es erübrigt sich zu sagen, daß ich in einem ziemlich traurigen Zustand zu Hause ankam.

Am Abend bat *Pala* Tara, mir den Schutz der Gottheiten zu gewähren. Dann trug *Mola* das Essen auf: *Tsampa*, mit Erbsen angereichert, ein richtiges Festmahl!

Es war der Beginn eines neuen Lebens. Mönch zu werden galt in Tibet als Privileg. Obwohl *Mola* keinen Besitz hatte, übernahm sie die Aufwendungen, so die Gaben, die meinem Aufnahmegesuch beigegeben wurden, und das Teeopfer für die Mönche des Klosters. Sie hatte mir auch ein Mönchsgewand angefertigt. Als ich es überzog, empfand ich unendlichen Stolz und Aufregung, wie vor dem *Losar*-Fest. Zum ersten Mal weinte *Mola*, als sie mir die *Khata* darbot. Sie empfahl mir, eifrig zu lernen: Werde ein guter Mönch und denke immer daran, wie unbeständig das Leben ist und daß die Umstände sich schnell wie ein Unwetter ändern können.

So sang Kelsang Gyatso, der siebte Dalai Lama:

> Das Leben dauert nicht an, es ist eine
> untergehende Sonne.
> Reichtümer, dieser Tau auf dem Gras des Morgens,
> Und der Wind auf den Höhen,
> unseren Lobpreisungen ähnlich,
> Erinnern daran, daß ein junger Körper wie
> eine Blume im Herbst ist.

Dieser Morgen kam mir endlos vor. Man hatte den Esel mit unseren Habseligkeiten beladen. *Pala* gab mir schließlich ein Zeichen; ein paar Umarmungen noch, eine kaum zurückgehaltene Rührung, als *Mola* mich zur Tür stieß. Der Weg bis zum Kloster würde lang und unberechenbar sein. Bei Tagesanbruch stiegen wir den Hügel hinauf, auf dem ich so viele Geheimnisse gehütet hatte. Ich hielt noch einmal inne, als ich auf dem Gipfel den Altar bemerkte, den ich am Abend zuvor gebaut hatte. Ich kniete davor nieder. Während mir Tränen in die Augen traten, hörte ich mich wiederholen: *Om Mani Padme Hum.* Schon hatte mein Vater das Tal erreicht, das sich unabsehbar weit hinzog. Ich wandte mich um zu unserem Haus und sah, wie *Mola* sich in unsere Richtung verneigte, bevor sie im Stall verschwand.

Wir kamen langsam voran, in etwa dreitausend Meter Höhe und manchmal mehr. Der Esel trottete ein Stück voran, gefolgt von *Pala.* Ich war nicht gewohnt, so lange zu laufen; mein Körper schmerzte. Nach der Hälfte des Vormittags hatten wir die Ebene hinter uns gebracht. Dann nahmen wir einen Durchgang, der in ein anderes Tal mündete. Es war kalt; der Himmel war klar. Das Gras war spärlich, es herrschte gleichmäßiges Licht. Obwohl ich Schwierigkeiten hatte, Schritt zu halten, gab mein Vater im Tempo nicht nach. Ich wußte, daß er mich aus den Augenwinkeln beobachtete, aber er sagte nichts. Er bückte sich, um kleine Zweige aufzusam-

meln, um damit bei der nächsten Rast Feuer zu machen. Ich tat es ihm nach, aber meine Arme waren zu kurz. Wir hielten an einigen geweihten Orten an, wo *Pala* sich bemühte, die Riten der Vorfahren zu befolgen. Er setzte sich nieder und betete. Um uns herum flatterten Gebetsfahnen. Der Boden war von *Mani*-Steinen übersät, die Familien dort zu Ehren von Gottheiten niedergelegt hatten. Schließlich schnürte *Pala* unser mageres Bündel auf, das mit *Tsampa* und den notwendigen Zutaten zur Bereitung von Buttertee gefüllt war. Anrufungen und das Essen brachten mir die Gelassenheit und die Kraft, die für einen solchen Schritt unerläßlich sind. Dann machten wir uns wieder auf den Weg.

In der Ferne tauchte schließlich eine dunkle Masse in einer öden Landschaft auf. Mönche bewegten sich sehr langsam, planmäßig, wie in einem Traum. Man konnte einen grüneren Teil erkennen; dort liefen Kinder umher. Ich war fasziniert, doch gleichzeitig erfaßte mich ein starkes Angstgefühl. Wie wenn irgend etwas geschehen sollte: ein glücklicher, heiterer Augenblick wahrscheinlich, eine Quelle der Erfüllung.

Erschöpft, doch erleichtert erreichten wir schließlich das Kloster, ein gewaltiges Gebäude von mindestens fünf Stockwerken, dessen Mauern so dick waren wie ein Schritt lang ist. Wir waren mehr als acht Stunden unterwegs gewesen. Die erste Person, auf die wir trafen, war ein alter Mann, der im Lotussitz am Eingang des Gebäudes saß. Um sich gegen die Sonne zu schützen, hatte er seinen Kopf mit einem gelben Tuch bedeckt, das mit der Zeit dunkel geworden war. Sein Gesicht, sein Körper waren von äußerster Magerkeit. Er saß regungslos, nur seine Lippen bewegten sich schwach; in seinen Augen lag ein seltsam leuchtender Glanz. Durch seine knotigen Finger glitt eine *Mala*: Er betete. In den Augen des Mönchs glaubte ich etwas zu erkennen, was dem Ausdruck unendlicher Güte, grenzenlosen Mitgefühls glich, etwas, das ich schon im Blick von *Mola* bemerkt hatte.

Mein Vater brachte mich direkt zu seinem Bruder Kelsang,

meinem Onkel und künftigen Tutor. Im Kloster benutzte man selten den richtigen Namen der Mönche; fast alle hatten einen Beinamen. Meinen Onkel nannte man Törila, weil er eine runde und hervortretende Stirn hatte.

Nach den üblichen Vorstellungen gingen wir in den großen Saal mit zweiunddreißig Säulen. Ich erinnere mich vor allem an das Gefühl von innerer Freude und Ergriffenheit, das mich erfaßte, als ich das Spiel von Licht und Schatten beobachtete, das von den Butterlampen hervorgerufen wurde, als ich den eindringlichen Gesang der Mönche hörte und die Statuen der Buddhas und *Bodhisattvas* entdeckte. Mein Vater überreichte eine *Khata*, den Tee, das Geld und mit Trockenobst vermengte *Tsampa*. Die Gaben meiner Familie würden Anlaß zu mehreren Zeremonien, auch zu Gebeten geben, mit denen mein Eintritt ins Kloster offiziell bestätigt wurde.

Pala gab mir noch einige Ermahnungen, erteilte mir seine letzten Ratschläge: Ich solle meinem Tutor gehorchen und mich nicht durch andere Novizen ablenken lassen ... Dann verschwand er in der Dämmerung.

Zu dieser Zeit waren die Klöster in Tibet ein bevorzugter Ort für die Religionsausübung. Dies galt für alle vier Linien des tibetischen Buddhismus: *Nyingma, Kagyü, Sakya* und *Gelug**. Mit den Hauptklöstern war ein umfassendes Netz von kleinen Klöstern verbunden, die über die Region verstreut waren. Einige Quellen geben an, daß Chöde, das zu einer der *Kagyü*-Schulen mit dem Namen *Bodong*[13] gehörte, im neunten Jahrhundert erbaut worden sei. Einer unserer Mönche war Abt von Gyütö geworden. Aber da ein Anhänger der *Bodong-Tradition* kein solches Amt übernehmen kann, ist

13 *Bodong*: Name eines Ortes im Nordwesten von Tashilhunpo. Der vollständige Name des Klosters ist: Nyemo Jekar Chöde. Diese Informationen stammen aus einer Biographie von Lochen Bero, einem Gelehrten, der in Chöde lebte.

anzunehmen, daß mein Kloster vorher zu einer anderen Linie gehört hatte.

In den dreißiger Jahren war Chöde von einem Dutzend Familien abhängig, *Miser*, relativ reichen Bürgern, und etwa vierzig anderen, *Düchung* (»kleines Haus« oder auch »kleiner Rauch«), eher armen Familien. Erstere teilten sich den anbaufähigen Boden, letzteren vertraute der Abt die geringeren Arbeiten an. Wenn eine *Miser*-Familie mehr als zehn Einheiten Grund von unterschiedlicher Größe besaß, überließ sie automatisch eine davon dem Kloster.

Jedes Jahr um den achten Monat des tibetischen Kalenders feierte man ein großes Fest. Jede Familie trug dazu ihren Anteil von der Ernte bei. Um das Kloster herum waren Zelte aufgestellt; es wurde gebetet und gesungen, und der Altar brach unter der Fülle der Opfergaben fast zusammen. Die Feierlichkeiten dauerten mehrere Tage. Es war eine Gelegenheit, sakrale Maskentänze aufzuführen und unzählige Butterskulpturen aufzustellen, die oft erstaunlich fein gearbeitet waren. Die ältesten unter den Mönchen riefen sich ihre eigenen Erinnerungen ins Gedächtnis, aber auch solche, die ihnen ihre Vorfahren überliefert hatten, und konnten Stunden damit zubringen, sich über den Boden, das Wetter, die Ernten zu unterhalten: eine subtile Mischung aus Geistlichem und Weltlichem. Die Gespräche waren in vollem Gange, und man zögerte nicht, die Gottheiten anzurufen und sie um Schutz für künftige Ernten zu bitten. Bei einigen besonderen Anlässen sprach man auch über Ereignisse der Vergangenheit, Legenden aus unserer Region und die Anfänge unserer Geschichte.

Eine Zeremonie folgte auf die andere. Eine von ihnen wurde von uns allen mit einer gewissen Beklommenheit erwartet. Die Familie mit der besten Ernte erhielt den Titel »Erster«, und jedes ihrer Mitglieder bekam eine *Khata* überreicht. Im Gegensatz dazu verlieh man der Familie, die Getreide von weniger guter Qualität abgeliefert hatte, den Titel

»Letzter«. Das erklärt, warum die Familien mit besonderer Sorgfalt über den Boden und die Ernten wachten, die für das Kloster bestimmt waren. Die Sanktion war unvermeidlich, schmeichelhaft für die einen, beschämend für die anderen; und alle nahmen sich vor, es im folgenden Jahr besser zu machen.

Die Klöster besaßen ihren eigenen Verhaltenskodex, der in Form einer Charta abgefaßt war und die Regeln enthielt, die die Mönche zu befolgen hatten, ob sie nun *Tulkus** – reinkarnierte *Lamas* – waren oder nicht. Wer gegen die Regeln verstieß, mußte – bei einer schweren Verfehlung – das Kloster verlassen.

Die innere Ordnung in Chöde war sehr streng und stammte aus der Regierungszeit des Großen Fünften.[14] Alles hier kam mir so schwierig, so unerreichbar vor, daß ich manchmal *Mola* anflehte, mir zu Hilfe zu kommen. Das Erste, was mir mein Tutor beibrachte, war die Art und Weise, wie ich mich zum Gebet hinsetzen sollte. Im Lotussitz, wie ein Fels, den ein Schwert durchbohrt, den Rücken gerade, den Blick auf die Nasenspitze gerichtet. Unmöglich, im Tempel auch nur die leiseste Bewegung zu machen. Sonst Vorsicht vor der Peitsche, die der Disziplinar geschickt handhabte, und vor der lockeren Hand des Tutors.

Fürchtet nicht die Götter,
Fürchtet nicht die Gespenster,
Fürchtet nur eure Tutoren,
Wenn sie kommen und sich niederwerfen,

14 Der fünfte Dalai Lama, Ngawang Lobsang Gyatso (1617-1682), führte die Verfassungsform des Landes ein, die von der tibetischen Regierung bis zum Jahre 1959 beibehalten wurde. Er schuf auch die weltlichen und geistlichen Hierarchien im Land. Dies war Teil des Werks dessen, der als der »Große Fünfte« in die Geschichte Tibets einging.

lautet das Sprichwort. Das bedeutet: Wenn der Disziplinar sich niederwirft, bereitet er sich psychologisch darauf vor, seinem Schüler eine Züchtigung zu verabreichen. Die Praxis der Niederwerfung erlaubt ihm, dem Stolz zu widerstehen, den er dabei empfinden könnte.

Der Tag begann bei Sonnenaufgang. Die Mönche versammelten sich im großen Saal des Tempels. Jeden Tag war das Programm gedrängt, oft mühsam: Rezitieren von *Mantras*, von *Sutras* – den Schriften mit den ursprünglichen Lehrreden des Buddha – und tantrische Meditationen folgten aufeinander, entsprechend den Tagen und dem Ablauf der Sitzungen. Gegen acht Uhr morgens reichte man uns Tee, dann begaben wir uns wieder zu unseren jeweiligen Lehrern. Es ging vor allem darum, negative Tendenzen in uns zu beseitigen, wie Anhaften, Zorn, Unwissenheit oder Faulheit, die die Mönche und Novizen durchaus befallen konnten. Doch diese Übungen waren auch dazu bestimmt, uns zur Entfaltung zu führen, uns Liebe, Mitgefühl und Selbstdisziplin zu lehren. Durch die Stunden des Tages rhythmisch gegliedert, endeten die Übungen gegen achtzehn Uhr. Die erwachsenen Mönche aßen zu Abend und kehrten dann zu ihrer Arbeit zurück, während wir Novizen schlafen gingen, nach einer weiteren Stunde Arbeit, die darin bestand, all das zu rezitieren, was wir am Tage gelernt hatten.

Am nächsten Tag, nach dem Psalmodieren und der Morgenmahlzeit, sah ich meinen Onkel wieder. Ich mußte die Texte auswendig lernen und im Gedächtnis behalten: eine wahre Qual. Zu Beginn meines Noviziats betrachtete man mich hier ebenfalls als »den Dummkopf«, so schwer fiel es mir, die Belehrungen zu verarbeiten, die mir so unverständlich erschienen. Nach buddhistischen Prinzipien hatte der Tutor die Pflicht, seinen Schüler zu kritisieren, zu tadeln, aber auch, wenn nötig, zu schlagen; und er ließ sich dies nicht entgehen. Wenn sich mein Onkel in den ersten Wochen meines klösterlichen Lebens auch eher verständnisvoll zeigte, so

offenbarte er doch bald, welche rigorosen Ansprüche er an mich hatte. In Chöde nannte man ihn schließlich sogar »den Chinesen«.

Wenn man es näher bedenkt, so war die Haltung meines Onkels eigentlich äußerst geschickt. Je näher die Beziehung ist, die ein Pädagoge zu seinem Schüler herstellt, desto besser kennt und versteht er ihn, und desto mehr möchte er ihn wahrscheinlich dazu bringen, Fortschritte zu machen. Sobald etwas nicht in Ordnung war und je nach der Schwere meiner Verfehlungen, korrigierte er mich sogleich, manchmal mit dem, was ihm gerade unter die Hände kam, einer Peitsche, einem Riemen oder einem Stock. Besonders fürchtete ich die Lesestunden. Am Abend, wenn ich trotz meiner Müdigkeit Schwierigkeiten hatte einzuschlafen, flogen meine Gedanken zu *Mola*, und für einen Augenblick tauchte das Verlangen auf, aus dem Kloster wegzulaufen. Aber diesen Gedanken auszuführen hätte bedeutet, Schande über meine Familie zu bringen, das wußte ich. Daher fügte ich mich schließlich wieder einmal in mein Schicksal.

Ich war ein sehr ängstliches Kind geworden. Die endlosen Tage ließen uns kaum eine Ruhepause. Dennoch wartete ich immer auf den Augenblick, wo ich einen meiner Lehrer aufsuchen konnte, einen Mann von großer Güte, der es sich nie herausnahm, gegen irgend jemanden die Hand zu erheben. Dieses Gefühl wurde von allen anderen Novizen geteilt.

Am Nachmittag war das Erlernen der Kalligraphie eine weitere Folter. Die traditionelle Methode, Tibetisch schreiben zu lernen, bestand darin, Buchstaben anstatt auf eine Schiefertafel auf ein Brett, zum Beispiel aus Nußbaum- oder Birkenholz, zu schreiben. Eine der beiden Seiten war schwarz bemalt und lackiert. Nach dem Beispiel, das der Meister vorgegeben hatte, brachte der Schüler Jahre damit zu, mit einem Messerchen aus Bambus diese Buchstaben auf einer Fläche nachzuzeichnen, die er zunächst mit weißem Staub bestreut hatte. Wenn das Brett voll war, machte das

Kind es selbst sauber, und die Operation begann von neuem, endlos. Doch hier in Chöde war der Vorgang nicht derselbe. Man teilte einfache Papierblätter aus, auf die Buchstaben geschrieben waren, und diese mußten wir lesen, bis wir sie vollständig auswendig konnten.

Bestimmte Nachmittage waren anderen Arbeiten gewidmet. Die Exkremente von Tieren – Pferden, Yaks und Schafen – dienten als Brennstoff und als Dünger; die Novizen mußten sie sammeln und auf bestelltem Land ausbreiten. Und wenn sich andere Aufgaben boten, mußte man sich ihrer sofort annehmen. Wir hatten sozusagen keine Augenblicke der Entspannung, außer wenn unsere Lehrer an anderer Stelle gebraucht wurden, vor allem bei Zeremonien, an denen wir Novizen nicht das Recht hatten teilzunehmen. Dies nutzten wir freudig aus.

Damals kam es oft vor, daß die *Tsampa*-Rationen unzureichend waren, und wir hatten fast immer Hunger. Wenn wir auf dem Feld arbeiteten, sammelten wir manchmal heimlich ein paar Kartoffeln. Da mein Onkel und Tutor über einen Kamin verfügte, lauerten wir ungeduldig auf den Augenblick seiner Abwesenheit. Und nun begann für uns ein eigenartiges Zeremoniell: das Garen der Kartoffeln in der Glut. Ein Festmahl! Wenn wir satt waren, bemühten wir uns, nichts zurückzulassen: Die Asche wurde diskret in die Gruben geworfen.

Manchmal schliefen unsere Tutoren in der Klosterküche. In klaren Nächten, um Mitternacht, wenn Stille in Chöde herrschte, schritten wir zu mehreren Novizen, die diesen magischen Augenblick besonders liebten, unsere Gebetskette in der Hand, mit kleinen Schritten und gebeugtem Rücken über den *Lingkhor*, den Weg um den Tempel herum. Wir beteten. Nach dem Vorbild der Älteren wurden wir zu jenen flüchtigen Schatten, die sich langsam den Konturen des Bodens anpaßten, jenen Schatten, die sich niederwarfen, auf die Knie kamen, sich erhoben und wieder niederwarfen. Es war der

Augenblick, wo ich spürte, wie der physische Schmerz aus meinem Körper wich; und ich wurde leicht, so leicht. Gemurmel, Gebete, Niederwerfungen. Ich fühlte mich glücklich.

Unsere Lehrer nahmen oft an Gebeten teil, von denen wir befreit waren. Dann verging keine Sekunde, und schon rannten wir durch die langen Gänge des Klosters, bis uns der Atem wegblieb. Außer Reichweite, liefen wir in den Park, durch den ein schmaler Wasserlauf führte. Dort dauerte es nur wenige Augenblicke, bis wir uns unserer Mönchskleidung entledigt hatten. Splitternackt badeten wir im eiskalten Wasser. Wir bauten auch kleine Ableitungskanäle und malten Wege, die zu einer imaginären Mühle führten. Dabei lachten wir laut und hatten unseren Spaß.

Ich war zwölf Jahre alt, als ich einen seltsamen Traum hatte, den ich sobald wie möglich verwirklichen wollte. Ich vertraute mein Geheimnis drei anderen Novizen an. Von da an verging kein Tag, ohne daß wir uns die Erzählungen unserer Vorfahren in Erinnerung riefen, die um den Berg Kailash gepilgert waren, den berühmten Berg, Gegenstand der Verehrung für die Tibeter, und ohne daß wir die verücktesten Pläne schmiedeten.

– Und nach dem Berg Kailash, warum gehen wir nicht nach Indien, nach Bodh-Gaya, dorthin, wo der Buddha Shakyamuni seine Erleuchtung hatte?

Wir wußten nicht, wo Indien lag, noch weniger, wo der Berg Kailash war, doch wir erahnten erhabene Landschaften, wo der endlose Horizont in weite menschenleere Flächen übergeht. Unbeschreibliche Gefühle, Empfindungen ... Unsere Entscheidung fiel kurz nach dem *Losar*-Fest. Unser Plan war einfach, verwegen, völlig verrückt. Wir hatten ein spärliches Bündel vorbereitet, ein wenig *Tsampa*, ein paar Kartoffeln und für jeden ein warmes Kleidungsstück. Wir befragten alte Mönche, um genau herauszufinden, welchen Weg wir gehen müßten. Um auch nicht den leisesten Verdacht zu

wecken, stellten wir hauptsächlich Fragen über die Region. Die Mönche hielten uns für sehr wißbegierige Novizen, und sie lachten laut über unser Vorgehen.

Im Frühjahr kam der Tag des Aufbruchs. Wir hatten versucht, unsere Nervosität zu verbergen. Nach den Abendgebeten waren wir in unseren Schlafraum zurückgekehrt und hatten gewartet, bis im Kloster Ruhe einkehrte. Mir war schwer ums Herz, ich fragte mich, ob unser Abenteuer vernünftig war; aber es gab kein Zurück mehr. Um etwas mehr Mut zu schöpfen, hatten wir uns entschlossen, *Mantras* zu rezitieren, bevor wir die Petroleumlampe ausbliesen. Die wenigen Augenblicke erschienen uns wie eine Ewigkeit. Schließlich glitt ich leise von meinem Lager, meine drei Gefährten folgten meinem Beispiel. Wir nahmen unsere zusammengerollten Kleider und gingen unendlich vorsichtig hinaus.

Wir hatten uns aus einem einfachen Grund für diesen Tag entschieden: Der Vollmond würde uns erlauben, unseren Weg bis zum Tagesanbruch zu gehen. Die Nacht draußen war klar und sehr kalt. Wir zogen schnell unsere Kleider an. Aus der Stellung des Mondes schloß ich, daß es etwa zwei Uhr sein mußte.

Nachdem wir den ersten Paß überquert hatten, sahen wir dunkle Schatten auf dem Schnee, Schatten von Yaks. Wir kamen langsam voran. Bei Anbruch des Tages überkam uns Müdigkeit. Wir mußten unbedingt einen Ort ausfindig machen, wo wir uns verstecken konnten. Kleine Bauten am Wegesrand bargen Reliquien, Buddha-Statuen und *Mani*-Steine. Normalerweise drang niemand in diese Orte ein, die als heilig galten. Doch unsere Beine trugen uns nicht mehr, und wir brauchten Schlaf. Beschützt durch die heimischen Gottheiten schliefen wir ein, aneinander geschmiegt, in aller Unschuld.

Am frühen Morgen wurden wir vom Heulen der Wölfe geweckt. Wir teilten uns die *Tsampa* und die zwei Kartoffeln, die uns geblieben waren. Als wir wieder aufbrechen wollten,

entstand zwischen uns eine lebhafte Diskussion. Einer meiner Gefährten weigerte sich, dieses verrückte Abenteuer fortzusetzen, und schlug uns vor, umzudrehen und nach Chöde zurückzukehren; was er auch tat, allein. Doch bei seiner Rückkehr ins Kloster informierte er unseren Tutor, der keine Mühe hatte, uns einzuholen. Unsere Rückkehr machte viel Wirbel, wir erhielten Verweise und Schläge zur Strafe. Doch an diesem Abend, auf meinem Lager, nahm ich mir fest vor, eines Tages zum Berg Kailash und nach Bodh-Gaya zu pilgern.

Kaum zwei Jahre waren vergangen. Im achten Monat des Holz-Hund-Jahres (1934) kehrte ich zum ersten Mal zu meiner Familie zurück. Bevor ich das Kloster verließ, nahm ich mit anderen Novizen an Festlichkeiten teil, die acht Tage dauerten. Die Mahlzeiten, die man uns in dieser Zeit reichte, waren köstlich. Am letzten Tag, nach einer letzten gemeinsamen Zeremonie, gab man uns für einen Monat frei.

Unterwegs, auf dem Hin- wie auf dem Rückweg, besuchte ich zwei Tanten väterlicherseits, Ani Dawa und Ani Palden. Von der Verwandtschaft meiner Mutter besuchte ich die Familie Yuten Khangsar aus dem Dorf Chola und die Familie Kunsang Chokor, die nicht weit davon entfernt wohnte. Doch sobald mein Tutor nicht da war, ging ich zu Paisala, in das Dorf Tashi Nukpa, in der Nähe des Klosters.

In diesem Jahr wußte ich das Wiedersehen mit meiner Familie besonders zu schätzen. Ich vergaß darüber sogar meinen Tutor und die Härte des Lebens in Chöde. Zu Hause lief alles so wie früher. Ich trieb die Herde in das Tal auf der anderen Seite des Hügels. Wann immer ich Zeit hatte, ging ich zu *Mola*, und wir führten lange Gespräche. Für einige Tage nahm ich meine alten Gewohnheiten wieder auf: Oben auf dem Hügel baute ich jeden Tag einen kleinen Altar. Ich entwickelte großen Eifer, und man hörte mich Dutzende von Gebeten murmeln. Der einzige Unterschied zur Vergangen-

heit war: Ich kannte nun die Bedeutung des *Mantras Om Mani Padme Hum*. Darüber hinaus blieben all meine Gedanken auf *Amala* gerichtet.

4
Als junger Mönch in Chöde

Von meinem dreizehnten Lebensjahr an fiel mir das Studium der Texte leichter. Ich hatte das Gefühl, daß die Lektüre und die Freude, die diese bereitete, sich selbst genügten. Natürlich verstand ich nicht die ganze Bedeutung der Texte, und ich konnte noch nicht vollständig die Verbindung zwischen Buchstaben und Sinn herstellen. Wie viele andere Novizen war ich der Meinung, daß es ausreichte, eine feste Überzeugung zu haben, um den *Dharma* in die Tat umzusetzen, was ein Irrtum ist, wie ich später feststellte. Wenn wir davon ausgehen, daß die maximale Dauer des menschlichen Lebens achtzig Jahre beträgt, so besteht in den ersten zehn Jahren keine Möglichkeit, ihn anzuwenden; während der letzten zwanzig Jahre sind wir aufgrund unseres hohen Alters immer weniger dazu in der Lage; und während der ganzen mittleren Phase des Lebens werden die Nächte damit verbracht zu schlafen, die Tage, unsere Arbeit zu verrichten, unsere Feinde zu bekämpfen und für unsere Nächsten zu sorgen, so daß es im Verlauf eines Lebens in der Tat schwierig ist, genügend Zeit für das Studium des *Dharma* zu finden. Überdies sollten wir nie vergessen, daß das Leben von Unsicherheit gekennzeichnet ist und daß es einer großen Entschiedenheit bedarf, um im Einklang mit dem Gesetz des Buddha und den Lehren der spirituellen Meister zu leben. Deshalb ist es so wichtig, das »Gesetz des *Karmas*« zu verstehen, womit das Verhältnis von Ursache und Wirkung zwischen einer Handlung und dem Ergebnis, das sie hervorrufen kann, gemeint ist.

Diese Gewißheit empfand ich besonders deutlich, wenn ich allein den vielen Darstellungen der Gottheiten im Tempel gegenüberstand. Wenn ihre Anwesenheit mich verwirrte, so gab sie mir doch auch viel Kraft. Ich bekam einen ganz anderen Zugang zu den Texten, als ich etwas später dem Unterricht in Dialektik, über *Düdra*, folgte. Im übrigen denke ich, daß man die Schriften nicht wirklich verstehen kann, solange man nicht an solchen Logikdebatten teilgenommen hat. Allerdings ist die Praxis des *Dharma* keine einfache Sache. Je mehr man sich aber damit befaßt, desto mehr wird man sich der wichtigsten Prinzipien bewußt.

Wie wir alle bin ich manchmal ärgerlich, doch der Hauptgrund für unser Leid liegt in unseren Handlungen. Ich habe lange Jahre in Arbeitslagern verbracht. Ich könnte deshalb den Chinesen böse sein, aber was würde das bringen? Unser Leid entsteht durch einen undisziplinierten Geist, und dieser geht vor allem auf Unwissenheit zurück. Man muß deshalb den Geist unter Kontrolle bringen, indem man den Strom negativer Gedanken zum Versiegen bringt. Mit viel Ausdauer, durch Konzentration auf die physische Realität seines eigenen Körpers – die vergänglich ist – und die psychologische Struktur des eigenen Geistes kann es gelingen, diesen Gedankenfluß zu transformieren und den Geist zu beruhigen. Jeder von uns könnte bestrebt sein, *Jampa*, Güte, *Nyingje*, Mitgefühl, und *Sherap*, Weisheit, zu verwirklichen, deren einer Aspekt das Verständnis der letzten Natur des Seins, das heißt der Erscheinungen der Leere, zum Gegenstand hat.

Ein tibetisches Sprichwort lautet:

Wenn die Sonne im rechten Maß
für Nahrung und Kleidung eines Mönches Sorge trägt,
dann beginnt dieser, den Dharma zu praktizieren.
Doch wenn er in die entgegengesetzte Lage gerät,
wird er ein gewöhnlicher Mensch.

Das bedeutet, daß es unter günstigen Lebensumständen leichter ist, sich ehrenhaft zu verhalten, während unter Zwang oder unter ungünstigen Bedingungen die Reaktionen des Individuums ungewisser, unberechenbarer sind. Mir sind in chinesischen Gefängnissen viele Männer und Frauen begegnet: Laien, Mönche, *Geshes** und *Lamas*. Manche von ihnen waren sehr gute Menschen. Andere dagegen fingen an, Schweine abzuschlachten, Gefangene zu schlagen, zu foltern. Einer von ihnen hieß Jampel, doch ich könnte so viele Namen nennen. Viele Tibeter sind unter ihren Schlägen umgekommen, durch ihr Verschulden, weil sie in den Diensten unserer Gefängniswärter standen. Der ehrwürdige Lama Bodong Chokle Namgyal sagte wiederholt: »Kein Mensch kann wirklich den Charakter eines anderen Menschen einschätzen.« Ich finde diese Bemerkung sehr zutreffend. Menschen, die nach außen grausam wirken, können sich im Leid als gütig, großmütig und tapfer erweisen; andere, anfangs liebenswürdig und nett, können sich aus Eigennutz oder aus Schwäche als schlecht erweisen. Man darf nie nach dem äußeren Schein gehen und daraus vorschnelle Schlüsse über irgend jemanden ziehen. Während meiner ersten Jahre im Kloster zeigte sich mein Onkel mir gegenüber so unnachgiebig, daß ich mehrfach kurz davor war wegzulaufen. Ich lernte dennoch, ihn niemals zu verurteilen, ihm niemals böse zu sein. Ihm gegenüber habe ich zum ersten Mal das Gefühl von Geduld empfunden, als ich ständig versuchte, meine Auflehnung zurückzuhalten und nicht in Zorn zu geraten.

Das war nicht immer einfach. Der Alltag war besonders hart in Chöde; die Novizen vergaßen darüber manchmal den *Dharma*, besonders wenn es darum ging, einem kleinen Mitbruder einen bösen Streich zu spielen. Wenn ich auch immer weniger als der Dummkopf des Klosters angesehen wurde, so mußte ich doch oft als Zielscheibe solcher Streiche herhalten, besonders im Frühjahr, der Jahreszeit, in der viele Schlangen in die Gärten eindrangen. Seit meiner frühesten

Kindheit hatte ich eine tiefsitzende Angst davor. Meine Mitschüler wußten dies und nutzten es aus. Ich erinnere mich besonders an einen Tag, an dem ein junger Mönch Besuch von seiner Familie bekommen hatte.

– *Amala* hat Gebäck aus Gerste gemacht. Ich weiß, daß du gerne naschst. Nimm, das ist für dich, Tenzin…

Gierig griff ich mit der Hand in den Beutel. Da spürte ich, wie meine Finger etwas Zähes berührten; dann begann dieses Etwas, sich um mein Handgelenk zu winden. Ich begriff sofort, daß es sich um eine Schlange handelte, und, von Panik erfaßt, ließ ich die Tasche, die Kuchen mit einem Aufschrei fallen und ergriff Hals über Kopf die Flucht. Ich brauchte lange, um meine Fassung wiederzugewinnen, doch nachdem ich meinen Schrecken überwunden hatte, war ich fest entschlossen, es ihnen mit Schlägen und Tritten heimzuzahlen. Es kam zu einer ersten Prügelei; später machte es keinen Sinn mehr, sich zu schlagen, weil immer ein Mönch in der Nähe war. Die Strafe folgte dann auf dem Fuße. Ich arbeitete sehr viel, und wenn ich auf diese Weise bestraft wurde, empfand ich das als ungerecht.

Als junger Novize schaute ich neidvoll auf die Mönche, die zu Familien fuhren, um dort Rituale und Gebete zu verrichten. Es kam die Reihe an mich, sie zu begleiten. Dies war ein wichtiger Augenblick in unserem Klosterleben; wir bekamen etwas Geld, wesentlich bessere und reichhaltigere Mahlzeiten als im Kloster und entkamen für einige Stunden der Aufsicht unserer Lehrer. Die Familien in der Umgebung forderten mich immer öfter an, um *Shabten* zu rezitieren, Gebete für ein langes Leben, weil ich die Rituale schneller ausführte als die anderen Mönche. Für mich war dies ein großes Glück. Ich erinnerte mich dabei an eine andere Geschichte von Aku Tempa, die *Pala* an einem Winterabend erzählt hatte:

»Aku Tempa war ein hervorragender Vorleser. Die Leute luden ihn oft zum Lesen ein, um damit ihrer Familie Glück und Wohlstand zu sichern. Eines Tages wurde er in eine Fa-

milie eingeladen, um dort mehrere Tage lang zu beten. Der Vater war völlig kahlköpfig. Aufgrund dieses Makels lehnte er es ab, in Gesellschaft zu gehen, und zog es vor, völlig zurückgezogen zu leben. Wenn er dennoch ausgehen mußte, trug er eine besondere Kopfbedeckung, die seine Kahlköpfigkeit verbarg. Die Tage vergingen. Aku Tempa las seine Gebete mit bedächtiger Stimme. Die Tradition wollte es so, daß man den Vorlesern besonders sorgfältig zubereitete Mahlzeiten brachte. Indessen gab man Aku Tempa ausschließlich Bohnen und nie Fleisch. Er war darüber sehr bekümmert.

Denn diese Familie besaß eine stattliche Herde von schwarzen und weißen Schafen. Aku Tempa hatte eine Idee. Der Vater konnte weder lesen noch schreiben und kannte aus den Schriften nur das, was man ihm davon erzählte. Am nächsten Tag nahm Aku Tempa bei Tagesanbruch seine Lesung wieder auf, erhob die Stimme und erfand gleich aus freien Stücken ein Gebet:

> Wenn der, der nicht ein Haar auf dem Kopf hat,
> auf seinem Kopf die noch warme Haut
> eines schwarzen Schafes trüge,
> Würde er seine Haare wieder wachsen sehen!

Als der Mann diese Worte hörte, merkte er plötzlich auf:

– Ist es wahr, was Ihr sagt? ...

– Gewiß, antwortete Aku Tempa , so sagt es der Buddha!

Der arme Mann glaubte es und beauftragte ein Familienmitglied, ein schwarzes Schaf zu töten. Er nahm das noch warme und blutige Fell an sich und bedeckte damit seinen Kopf. An diesem Tag gab man dem Vorleser zum Mittag- und Abendessen Hammelfleisch.

Nach einigen Tagen trug der Kerl immer noch seine seltsame Kopfbedeckung. Von dem Fell begann nun ein sehr starker Verwesungsgeruch auszugehen. Aku Tempa mußte sich ein neues Gebet ausdenken:

Wer das Fell eines schwarzen Schafes
länger als einen Tag trägt,
wird nichts mehr auf seinem Kopf wachsen sehen.

– Was? Lest das noch einmal! schrie der Mann.

Aku Tempa wiederholte das Gebet und erklärte: ›Der Herr sagt, daß demjenigen, der das Fell länger als einen Tag trägt, die Haare nicht wieder wachsen werden. Da Ihr es schon mehrere Tage auf dem Kopf tragt, ist offensichtlich, daß Ihr nie wieder Haare haben werdet!‹

Von tiefem Kummer erfaßt, warf der Mann das Fell ab, und Aku Tempa setzte seine Lesung der Texte fort.«

Die Zeit verging. Eines Tages schenkte mir mein Tutor zur Belohnung ein Bild des dreizehnten Dalai Lama, der erst kurze Zeit zuvor, 1933, im Wasser-Vogel-Jahr, gestorben war. Es war stark beschädigt, aber es wurde einer der wertvollsten Schätze meines Lebens. Ich brauchte eine gute Woche dazu, um ein Amulett aus einer Silbermünze anzufertigen, die *Mola* mir gegeben hatte. Als es fertig war, hängte ich es mir stolz als Anhänger um den Hals. Bis dahin hatte ich noch nie irgendein Foto von Gyalwa Rinpoche[15] – ein anderer Name für den Dalai Lama – gesehen. Zu Hause hatten wir nur zwei kleine Statuen von Chenresi und Amitabha[16].

Dieses Bild zu tragen bestärkte mich noch in meinen Überzeugungen. Zu dieser Zeit war ich mir der Bedeutung meines Klosters bewußt geworden: Es war der Geburtsort von Lochen Bero, einem großen Gelehrten des tibetischen Buddhismus. Besonders liebte ich hier die – viel zu seltenen – Augenblicke von Einsamkeit im Tempel.

15 Die Tibeter nennen ihn auch: Kyabgön Rinpoche, »Kostbarer Beschützer«; Kyabgön Buk, »Innerer Beschützer«; Lama Pönpo, »Hauptlama« oder ganz einfach Kundun, »Gegenwart«.

16 Amitabha erfreute sich in China, Japan und Tibet und ebenso im Himalaya großer Beliebtheit beim Volk.

Seit meinem dreizehnten Lebensjahr hörte ich leidenschaftlich gern den Älteren zu, wenn sie von der Geschichte unseres Klosters erzählten. Ihre Erzählungen versetzten uns manchmal Jahrhunderte zurück. Im neunten Jahrhundert betrieb König Langdarma[17] eine streng antibuddhistische Politik. Grausam verfolgte er Mönche und Laien: Man tötete, massakrierte, plünderte und zerstörte alles, was mit buddhistischer Religion zu tun hatte: Bauten, Bücher, Reliquien ... Zahlreiche Statuen wurden verstümmelt: Nägel in die Hände und Füße der Buddhas und der anderen Gottheiten geschlagen; Glieder abgerissen. In einigen Klöstern, darunter dem unsrigen, gab es, wie man mir sagte, Wunderzeichen: Statuen begannen zu sprechen. Dank dieser Wunder wurde Chöde vor der Zerstörung bewahrt, während zwei sakrale Bauten, Sangri und Takshuk, sowie eine Festung ein paar Kilometer entfernt, Desi Rinchen Dzong, völlig dem Erdboden gleichgemacht worden waren. Nur einigen Mönchen war es gelungen, den Massakern zu entkommen und nach Chöde zu gelangen. Sie hatten viele sakrale Werke mitgenommen. Eines der wertvollsten enthielt dreißig Bände von je vierhundertfünfzig bis fünfhundert Seiten. Jeder Band wurde zwischen zwei Holzdeckeln mit eingravierten goldverzierten Abbildungen der Buddhas aufbewahrt. Es gab auch eine Sammlung von sechzehn *Thangkas**, Motive sakraler Kunst auf Seide gemalt, und zahllose kleine Statuen und Reliquien. Aufgrunddessen wurde Chöde einer der meistverehrten Orte.

Wenn ich in die Heiligtümer eintrat, war ich auf eine tiefe, unergründliche Weise ergriffen. Mir war nun bewußt geworden, daß geschaffene Dinge von Natur aus nicht von Bestand sind; daß das menschliche Leben vergänglich ist. Auch liebte ich diese Augenblicke des Nachdenkens und der Gebete bei

17 Dieser König regierte von 838 bis 842. Zur gleichen Zeit fand in China eine große Verfolgung statt (842-846). Langdarma wurde durch einen Mönch, Palgye Dorje, ermordet.

Tagesanbruch, genau dann, wenn die Sterne kurz vor ihrem Entschwinden fast unsichtbar wurden. Das Tiefschwarz des Himmels verblaßte immer mehr, und ich war dann voller Verwunderung. Manchmal entlud sich ein Gewitter über Chöde. Dann fanden die Sterne, unsichtbar geworden, Zuflucht in meinem Herzen. *Amala* lächelte mir zu. Oft hatte ich den Eindruck, ihr Bild zu sehen; in Wirklichkeit hatte sie mich nie verlassen. Der monotone Ablauf meines Lebens wurde unterbrochen, wenn ich ziellos durch die verschiedenen Räume des Klosters zog. Während ich sie durchschritt, brauchte ich nur die Augen zu schließen, und schon tauchten Bilder auf, die sich mir bis heute eingeprägt haben. Selten waren die Augenblicke, in denen ich in diesem Leben glücklich war. Aber hier war ich es, wenn um mich herum alles zur Ruhe kam und zum Meditieren einlud.

Im Erdgeschoß nahm eine Statue des Buddha Shakyamuni[18], von der Höhe eines zweigeschossigen Bauwerks, den Hauptsaal ein. An ihrer Seite standen die Statuen von Chenresi und Tsepame, dem Buddha des langen Lebens. Die Statuen, alle drei aus Bronze und von bestem Gold überzogen, gaben der Mitte des Heiligtums eine Ausstrahlung von ruhiger Kraft. In eben diesem Saal blieb ich oft nachdenklich und traurig vor den Werken stehen, die Verstümmelungen und Verwüstungen erlitten hatten. Beim Hinausgehen verweilte ich einen Augenblick in einem etwas weniger großen Raum, der eine Statue des großen Gelehrten Bodong Chokle Namgyal beherbergte. Hier waren die Wände von Goldgrundmalerei bedeckt. Im ersten Stock gab es nur zwei Räume. Im ersten, dem Gebet vorbehaltenen Raum war der *Kangyur* zu finden, über hundert handgeschriebene Bände und etwa hundert weitere als Drucke. Im folgenden Raum bewahrte man dreißig Bände *Sutras* und einen Stupa auf, den Bau, der auf symbolische Weise den Leib des Buddha darstellte und die

18 Der »historische Buddha«, auf den der *Dharma* in seiner noch heute praktizierten Form zurückgeht.

Reliquien eines heiligen *Lama*, Gendun Lhündrup, enthielt, dessen Leichnam man in Salz konserviert hatte. Später erzählte man mir, daß man 1950, als die Chinesen den Ort einnahmen und diesen Stupa zerstörten, auf dem Kopf der Mumie Haare wachsen sehen konnte. Ebenfalls an diesem Ort hatte man Statuen der benachbarten Klöster aufgestellt und auf den treppenförmigen Regalen aufgereiht. Einige erreichten Mannesgröße. Alle von unschätzbarem Wert, bestanden sie vollständig aus Metallegierungen: Gold, Silber, Bronze... Man konnte hier auch Gemälde und *Thangkas*[19] finden. Die dritte Etage schließlich hatte nur einen einzigen Raum, den wir *Kabchi* nannten. Hier waren die hundert Bände des *Kangyur* zu finden, ebenfalls in Holzblöcke eingraviert, und dreißig Bände der Kommentare von Bödong Chokle Namgyal, die mit Hilfe einer Tinte aus Gold- und Silberstaub auf dickes Reispapier gedruckt waren. Schließlich wurden hier zahlreiche Schriften, Reliquien und Statuetten von Buddhas und *Bodhisattvas* aufbewahrt. Die Texte, die in viereckige Leinen- oder Seidentücher, genannt *Ga*, eingewickelt waren, lagen zwischen zwei Holztafeln, die Gravierungen mit Darstellungen von Gottheiten enthielten. Diese hatte man zusammengebunden, um das Reispapier glatt zu halten. Auf gleicher Höhe fand sich in einem letzten Heiligtum der Stupa eines großen tibetischen Gelehrten, Pang Lotsawa oder Pang-Lochenpo. An diesem Ort war auch die Statue einer Gottheit der Region, Tashi Wanpak[20], zu sehen, die die Reliquie schützte, sowie verschiedene Bilder. Auf dem Boden lagen Kissen und zusammengefaltete Decken, wo die Mönche sich niedersetzen und sammeln konnten. Es gab auch Becken und andere Kultgegenstände, die während der Zeremonien

19 Während des Festes von Kün Rik Dumchö, das im allgemeinen am zweiundzwanzigsten Tag des zwölften Monats des Jahres beginnt und am fünfzehnten Tag des ersten Monats des neuen Jahres endet, holten die Mönche alle Thangkas hervor, um sie auszustellen.

20 Man sagt, daß sie den furchterregenden Aspekt von Chenresi darstellte.

benutzt wurden. Die vierte Etage des Klosters beherbergte sehr alte Statuen, die Chöde seit seiner Gründung gehörten. Der Rest des Gebäudes diente als Wohnung für Mönche und enthielt Gästezimmer für Reisende und durchziehende Pilger.

Die Mehrzahl der Klöster in Tibet waren auf Hügeln errichtet; dies war nicht der Fall bei Chöde: Es lag an einer tiefen Schlucht, durch die ein Wildbach floß, zu dessen tosenden Wassern es mich besonders an schönen Tagen zog. Eine Hängebrücke aus Holzlatten mit Zwischenräumen, die mit abgenutzten Seilen und Tauen verbunden waren, ermöglichte den Übergang. Tragtiere konnten hier nicht gehen. Während auf der einen Seite des Klosters der Fluß lag, erstreckten sich auf der anderen Seite Gärten. Dort befand sich auch der Schlafraum der meisten Mönche. Auf einem schmalen Weg, den ich jeden Tag benutzte, konnte man um das Gebäude herumgehen.

Ich liebte besonders die zweite Etage des Hauptgebäudes, weil dort weite offene Räume waren, die im Norden zum Garten hinausgingen. Ich setzte mich allein auf das Mäuerchen und ließ die Beine in die Luft baumeln. Der Wind brauste mit Macht durch die Maueröffnungen und sang in den Ecken. Ich war überwältigt, und als sich mein Gehör an die Umgebung gewöhnt hatte, lauschte ich aufmerksam auf das anhaltende Rauschen der Bäume, die Schatten warfen. Der Garten beherbergte zahlreiche Kuckucke und Singvögel mit rotem Schnabel und schwarzen Federn, die wir Tibeter *Jomo* nennen. Ich mochte diesen wunderbaren Ort auch wegen seines kleinen Teichs, wo, wie es hieß, Lochen Bero zu baden pflegte, und wegen der Pappeln, die in bunten Herbstfarben leuchteten. Außerdem kam es vor, daß ich Texte mitnahm und sie hier studierte. Adler kreisten über mir. Sicherlich sahen sie mich von ferne, und ich sagte mir, daß *Amala* und *Mola* gegenwärtig waren, in diesem Rahmen, der sich für immer meinem Bewußtsein eingeprägt hat.

1938 begann das Erde-Tiger-Jahr wie alle Jahre des tibetischen Kalenders mit Zeremonien, mit denen das *Losar*-Fest, das Neue Jahr, gefeiert wurde. Dieses Jahr meines bisher sechzehnjährigen Lebens sollte sich sehr von den vorangegangenen Jahren unterscheiden. Ich hatte tatsächlich beschlossen, Arzt zu werden – auf Tibetisch *Amchi*. Man fügt hier manchmal die Partikel *la* als Zeichen des Respekts an: *Amchila*. Die Umstände sollten mir helfen, mein Ziel zu erreichen.

Dieser Wunsch lebte von nun an tief in mir verborgen. Im Jahr zuvor hatte ich in den Ferien meine Familie besucht. Eines Tages kam ein ungewöhnlicher Mann zu uns. Stolz trug er ein schönes Gewand aus gelbem Brokat. *Mola* hatte bei seinem Empfang Räucherwerk verbrannt, was man im allgemeinen in Anwesenheit von *Lamas*, wichtigen *Tulkus* oder großen Gelehrten macht. Sie hatte ihm auch Tee und ein köstliches Mahl gereicht. Da sein Wissen meine Neugier erregt hatte, fragte ich ihn aus. Er erzählte mir, daß er lange am Chagpori[21] studiert habe, der Medizinschule von Lhasa. Ja, auch ich werde *Amchi* sein, dachte ich damals. Gleich nach seiner Abreise kletterte ich auf die Spitze des Hügels, um ihn am Horizont verschwinden zu sehen. Meine verrücktesten Gedanken und Träume begleiteten seine Silhouette. Am Abend, nach den Gebeten, nahm ich eine Nadel und Tinte, und im Schein der Feuerstelle, wo ein lustiges Feuer knisterte, tätowierte ich mir das Wort *am* auf die eine Hand, wie ein unauslöschliches Versprechen. Dieses Zeichen trage ich

21 Erste Medizinschule, errichtet vom fünften Dalai Lama. Zu Beginn im Kloster von Drepung untergebracht, wurde sie dann in einen Klosterkomplex mit Krankenhaus und Schule, das den Namen Chagpori, »Eisenberg«, trägt, verlegt, auf einen Hügel von Lhasa, der Hauptstadt. Der Chagpori wurde zum Zentrum der tibetischen Medizin, in den Nachbarländern, besonders in Mittelasien, bekannt wegen der von den Medizin-Lamas unterrichteten Wissenschaft. Nach seiner Amtseinführung entschied Sangye Gyatso, der Regent des fünften Dalai Lama und zu dieser Zeit wohl mächtigste Mann, daß jedes Kloster einen in Chagpori ausgebildeten Medizin-Lama haben solle. Dies war der Beginn des »öffentlichen Gesundheitswesens« in Tibet.

auch heute noch. Nur die Zeit hat die Tätowierung verblassen lassen; und am Ende bin ich *Lhamenpa** geworden. Und das geschah so.

In Lhasa war ein herausragender Gelehrter des Chagpori, Khyenrab Norbu, Leibarzt des dreizehnten Dalai Lama geworden. Im Wasser-Stier-Jahr (1913)[22] war Premierminister Shatra nach Britisch-Indien gefahren. Khyenrab Norbu hatte ihn begleitet, um dort bestimmte Krankheiten zu analysieren und zu behandeln, die damals als unheilbar galten. Als ausländische Ärzte ihn nach der Beziehung zwischen Herzkrankheiten, Körper und Geist fragten, lieferte Khyenrab Norbu erstaunlich viele Einzelheiten sowohl über die Ursachen als auch die Symptome und psychischen Folgen, die mit diesen Krankheiten verbunden sind. Sein Besuch wurde zu einem Triumph: Er wurde beglückwünscht, fotografiert, auch mit Geschenken überhäuft, und als er nach Tibet zurückkehrte, war sein neuer Ruhm bereits bis dorthin vorgedrungen.

Drei Jahre später, 1916, im Feuer-Drachen-Jahr, bat ein Mitglied des *Kashag**, des Ministerrats, den dreizehnten Dalai Lama um Erlaubnis, dort, wo früher das Kloster von Tengyeling war, eine Schule bauen zu dürfen, an der Englisch unterrichtet würde, was dieser ablehnte. Tekhang Jampa Thubwang, der Leibarzt des Dalai Lama, der später der Lehrmeister von Khyenrab Norbu wurde, richtete seinerseits ein Gesuch an Seine Heiligkeit und schlug ihm vor, an der Stelle des zerstörten Klosters eine Hochschule für Medi-

22 Im Oktober 1913 fuhr eine Delegation nach Simla. Es folgte eine Konvention, die zunächst am 3. Juni 1914 von Tibet, Großbritannien und China unterzeichnet wurde und den Grenzverlauf zwischen Tibet und China festlegte, eine heikle Frage für die Chinesen, die ihre volle territoriale Souveränität bekräftigen wollten, wie für die Regierung des dreizehnten Dalai Lama, die unbedingt die Interessen der Bevölkerung von Kham und Amdo in Ost- bzw. Nordosttibet wahren wollte. Die Ratifizierungsurkunde wurde am 3. Juli 1914 lediglich von Tibet und Großbritannien unterzeichnet. China verweigerte seine Unterschrift und erkannte dieses Dokument nicht an.

zin und Astrologie zu errichten. Thubten Gyatso überlegte sogleich, welche Vorteile eine solche Einrichtung Reichen und Armen, Aristokraten und Bauern bringen könnte, und ging so weit, alle Blöcke für den Druck des *Gyüzhi* eigenhändig zu prüfen. Er ließ dann Tekhang kommen und teilte ihm seine Zustimmung mit. Der Mentsikhang war gegründet.

Als der Bau abgeschlossen war, ernannte Seine Heiligkeit Tekhang zum Direktor des Instituts und Khyenrab Norbu zum Hauptverwalter. In dieser neuen Einrichtung systematisierten die beiden Gelehrten die Satzung und organisierten die Lehre: Studiendauer, Kursverlauf, praktische Anwendung und Prüfungen, den Unterschied von Stufen und Klassen, das Sammeln von Heilkräutern und die Beschaffung von anderen medizinischen Ingredienzien, Pharmakologie und Astrologie. In der Tat wurden hier alle Disziplinen mit gleicher Wichtigkeit unterrichtet. Kein Wunder, daß seitdem das Institut einen beachtlichen Bekanntheitsgrad erreichte und wie eine Lotusblume Studenten anzog, die in Tibet, in den Klöstern und in der Armee sorgfältig ausgewählt worden waren. Auch schrieben sich hier Anhänger des Tantrismus aus Bhutan, Sikkim, Ladakh, Lahaul und Spiti ein und illustrierten auf diese Weise die Worte von Padmasambhava*:

> So abgelegen der Ort sein mag,
> an dem ein großer Gelehrter wohnt,
> Seine Kenntnis dient als Botschafter.
> Wie der Edelstein von Ketakai,
> Zieht er die Menschen an wie Bienen.

Als der Mentsikhang um Studenten warb, richtete der *Kashag* eine Mitteilung an alle Klöster. Aus Chöde waren zu dieser Zeit drei von den allerbesten Novizen – Yeshi Tenzin, Dongchok und Palden Tsewang – ausgesucht worden. Die einzige Bedingung für die Aufnahme am Institut: Sie mußten jünger als dreizehn Jahre alt sein. Aber vor der Abreise nach

Lhasa mußten sie erst im Kloster unter Anleitung eines Arztes, Doktor Shekar, lernen, der selbst am Mentsikhang ausgebildet worden war.

Keiner dieser drei Schüler brachte seine Vorbereitungszeit zu Ende. Yeshi Tenzin, der erste Student von Shekar, floh aus Chöde. Sehr viel später erfuhr ich, daß er sich unter den Mönchen von Sera versteckt habe. Dongchok, ein entfernter Verwandter, verschwand ebenfalls. Man sagte, er habe Zuflucht in einem Kloster in Lhasa gefunden. Er kam nach 1959 mit einer Frau und zwei Kindern nach Nyemo zurück. Palden Tsewang verschwand, und keiner sah ihn je wieder. Was waren nun die Gründe für ihr Fortgehen? Ich erfuhr es leider erst später. Jedenfalls schickte der Arzt einen Bericht an den Mentsikhang und wählte drei andere Mönche aus. Ich war einer von ihnen. Eigentlich hätte mein Alter – ich war älter als sechzehn – ein Hindernis sein müssen. Da ich als intelligenter, arbeitsamer und aufrichtiger Schüler galt, machte man bei mir eine Ausnahme.

Die Zustimmung aus dem Mentsikhang erreichte Chöde, als ich unterwegs war, um in einer Familie Gebete zu rezitieren. Bei meiner Rückkehr umringten mich die Novizen, um mir anzukündigen, daß ich dazu auserwählt war, Medizinstudien zu betreiben. Von Jubel erfüllt, dachte ich, daß ich, um dies zu verdienen, sicherlich in meinen früheren Leben gutes *Karma* angesammelt hätte; die Mönche aber warnten mich und versicherten mit Nachdruck, daß *Amchi* zu werden viele Nachteile mit sich bringe. Und dann war da Dr. Shekar...

Von diesem Tag an mußte ich mich ganz meinen Studien widmen; es war ausgeschlossen, weiter zu den Familien zu gehen, um *Shabthen* zu rezitieren; auch Spiele und Mußestunden wurden sehr viel seltener. Doktor Shekar wurde also mein Medizin-Lehrmeister in Chöde. Vom ersten Tag an verstand ich, warum seine letzten Schüler geflohen waren: Zusätzlich zu den heiligen Texten, die ich auswendig lernen

mußte, hatte ich alle möglichen Arbeiten zu verrichten, die wirklich nichts mit dem Ziel meiner Studien zu tun hatten, nämlich meinen Eintritt in den Mentsikhang vorzubereiten.

Doktor Shekar war ein erstaunlicher Mann. Er kümmerte sich ausgezeichnet um seine Patienten; etwas weniger um seine Schüler. Auf diese Weise verbrachte ich einen Großteil meiner Zeit damit, seine Wohnung und die angrenzenden Pferdeställe zu reinigen, da der Arzt von Chöde eine Leidenschaft hatte: Pferde. Wenn er Krankenbesuche außerhalb machte, so zog er selbstverständlich zu Pferde los. Sobald er zurückgekehrt war, mußte ich mich um sein Pferd kümmern. Dann mußte ich eine vollständige Überprüfung der Räume über mich ergehen lassen. Unvermeidlich hagelte es Vorwürfe. Von grenzenlosem Kummer erfüllt, flüchtete ich mich manchmal zu meinem Tutor. Dort war ich erneuten Vorhaltungen ausgesetzt. Sobald er mich sah, begann er, mich zu beschimpfen, weil er den Gedanken, mich nach Lhasa gehen zu sehen, nicht ertrug. Seine Worte verletzten mich:

– Du bist wirklich ein Pechvogel. Du hast deine Mutter verloren, als du kaum geboren warst. Jetzt mußt du für andere hart arbeiten, anstatt bei mir die heiligen Texte zu studieren. Das kommt von deinem schlechten *Karma*, Tenzin.

Hatte mein Tutor vielleicht recht? Wir befanden uns bereits im Jahre 1939, dem Erde-Hase-Jahr, und ich war gerade siebzehn Jahre alt geworden. Jede Nacht mußte ich zweimal aufstehen, um die Pferde zu füttern. *Amchila* wußte genau, wann ich in die Pferdeställe kam, da die Pferde kleine Glokken trugen und ihr Bimmeln ihn weckte. Er wußte dann, daß ich gerade dabei war, sie zu füttern. Ich war so erschöpft, daß ich manchmal nicht wach wurde; früh am Morgen schlug mich mein Lehrer oft mit Peitschen- oder Stockhieben, bevor er mich losschickte, den Pferdemist zu sammeln und zum Trocknen auszulegen, um daraus Dünger zu machen, den ich mehrmals in der Woche auf den benachbarten Feldern ausstreute.

Eines Tages kamen Patienten zum *Amchila* in die Sprechstunde. Sie hatten ihre Pferde am Eingang des Klosters angebunden; eines der Pferde konnte sich von seinem Strick losreißen und lief im Galopp davon. Zu dieser Zeit befand ich mich im Pferdestall und versorgte das Pferd meines Meisters. Als er von dem Zwischenfall erfuhr, machte er mir Vorwürfe und schlug mir mehrmals mit einem Stock auf den Kopf.

– Tenzin, komm nicht zurück, wenn du das Pferd nicht gefunden hast.

Es war Winter. Ich ging mit nackten Füßen durch den Schnee. Einen Augenblick glaubte ich, das Glück auf meiner Seite zu haben: Die Spuren der Hufe waren noch zu sehen. Doch die Schneefälle wurden stärker und dichter. Ein paar hundert Meter weiter waren alle Spuren verschwunden. Jetzt spürte ich, wie die Kälte mich überkam; meine Füße wurden ganz starr. Bei jedem Schritt litt ich entsetzlich. Ich weinte beim Gedanken an *Amala*, die nicht da war, um mich zu beschützen. Seit ihrem Tod vor siebzehn Jahren hatte ich so viel Leid zu ertragen; doch dieses Mal nahm ich die Ungerechtigkeit, mit der ich behandelt wurde, nicht hin. Ich irrte den ganzen Tag umher und fand das Pferd nicht wieder. Kälte und Schnee hatten meinen Füßen so zugesetzt, daß ich nicht einmal mehr Schmerzen spürte. Ich hatte unzählige Male das *Mantra Om Mani Padme Hum* rezitiert.

Ich hatte einen Tutor bekommen, um eine Ausbildung zu erhalten, und einen Lehrmeister, um Medizin zu studieren; und jetzt war ich hier, mitten im Winter, mit nackten Füßen, um ein Pferd zu suchen, das ich wahrscheinlich nie finden würde. Ich drehte um und kehrte zum Kloster zurück. Als ich nach Einbruch der Dunkelheit zu meinem Tutor kam, tobte dieser vor Wut:

– Ich komme nicht einmal mehr dazu, dich die Schriften studieren zu lassen, während andere dich arbeiten lassen wie einen Besessenen, wie einen einfachen Diener.

In dieser Nacht konnte ich keinen Schlaf finden. Ich füt-

terte die Pferde und setzte mich vor den Altar. Das Pferd, seine Flucht, die Kälte, der Schnee, die eiskalten Füße, der Hunger ... Tränen rollten in Strömen über mein Gesicht. Ich bedauerte, nicht früher nach Lhasa gegangen zu sein. Je länger ich betete, desto mehr kam ich zu der Überzeugung: Ob ich hier nun glücklich war oder nicht, ich mußte in den Mentsikhang kommen; das war eine zwingende Notwendigkeit geworden.

Einige Tage später ereignete sich ein weiterer Zwischenfall. Shekar kam sehr entnervt nach Hause zurück. Er ließ es sofort an mir aus und warf mir vor, seine Wohnung nicht gut genug gereinigt zu haben.

– Alles ist sauber, Meister, sagte ich mit tonloser Stimme.

Er ging zum Wasserkrug und zeigte auf das Brett, das ihn bedeckte.

– Es ist schmutzig. Es sind Staubspuren darauf zu sehen.

Shekar ergriff einen großen kupfernen Schöpflöffel und schlug mir heftig damit auf den Kopf. Es tat weh, und eine riesige Beule verunstaltete meinen Schädel. Das war das letzte Mal, daß er Gelegenheit hatte, mich zu schlagen. Von diesem Tag an legte ich etwas von meiner mageren *Tsampa*-Ration zur Seite, um über die notwendige Nahrung zu verfügen, wenn ich nach Lhasa ginge.

Als ich an diesem Abend einschlief, hatte ich nur den einen Gedanken im Sinn: zum Mentsikhang aufzubrechen und *Amchi* zu werden.

5
Ich werde Arzt

Fortgehen. Ich dachte nur noch daran. Jeden Tag entwendete ich weiter kleine Mengen von *Tsampa* und steckte sie in einen Sack, den ich in einem Busch versteckt hatte. Dann ging ich in den Tempel, um dort meinen Übungen nachzugehen.

Dort, ein wenig abseits, meditierte ich lange Zeit. Mönche sprachen hier unaufhörlich Gebete, nichts von meinen Absichten ahnend. Das Warten schien endlos. Es war unmöglich, sich in dieses neue Abenteuer zu stürzen, ohne die Reise ganz genau vorbereitet zu haben. Ich hatte noch die heikle Erinnerung an die Eskapade zum Berg Kailash, die mit den Peitschenhieben meines Tutors geendet hatte. Dieses Mal durfte ich auf keinen Fall umkehren. Ich hoffte nur, daß *Mola* mich verstehen und *Amala* meine Schritte lenken würde.

Endlich kam der entscheidende Tag. Mein Tutor hatte von Shekar die Erlaubnis erhalten, mich in Chago den *Kangyur* rezitieren zu lassen. Ich sollte am Abend zurückkehren, aber die Rezitationen dauerten länger als vorgesehen. Als ich nach Chöde zurückkam, war die Nacht schon weit fortgeschritten; so eine Möglichkeit würde sich vielleicht nicht so schnell wieder bieten. Anstatt mich in der Wohnung meines Tutors oder meines Lehrers einzufinden, ging ich direkt auf das Versteck zu, in dem sich das Bündel, die Essenstasche und eine *Chuba* befanden.

Es mußte gegen Mitternacht sein. Mit meiner wertvollen Beute betrat ich ein letztes Mal den Haupttempel. Ich stieß die schwere Tür auf, die sich wie klagend in den Angeln drehte. Ich blieb für einige Sekunden auf der Schwelle stehen, um mir dieses wahrscheinlich letzte Bild, das ich vom Heiligtum in Chöde haben würde, einzuprägen, dann setzte ich mich in eine dunkle Ecke. Da traf mein Blick auf den des Buddha Shakyamuni und verlor sich darin. Eine intensive Hitze erfaßte mich, und beim Anblick der Butterlampen, die in ihren goldenen und silbernen Ständern aufgereiht waren, fühlte ich Ergriffenheit. Vor dem Altar legte ich eine *Khata* und ein bescheidenes *Tsampa*-Opfer nieder. Mönche beteten; sie schenkten meiner Anwesenheit keinerlei Beachtung. Auf diese Weise verging eine gute halbe Stunde. Ich bat die Gottheiten, mein Unternehmen mit Erfolg zu krönen und mir zu erlauben, den berühmten Khyenrab Norbu, den Leibarzt des

Dalai Lama, zu treffen. Ruhig, um nicht zu sagen gelassen, stand ich auf und ging so unauffällig wie möglich hinaus. Die Tür des Tempels schloß sich hinter mir, ohne die geringste Klage von sich zu geben.

Von Mut und Vertrauen erfüllt, ging ich auf den Hauptausgang des Klosters zu und schlug den Weg ein, der um das Gebäude herumführte. Ich ging noch einmal um das Kloster herum, um mich völlig von der Atmosphäre dieses Ortes durchdringen zu lassen, durchquerte die Gärten und ging dann über die Holzbrücke. Im Dunkel der Nacht, angesichts der tosenden Wasserfluten, die gegen die Wände der Schlucht stießen, zögerte ich noch einen kurzen Augenblick; dann jedoch drängte mich eine stärkere Kraft weiterzugehen. Schnell verschwand Chöde in der dunklen Nacht.

Eine Stunde später kam ich in Tashi Nukpa an, dem Dorf, in dem einige Verwandte meiner Mutter wohnten, vor allem meine Tante Paisala, doch sie war nach Lhasa zum *Mönlam*-Fest* gefahren. Ich traf hier jedoch eine andere Tante, die mich sehr gern hatte und die sich oft Sorgen um mich machte.

– Da sitzt du ja schön in der Patsche. Seit dem Tod deiner Mutter hast du viel Leid erfahren, Tenzin. Ich wünsche dir wirklich, daß du mit deinem Unternehmen Erfolg hast. Morgen früh wird dich ein Führer nach Shu begleiten, wo ein Onkel von dir lebt. Sena Thondup Khangsar ist ein reicher Bauer, er wird dir sicher helfen und dir vor allem ein guter Ratgeber sein. In Lhasa mußt du unbedingt Paisala treffen. Und jetzt geh erst mal schlafen, denn der Weg wird lang sein.

Mein Ausruhen war von kurzer Dauer. Dennoch hatte ich einen wunderbaren Traum: Viele Leute gingen in ein Kloster hinein, während ich in ein weißes Muschelhorn blies. Später erfuhr ich, daß ein solcher Traum ein gutes Vorzeichen sei und viele Erfolge ankündige. Man sagt sogar, daß er sich erfüllt, wenn man ihn im Morgengrauen träumt. Doch zunächst einmal schlief ich den Schlaf des Gerechten.

Meine Tante weckte mich zu den Morgengebeten. Ich

tauschte mein Mönchsgewand gegen eine *Chuba* ein, schluckte Tee mit Salz und ein wenig *Tsampa* herunter. Der Führer war schon da. Nach letzten Ratschlägen ging ich stolz hinter ihm her. Es war fünf Uhr morgens.

Zunächst durchquerten wir Nyemo, das Heimatdorf von *Amala*. Gegen Mittag machten wir eine kurze Pause. Der Führer sprach sehr wenig mit mir, und dies nur, um mir zu sagen, daß wir noch vier Stunden bis Shu zu gehen hätten. Im Verlauf dieses Tages geschah nicht viel, bis auf eine Begegnung mit Nonnen, die zum Kloster Bero gehörten. Sie hatten ganz in der Nähe am Fluß Wasser geschöpft und kehrten unter lautem Lachen zu ihrem Kloster zurück. Ich schloß daraus, daß dieser Anblick einfachen Glücks ein weiteres günstiges Vorzeichen war.

In Shu brachte mich der Führer direkt zu meinem Onkel. Dieser bot uns Tee an; ich überreichte ihm eine *Khata*. Ich entdeckte in ihm einen sehr netten Mann, der vor allem mir gegenüber sehr zuvorkommend war.

– Als ich vom Tod deiner Mutter erfuhr, habe ich viel an die beiden Kinder gedacht, die sie zurückgelassen hat: deinen Bruder und dich. Damals war es mir nicht möglich, euch auf irgendeine Weise behilflich zu sein. Heute freue ich mich über deine Absicht, *Amchi* zu werden. Doch du mußt lernen, vorsichtig zu sein. Die Straße nach Lhasa ist nicht sehr sicher; es ist ausgeschlossen, daß du diese Reise allein unternimmst.

Ich verbrachte zwei Nächte bei meinem Onkel, Sena Thondup Khangsar. Er prüfte sorgsam mein neues Bündel: Essen, warme Kleider und Schuhe. Shu war ein kleiner Ort, wo die Häuser terrassenförmig an einem Bergrücken angeordnet waren. Die Familie Khangsar bewohnte das höchstgelegene Haus. An diesem herrlichen Ort hatte man ein gewaltiges Panorama vor sich. Ein malerischer Fluß, an dem entlang ein verschlungener Weg nach Yangchen führte, durchquerte das Tal. Als Treffpunkt für Händler wurde Shu regelmäßig von Karawanenführern besucht. Die umliegen-

den Hügel waren von grünen Weiden bedeckt, wo prachtvolle Pferde in völliger Freiheit herumsprangen. Die Gegend war der Schweiz sehr ähnlich, die ich viele Jahre später kennenlernte.

Am ersten Tag in Shu verspürte ich das Bedürfnis, über die Hügel zu wandern. Ich erzählte meinem Onkel davon, der mich vor den Gefahren warnte, dort wilden Tieren zu begegnen. Ein Weg schlängelte sich zum Gipfel hoch und führte zwischen Weideflächen hindurch. Die Sonne war warm und lastete schwer auf meinen Schultern. Ein Lüftchen, leicht und lauwarm, spielte auf meinem Gesicht. Ich war glücklich, berauscht von einer Freiheit, die ich bis dahin noch nie empfunden hatte. Ich schloß die Augen und hielt, so lang es nur ging, den Atem an. Ach! Wenn *Amala* bei mir gewesen wäre, hier bei uns: Ich hätte ihr so viel zu sagen, so viel mit ihr zu teilen gehabt! Aber ich hatte keine Mutter mehr, und dieser Verlust tat mir weh. *Om Mani Padme Hum*.

Ich hatte fast den Gipfel erreicht, als ich plötzlich von einer Herde von Pferden umgeben war, die von einem kupferfarbenen Hengst angeführt wurde. Ich hielt inne, um sie nicht zu erschrecken. Mein Herz klopfte zum Zerspringen. Der Leithengst kam auf mich zu, blieb jedoch auf Distanz. Er sah mich forschend an und beobachtete jede meiner Gesten. Seine Hufe stießen nervös gegen den Boden. Er wieherte, und sein Wiehern übertönte das Vogelgezwitscher. Er schnupperte, richtete den Kopf auf und wieherte noch einmal. Dann kam er stolz auf mich zu, gefolgt von den anderen Pferden. Wie hypnotisiert, konnte ich meinen Blick nicht losreißen. Seine Augen waren glühenden Kohlen gleich, in denen die Sonnenstrahlen funkelten. Seine Ohren waren nach vorn gerichtet. Seine gestutzte Mähne flatterte im Wind. Sein Schweif peitschte die Luft wie wild. Die Herde, etwa zehn Pferde, war nah, zum Berühren nah. Angst packte mich, aber es gelang mir, sie zu überwinden. Der Hengst beschnupperte mich und wieherte ein letztes Mal. Plötzlich

drehte er sich um und galoppierte davon, gefolgt von den anderen Pferden. Ihre Hufe trampelten so laut auf den steinigen Boden, daß mein Körper von dumpfem Zittern erfaßt wurde.

Ich beschloß, mich hier auf den Höhen ein wenig auszuruhen, und fand einen dicken Stein, um mich zu setzen. Ich betrachtete das Tal. An dieser Stelle berührten sich Himmel und Erde in mehr als dreitausend Meter Höhe. Raben zogen endlose Kreise und ließen sich schließlich in einem Schwarm auf den Wipfeln der Bäume nieder. Ich entdeckte eine kleine Höhle und ging darauf zu. Ich sammelte Steine und machte mich an den Bau eines Altars. Als ich nach einer guten Stunde fertig war, legte ich eine Opfergabe nieder und verbrannte Wacholderreiser. Dann begann ich, Gebete zu rezitieren.

Die Sonne stand noch hoch am Himmel. Ich setzte meine Erkundungen fort. Hier wurde das Gebirge kahler. Ich traf Nomaden und ihre Herden von Yaks, *Dris* und Schafen. Weiter weg oberhalb der Weideflächen fand ich Moschustiere, Gemsen und in der Luft vor allem Adler. An letztere richtete ich Worte der Freundschaft. Wie um mir zu bedeuten, daß er verstanden habe, breitete ein riesiger Adler langsam die Flügel aus und hob vom Boden ab. Er flog sehr hoch, bis er gleichsam von der Sonne erfaßt wurde und nicht mehr zu sehen war. Ich versank in eine Art Melancholie. Ich dachte an *Mola*, an den Hügel an meinem Geburtshaus und begann, mich mit geöffneten Armen im Kreis zu drehen. Ich war ein Adler, und ich war frei. Milarepa, ein Heiliger, Einsiedler und Dichter, sagte vor etwa neun Jahrhunderten:

Beutetiere brüllen an meiner Seite,
In der Ferne schwebt der königliche Geier,
Wildesel und Damhirsch spielen und
  springen herum mit ihren Jungen,
Lerchen und weiße Kraniche singen in allen Tonarten.

Plötzlich erschien ein Regenbogen. Wieder dachte ich an *Amala*. Ich weinte, von meinem Gesicht tropften die Tränen.

An meinem zweiten Tag in Shu stieg ich hinab bis zum Flußufer. Es gab keinen Weg, und die Vegetation war hier dicht. Das Wasser floß langsam, kaum wahrnehmbar. Der Hund meines Onkels war mir gefolgt. Von Zeit zu Zeit sprach ich mit ihm, doch er nahm mich kaum wahr. Wir gingen vor uns hin, im ruhigen Rhythmus unserer Schritte. Das Wasser war frisch. Kinder dachten sich Spiele aus; Frauen arbeiteten weiter unten auf den Feldern; sie sprachen und lachten. In diesem Augenblick hatte ich das Gefühl, daß mich kein Leid mehr erreichen könne, weder in diesem noch in irgendeinem weiteren Leben.

Der Morgen meines dritten Tages in Shu war der meiner Abreise. Mein Onkel hatte Karawanenführer gefunden, die in Richtung Lhasa fuhren, und er hatte Männer der Familie Jadong gebeten, auf mich achtzugeben. Austausch von *Khatas*, neue Ratschläge.

– Ich empfinde eurer Familie gegenüber große Dankbarkeit, sagte ich zu Sena Thondup Khangsar. Ihr habt mich mit soviel Mitgefühl und Güte behandelt, daß ich euch das nie vergessen werde. Wenn ich in Lhasa bin, werde ich dafür beten, daß ihr ein langes Leben habt.

Wir machten uns frühmorgens auf den Weg. Der Zug umrundete den Berg, den ich am Vorabend zum Teil erstiegen hatte, überquerte einen Paß und stieg wieder hinab nach Karkhang, wo nur Nomaden lebten. Sie hatten ihre Zelte um ein riesiges Feuer herum aufgestellt. Hier verbrachten wir die Nacht. Der Himmel hatte eine tiefdunkle Farbe angenommen. Doch die Berge hoben sich noch gegen die Unendlichkeit ab. Wenn die Tage auch relativ warm waren, so waren die Abende eher frisch und die Nächte eisig. Ich hatte keine geeignete Kleidung, um solchen Temperaturunterschieden trotzen zu können. Der Älteste der Familie Jadong erklärte dem Dorfvorsteher, daß es besser sei, mich im Inneren eines

Zeltes schlafen zu lassen. Dieser Mann bot mir das Zelt seiner Familie an. Man brachte mich hier in dem am besten geschützten Teil unter, denn an diesem Abend fegte ein starker Wind über den Abhang. Meine Begleitung schlief draußen, innerhalb dessen, was wir Tibeter *Kyokkyok* nennen, eine Art Einfriedung, die man durch Anhäufen von Pferdemist und Kuhfladen gebildet hatte. Die Jadongs hatten auf der eingezäunten Weide Zuflucht gefunden, zusammen mit den Tieren.

In dieser Nacht flogen meine Gedanken zu *Mola*. Ich träumte sogar, daß wir zusammen irgendwohin gingen, an einen Ort, der mir sehr dunkel erschien. *Mola* hatte mich in Abwesenheit meiner Mutter erzogen, mich unterstützt, als ich nach Chöde, dann als ich zum Mentsikhang ging. Ich verdankte ihr so viel. Was war von *Pala* zu sagen? Er zog die Kinder vor, die ihm seine zweite Frau geboren hatte, besonders seine Töchter, denen er gerne Türkis- und Korallenschmuck schenkte. Ich konnte es ihm nicht übelnehmen, aber er hätte uns, meinem Bruder und mir, doch ein bißchen mehr Liebe und Aufmerksamkeit widmen können. Trotz meines Kummers machte ich mir Mut mit den günstigen Vorzeichen: zuerst dieser Traum, in dem ich in eine Muschel blies, dann die Begegnung mit den Nonnen und auf der Straße von Shu nach Karkhang mit den Eseln, die unzählige leere Krüge trugen. Später im Gefängnis unter der chinesischen Besatzung hatte ich sehr viel Gelegenheit, über all dies nachzudenken. Ich beschloß damals, von dem wenigen, was ich besaß, so viel wie möglich zu sparen, um eine große Silberschale zu kaufen, die dazu dienen würde, Butterlampen anzuzünden, deren Licht dabei hilft, über die Endlichkeit des Lebens nachzudenken. Als ich 1980 Jetsun Pema, der jüngeren Schwester Seiner Heiligkeit, während ihrer Mission in Tibet anbot, sie ihr mitzugeben, antwortete sie mir, daß man ihr nicht erlauben würde, einen so sperrigen Gegenstand mitzunehmen. Ich habe sie dann auf einen Altar im *Jokhang**

gestellt, dem neben Ramoche bedeutendsten Tempel in Lhasa, wo sie noch heute sein muß, wenn die Chinesen sie nicht gestohlen haben.

Als ich erwachte, war es noch Nacht; ins Lager kam Leben. Man hörte das Knistern der Flammen und das Gemurmel der Nomaden, die ihre Morgengebete rezitierten. Heute würde es noch einmal einen langen Tag geben.

Die Karawane zog langsam weiter. Beim Verlassen von Karkhang mußten wir einen Engpaß überwinden und einen Berghang erklimmen. Rechter Hand war die Landschaft wie im Märchen: Das Wasser eines Sees schimmerte grün, das Tal war sanft und friedlich. Auf dem schmalen steinigen Pfad kamen wir nur mit Schwierigkeiten voran. Die Esel kamen immer wieder ins Rutschen, und man mußte sie festhalten, um zu verhindern, daß sie ins Leere stürzten. Das Geräusch der Hufe klang hohl. Steine lösten sich und rollten wie der Donner bis zum Grund der Schlucht; ganze Schneeflächen lösten sich von der Wand. Diese schwierige Passage wurde schließlich ungehindert überwunden. Wir erreichten ein Tal, in dem uns mehrere Stunden lang keine Menschenseele begegnete. Und dann kam Tsurpu, das *Karmapa*-Kloster. Wir hatten uns kaum in den Zimmern für Durchreisende eingerichtet, als Eseltreiber eintrafen. Sie kamen aus Lhasa und wollten nach Nyemo.

Ich schrieb einige Worte auf ein Stück Pergament und vertraute es dem Anführer des Zuges an. Die Botschaft war für meinen Onkel und Tutor und für Shekar, meinen Medizin-Lehrmeister, bestimmt. Ich teilte ihnen die Gründe für meinen Weggang von Chöde und das Ziel meiner Reise mit. Ich sagte ihnen auch, daß ich gleich nach meiner Ankunft in Lhasa, der »Stadt der Götter«, von mir hören lassen würde. An diesem Abend betete ich lange vor dem Altar und der Statue des Buddha Shakyamuni. Ich opferte eine *Khata* und ein wenig *Tsampa*.

Der nächste Tag war ein Tag ohne Probleme. Wir hielten

gegen acht Uhr an, um Tee zu trinken. Über den Bergen kam die Sonne hervor. Es war extrem kalt. Die Karawane machte sich wieder auf den Weg. Wir überquerten einen weiteren Paß, der bis zum ewigen Schnee reichte. Unser Atem ging immer stockender. Endlich stießen wir auf ein Tal, das uns nach Nangtse führte, wo wir für die Nacht Halt machten. Morgen würden wir Lhasa erreichen. Meine Aufregung hatte ihren Höhepunkt erreicht. Der letzte Tag führte uns nach Shata, in seine unmittelbaren Vororte, wo die Familie Jadong lebte. Dort konnte ich mich eine knappe Stunde ausruhen, dann brachte man mich nach Lubuk, wo meine Tante Paisala wohnte. In der Stadt herrschte reges Treiben.

Es war der Höhepunkt der *Mönlam*-Feiern. Nie hatte ich so viele Menschen gesehen. Überall waren Mönche, Männer und Frauen aus allen Regionen Tibets. Jadong erklärte mir, daß die ersten beiden Tage von Regierung und Laien gefeiert wurden. Das *Mönlam Chenmo** begann am Morgen des dritten Tages. Mönche und Pilger nahmen die Hauptstadt in Besitz, deren Bevölkerung sich nun vervierfachte. Es war praktisch unmöglich, sich dem *Jokhang* oder den anderen Tempeln zu nähern.

Paisala empfing mich mit offenen Armen. Wir nahmen gemeinsam den Tee ein, brachten Opfer dar. Jetzt wo ich mich in Lhasa befand, mußte ich eine Gelegenheit finden, am Mentsikhang eingeführt zu werden und, wenn möglich, den großen Lehrmeister Khyenrab Norbu zu treffen. Es war ausgeschlossen, während des *Mönlam* hinzugehen.

– Die Stadt wird in wenigen Tagen wieder zur Ruhe kommen, sagte mir meine Tante. Dann wirst du Zeit haben. Der Mentsikhang ist eine wichtige Einrichtung. Dort aufgenommen zu werden, wird schwer für dich sein, Tenzin, denn du besitzt nichts. Bis dahin rate ich dir, die Gottheiten anzurufen.

Paisala hatte wahrscheinlich recht. So machte ich mich daran, Lhasa zu entdecken. Eine Feierlichkeit folgte auf die

andere. In diesem Eisen-Drachen-Jahr (1940) des tibetischen Kalenders – einem wichtigen Datum in der Geschichte unseres Landes –, war die Bevölkerung außergewöhnlich euphorisch. Sie hatte soeben an der Inthronisierung von Lhamo Thöndup – der Name, der dem Dalai Lama bei seiner Geburt gegeben wurde[23] – auf den »Thron des Löwen« teilgenommen. Mönche erzählten mir von der Ankunft des »auserwählten Kindes« in Lhasa, das auf einem *Dreljam* saß, einer Sänfte, die an zwei Stangen befestigt war und von zwei Maultieren getragen wurde. Eine riesige Menschenmenge war gekommen, um ihren neuen Dalai Lama zu empfangen. Seit diesem Tag feierte ganz Lhasa. Man hatte Willkommensgesänge angestimmt, getanzt und vor allem gebetet. Die Tibeter, Männer, Frauen und Kinder, hatten ihre schönsten Kleider angelegt. Man hörte die Leute rufen: »Dies ist der Tag unseres Glücks.« Reiche Adlige organisierten erlesene Abende. Es gab zahlreiche Opern- und Tanzvorstellungen. Mir war klar, daß ich großes Glück hatte: Die Mehrheit der Bevölkerung Tibets war nie in die »Stadt der Götter« gekommen. Als Nomaden oder Bauern bearbeiteten sie das Land und weideten ihre Herden, als Mönche lebten sie ein strenges klösterliches Leben, manchmal ohne je davon zu hören oder zu sehen, was andernorts geschah. So gut wie alles, wovon man mir erzählt hatte, erregte meine Neugier. Darüber hinaus konnte meine Ankunft in Lhasa wenige Tage nach *Kundun* nur günstig für mich sein.

Der Tag begann um vier Uhr, mit einer kurzen Pause bei Sonnenaufgang. Die Bewohner von Lhasa brachten den Mönchen ihren Beitrag, wenn sie es wünschten, indem sie ihnen mit *Tsampa* vermischten Tee und eine Reissuppe, ange-

23 Name, den bis dahin das Kind trug, das in Taktser in Amdo am 6. Juli 1935 geboren und als Reinkarnation des dreizehnten Dalai Lama anerkannt wurde. Nach den Einsetzungsfeierlichkeiten wird er den Namen Tenzin Gyatso, Dalai Lama XIV annehmen. Die Einsetzungsfeierlichkeiten wurden nach eingehenden astrologischen Berechnungen auf den 22. Februar 1940 festgesetzt.

reichert mit Fleisch, Butter, Trockenfrüchten und Käse, reichten. Ein wichtiger Augenblick des *Mönlam* waren die öffentlichen Prüfungen auf dem *Sungchöra*-Platz. Die Mönche, die ihre Studien abgeschlossen hatten, versuchten dann, den Titel *Lharampa*, Doktor der Philosophie, zu erlangen. Diese philosophischen Wettstreite zogen immer die Massen an. Die Klostervorsteher waren anwesend, und eine Jury bestimmte, welche Note dem jeweiligen Bewerber zu geben war. Aber schon ging der *Tsokchö Mönlam* zu Ende. Diese zweite Veranstaltung, zwölf Tage nach der vorhergehenden, war Anlaß zu verschiedenen Logikdebatten, in denen die Mönche versuchten, den Titel *Tsokrampa**, Doktor zweiten Grades, zu erhalten. Unterdessen bekundeten die Tibeter unermüdlich ihre Freude vor dem Potala-Palast, während die Mönche die Fahnen und Flaggen der Klöster zur Schau stellten. Eines Morgens dann leerte sich Lhasa. Vor seiner Abreise mußte jeder Mönch, so wollte es die Tradition, einen Stein in den Fluß werfen, um die Deiche zu sichern. Die Bewohner räumten ihre Festkleidung weg, und die Stadt nahm wieder ihr gewohntes Aussehen an. Ich war sehr beeindruckt, und am Abend vor dem Einschlafen fragte ich mich, ob es irgendwo in dieser Welt größere und schönere Städte als Lhasa gebe.

Ich nutzte die Gelegenheit, den *Jokhang* zu besuchen und hier Andacht zu halten. Zum ersten Mal sah ich den *Jowo**, die in Tibet meistverehrte Darstellung des Buddha Shakyamuni. Auf dem Altar legte ich Opfergaben nieder und bat inständig um meine Aufnahme in den Mentsikhang. Ich empfand in der Tat sehr gegensätzliche Gefühle, die von tiefer Freude bis zu starker Angst reichten. Ich fürchtete vor allem, daß man Bemerkungen über meine Art und Weise zu praktizieren machen würde. Aber nichts dergleichen geschah.

Jeden Abend ging ich zu Paisala. Wir sprachen viel über unsere Familie und dachten, nicht ohne Angst, an meine Zu-

kunft. Sie riet mir, einen *Lama* aufzusuchen, einen entfernten Verwandten mütterlicherseits.

– Das ist ein sehr guter Mensch, der eines Tages seinen Fingerabdruck auf einem Felsen hinterlassen hat. Er kennt den Mentsikhang sehr gut; vielleicht weiß er Rat.

Am nächsten Tag brachte Paisala mich zu ihm. In einer Ecke des Zimmers, zu dem wir vordrangen, brannte Räucherwerk auf dem Altar. Wir fanden den *Rinpoche* auf einem kleinen Thron sitzend und boten ihm eine *Khata* dar. Paisala erzählte ihm lange von mir, von meiner Geburt, dem Tod von *Amala* und meinem Wunsch, *Amchi* zu werden. Sie erklärte ihm auch, daß ich nicht das Glück gehabt hätte, viel zu lernen, weil meine Lehrmeister mich vor allem für schwere Arbeiten benutzt hätten. Schließlich flehte sie ihn um Hilfe an.

– Um *Amchi* zu werden, wirst du gewaltige Anstrengungen unternehmen und große Energie entwickeln müssen, um die Schwierigkeiten zu meistern. Erinnere dich, Tenzin, an diese Geschichte: »Es war einmal ein Meditierender, der an einem einsamen Ort seiner religiösen Praxis nachging. Am Eingang der Höhle, in die er sich zurückgezogen hatte, stand ein Dornenstrauch, an dem er jedesmal mit seinen Kleidern hängenblieb, wenn er hinein- oder hinausging. ›Man müßte den Strauch entfernen‹, sagte er sich, aber er unternahm nichts, weil er zu der Zeit intensiv über die Vergänglichkeit und den Tod nachdachte, so daß dieser Gedanke sich sehr schnell verflüchtigte und er zu seinen Übungen zurückkehrte. Als er seine Meditation beendet hatte, war der Strauch immer noch an derselben Stelle, doch der Meditierende war ein Meister geworden, weise und vollkommen, zur Verwirklichung gelangt.« Siehst du, Tenzin, selbst wenn ich den Direktor des Mentsikhang kenne, so hast du meine Hilfe absolut nicht nötig.

Als ich diese Worte hörte, stieg Zorn in mir auf. Ich glaube, ich war ziemlich respektlos, aber ich hatte so viele Hoffnungen in diese Begegnung gesetzt. Ich ging weg, ohne

mich auch nur einmal umzudrehen, während Paisala nicht aufhörte, den *Rinpoche* anzuflehen. Später bei unserer Rückkehr tadelte sie mich zu Recht, da mein Verhalten eines Mönchs nicht würdig gewesen war.

– Du hast kein Benehmen, Tenzin.

– Ich brauche keinen *Rinpoche*, um *Amchi* zu werden, entgegnete ich ihr mit fester Stimme. Ich will nicht länger warten. Morgen gehe ich zum Mentsikhang, und nichts kann mich von meinem Entschluß abbringen.

An diesem Abend verbrachte ich lange Zeit vor dem Altar, in der Hoffnung, daß mir im Schlaf ein Traum mit guten Vorzeichen erscheinen würde. Und dieser Traum kam ... Ich befand mich in einem Raum, in dem zwei Medizin-Lehrmeister saßen; einer war alt, der andere eher jung. Letzterer sprach mit mir und versicherte mir, ich sei die ideale Person für diese Arbeit. Als ich erwachte, glaubte ich, daß dieser Traum nicht wirklich ein gutes Omen sei und daß meine nahe Zukunft aus erneuten Frondiensten bestehen werde. Es kam nicht so, wie sich bald herausstellen sollte.

Paisala warnte mich ein letztes Mal: Ich würde meine Kühnheit zu bezahlen haben und würde vor allem niemanden finden, der mein Gesuch entgegennähme. Ich tat so, als hörte ich nicht. Da ich nichts anderes zu schenken hatte, nahm ich eine *Khata* mit. Der Mentsikhang war von Lubuk nicht weit entfernt. Ein Weg führte direkt dorthin. Ich ging schnell, innerlich war ich sehr aufgewühlt, hin- und hergerissen zwischen Zweifel und Hoffnung.

Zum ersten Mal betrat ich den Mentsikhang. Es war neun Uhr, und es waren schon Patienten da. Ich gab vor, krank zu sein. Ich wartete fast zwei Stunden. Dann kam ich an die Reihe. Zwei Männer hielten sich in dem Raum auf. Der eine war sehr viel älter als der andere. Er gab mir ein Zeichen, mich zu setzen. In dem Augenblick, wo er meinen Puls fühlen wollte, sagte ich ihm:

– Ich bin nicht krank, *Amchila*, mein Name ist Tenzin Choedrak. Ich komme aus dem Kloster von Chöde und möchte *Amchi* werden, wie Sie. Wenn ich mich nicht als Kranker angemeldet hätte, hätte man mich nicht zu Ihnen vorgelassen.

– Warum haben Sie Chöde verlassen? fragte er.

– Mein Lehrer war oft weg, um Patienten zu behandeln. Seine langen Abwesenheiten erlaubten mir nicht, gut zu lernen.

Aus Angst davor, wieder weggeschickt zu werden, verzichtete ich sogar darauf, ihm von den zahlreichen Frondiensten zu erzählen, zu denen Dr. Shekar mich gezwungen hatte. Die beiden Männer starrten mich nun unschlüssig an.

– Gestatten Sie mir, am Mentsikhang beim großen Khyenrab Norbu zu studieren, flehte ich. Der *Lhamenpa* ist immer ein Vorbild für mich gewesen, und dies ist der einzige Grund, warum ich aus Chöde weggegangen bin.

– Aber du weißt, daß ein solcher Weggang für deinen Lehrer eine Beleidigung ist. Du hast schlecht gehandelt und ihn durch dein Verhalten verleugnet, Tenzin Choedrak, sagte mir der ältere Mann in strengem Ton.

In diesem Moment wurde mir klar, daß die beiden Männer genau wie in meinem Traum nebeneinander saßen. Derjenige, der mit mir sprach, erinnerte an einen *Bodhisattva*. Seine Sprache war direkt, und selbst wenn mich seine Worte sehr verletzten, klangen sie doch gerecht.

– Vor dir sind schon drei Novizen aus Chöde geflohen, bemerkte der Jüngere.

Bisher hatte er kein einziges Wort an mich gerichtet, aber er hatte nicht den Blick von mir gewandt und dabei jede meiner Gesten geprüft, jedes Wort, jeden Satz analysiert.

– Wir können heute keine Entscheidung treffen, sagte er schließlich. Komm morgen wieder, Tenzin Choedrak, und wir werden dir Bescheid geben.

Dieser Mann, der jüngere der beiden, der gerade so zu mir

gesprochen hatte, war niemand anderes als der Leibarzt[24] von Kundun, der damals fünf Jahre alt und gerade nach Lhasa gekommen war. Auch er trug den Titel *Lhamenpa*.

Nach Lubuk zurückgekehrt, erzählte ich Paisala von meinem Abenteuer und teilte mit ihr meine wahnwitzigen Hoffnungen.

– Hab Vertrauen, Tenzin. Erinnere dich an die Geschichte des *Rinpoche* ...

Am nächsten Tag eilte ich zum Mentsikhang. Die beiden Männer waren da. Dieses Mal war es der *Lhamenpa*, der mit mir sprach:

– Tenzin Choedrak, wir haben beschlossen, dich in unser Institut aufzunehmen. Wie es Brauch ist, mußt du die Teezeremonie darbieten. Hast du Familie in Lhasa?

Ich spürte sogleich eine große Freude. Ich erklärte, daß Paisala zur Zeit in der Stadt sei.

– Aber gestern hast du uns erzählt, daß du nichts besitzt. Was wirst du tun, Tenzin?

– Ich werde Geld von Paisala leihen.

– Hat sie etwas Vermögen?

– Ich weiß es nicht, *Lhamenpa*. Wenn sie nichts hat, wird Paisala vielleicht etwas leihen können. Bitte lehnen Sie nicht ab ...

Die beiden Männer sahen sich einen Augenblick fragend an.

– Gut, sagte der *Lhamenpa*. Hier ist die Liste mit den ungefähren Kosten für deine Aufnahme am Mentsikhang.

Die Summe war beträchtlich für jene Zeit. Man mußte fünf *Dotse*[25] auftreiben, was dreitausend indischen Rupien heute (ca. 150 DM) entspricht. Paisala lieh bei einem Bekannten

24 Er starb im Holz-Schaf-Jahr des tibetischen Kalenders (1955).

25 Das waren damals in tibetischem Geld fünf Fünfzig-*Sang*-Scheine. Tibet gab seit 1912 seine eigenen Geldscheine und Briefmarken heraus. Sie wurden mit Hilfe von Holzblöcken (Xylographen) auf Papier aus lokaler Herstellung gedruckt – die Geldscheine von Hand und einzeln, die Briefmarken in Serien von jeweils zwölf. Es gibt eine Vielzahl von Farben und Druckqualitäten.

Geld, zu zehn Prozent Zinsen. Ich verpflichtete mich, ihr alles zurückzuzahlen. Um dies tun zu können, schrieb ich einen Brief an meinen Onkel und Tutor, worin ich ihm meine Zulassung mitteilte und ihm erklärte, daß ich die Teezeremonie übernehmen müsse. Einige Monate später erhielt ich von ihm eine Nachricht und die Summe, die er in Chöde hatte auftreiben können. Ich war ihm dafür außerordentlich dankbar, denn ich wußte, daß er selbst nur das Allernotwendigste besaß. So konnte ich Paisala alles zurückzahlen.

Schließlich fand die *Tonggo*-Zeremonie statt. Ich fürchtete mich davor, aber alles verlief in angemessener Weise. Ich hatte zwei Ziegel aus gepreßten Teeblättern, etwa zehn Kilo *Dri*-Butter und eine ansehnliche Menge Reis gekauft, wofür die fünf *Dotse* ausreichend waren. Ich bot etwa sechzig Studenten Tee und *Dresil* dar, ein süßes Reisgericht, und vier oder fünf Professoren Umschläge mit etwas Geld.

Da ich nicht reich war, hatte ich billigen Tee gekauft. Es gab einen anderen von sehr viel besserer Qualität, der damals den Gegenwert von fünfzig Rupien kostete. Wenn man diesen Tee ziehen ließ, nahm er eine leuchtend rote Farbe an. Es geschah nun etwas Seltsames. Als ich meinen Tee reichte, nahm er sogleich das Aussehen des besseren Tees an. Alle Studenten sprachen über das Ereignis. Für mich war dies ein weiteres gutes Vorzeichen, das aus heutiger Sicht bedeutete, daß ich *Amchi* werden würde.

Von jetzt an war ich Schüler am Mentsikhang. Ich nahm mir vor, mit aller Kraft zu studieren. An diesem Abend ließ der Schlaf lange auf sich warten. Ich brachte Tara ein Opfer dar und richtete an sie folgende Lobpreisung:

Ehre sei Dir, Tara, Befreierin, rasch und
furchtlos,
Dein Blick ist schnell wie der Blitz,
Du bist erschienen, in einem geöffneten
Blütenkelch,

Aus einer Träne auf dem Antlitz des Herrn
der drei Welten.

Ehre sei Dir, deren Antlitz leuchtet,
In einem Glanz, vergleichbar dem Glanz von
hundert Herbstvollmonden,
Du verbreitest ein klares und herrliches Licht,
Heller als das von tausend Sternen.

6
Ich verneige mich vor Euch und vor allen Buddhas ...

Es war zu Beginn der vierziger Jahre. Ich widmete meine Tage dem Studium. Für Politik interessierte ich mich damals kaum. Die tibetische Gesellschaft, hieß es, mache Anstalten, sich gegenüber der Außenwelt zu öffnen. In Lhasa wimmelte es von Gerüchten; es gab heftige Spannungen zwischen den Aristokraten und der Geistlichkeit. Aber ich war meilenweit davon entfernt, mir die Ereignisse vorstellen zu können, die in unserer Hauptstadt, in Tibet, eintreten sollten, geschweige denn die im Ausland.[26] Ich war hergekommen, um Medizin zu studieren, und nichts anderes zählte für mich.

Nach meiner Aufnahme zog ich von Paisalas Haus in ein Zimmer im Mentsikhang um, das ich mit vier anderen Studenten teilte. Die Unterbringungssituation war hier misera-

26 Seit dem Tod des dreizehnten Dalai Lama und bis sein Nachfolger die weltliche Macht übernahm, wurde Tibet von zwei Regenten regiert, Reting Rinpoche und Taktra Rinpoche. Letzterer verfolgte eine konservative Politik, die in totalem Widerspruch zu den Ereignissen zu stehen schien, die die Nachbarländer Tibets erschütterten. Nationalchina hatte sich mit den Vereinigten Staaten gegen Japan verbündet. Dies hinderte es nicht daran, annektionistische Positionen in bezug auf das Dach der Welt zu vertreten. Chiang Kaischek hatte im übrigen einen seiner Berater nach Lhasa geschickt. Es handelte sich um Shen Tsunglien, während die Briten Sir Basil Gould gebeten hatten, sie zu vertreten. Bei diesen Kontakten hatte man es bewenden lassen.

bel. Man hatte uns ganz dünne Matten gegeben; aber da der Boden ständig feucht war, mußte man sie trocknen lassen, um sie am Abend wieder benutzen zu können. Aus Mangel an Geld mußte ich zwei der drei Porzellanschalen verkaufen, die ich damals besaß, und behielt nur eine angeschlagene für mich. Ich legte eine kleine Summe zurück, die mir erlaubte, die für meine Studien notwendigen Bücher zu kaufen. Doch weder die Hindernisse, die sich mir in den Weg stellten, noch der Mangel an Komfort brachten mich von meinem Ziel ab. Und dann war ich wirklich stolz, in das Institut aufgenommen worden zu sein, das von dem Ehrwürdigen Khyenrab Norbu geleitet wurde.

Für die sechzig bis siebzig Studenten war der Tag streng reglementiert. Um vier Uhr morgens weckte uns der Klang eines Horns. Es blieben uns nur wenige Minuten, um in den Gebetsraum zu gelangen. Wir riefen dann Manjushri an, die Manifestation der Weisheit aller Buddhas[27], anschließend Tara:

Ehre sei Dir, von blauer, vergoldeter Gestalt,
Mit Händen, wunderbar mit Lotusblüten geschmückt,
Die Du Großzügigkeit, Energie, Askese, Frieden,
Geduld, Konzentration und Weisheit bist.

Ehre sei Dir, die Du Ushnisha gleich,
der Krone aller Buddhas,
den vollständigen Sieg über endlose Hindernisse
errungen hast.
Die Bodhisattvas, die alle Vollkommenheiten
vergeistigt haben,
Erweisen Dir große Ehre.

27 Die großen Meister Padmasambhava und Je Tsongkhapa* gelten als Inkarnationen von Manjushri.

Schließlich mußten wir uns bis sechs Uhr medizinische Texte einprägen. Das war für uns eine besonders schwierige Übung. Am Ende dieser Unterichtsstunde traten wir nacheinander vor den Lehrer, um ihm das Gelernte aufzusagen. Da ich ein durchschnittlicher Schüler war, kostete es mich erhebliche Anstrengungen, um drei, manchmal vier Seiten behalten zu können, während die besten von uns bis zu fünf oder sechs Seiten lernten. Nicht selten kam es vor, daß man bestraft wurde: Dann wurde uns das Frühstück entzogen. Und die anderen mokierten sich über uns und machten alle möglichen Scherze, wie zum Beispiel:

– Nicht möglich, ihr eßt nicht! Habt ihr denn heute keinen Hunger?

Es folgte eine Zeremonie, bei der wir Räucherwerk abbrennen ließen. Dann studierte jeder eine Stunde zusammen mit seinem Lehrer. Dieser gab eine Erklärung zu den Textpassagen, die man an diesem Morgen gelernt hatte, um uns ein möglichst klares Verständnis zu vermitteln. Die fälligen Hausarbeiten wurden von uns reihum verrichtet. Das Mittagessen wurde von den Studenten selbst zubereitet, die dann vom Unterricht befreit waren. Die Mahlzeiten bestanden meist aus Rettich, Kartoffeln, die in Stücke geschnitten und mit einer geringen Menge Fleisch gekocht wurden, dazu Tee, Butter und *Tsampa*.

Anschließend hatten wir zwei Stunden Kalligraphie. Wir mußten Auszüge aus Texten abschreiben, die wir mit dem Lehrer studiert hatten. Insgesamt mußten wir zwölf Zeilen pro Tag schreiben, die natürlich in den Augen des äußerst strengen Lehrers zufriedenstellend zu sein hatten. Gegen sechzehn Uhr gab es eine Pause. Gleich nach dieser kurzen Ruhepause mußten wir uns erneut Texte einprägen, über die wir am nächsten Morgen ausgefragt werden würden. Diese Arbeit endete manchmal gegen achtzehn Uhr, oft später. Dann erst konnten wir an das Abendessen denken, das eine knappe halbe Stunde dauerte. Der Tag war noch nicht zu

Ende: Bis einundzwanzig, manchmal sogar bis dreiundzwanzig Uhr gingen wir nach oben auf die Terrasse. In Gruppen von drei oder vier Schülern, je nach unseren Kenntnissen, rezitierten wir voller Eifer Texte. Dies erinnerte etwas an eine Gebetszeit. Tatsächlich übten wir mit dieser Lektüre unser Gedächtnis. Einen Tag in der Woche hatten wir frei, am Sonntag. An diesem Tag mußten wir uns morgens einer mündlichen Befragung über alles, was wir im Laufe der Woche studiert hatten, stellen. Diejenigen, die nicht richtig antworten konnten, erhielten keine Erlaubnis, den Mentsikhang zu verlassen. Auch da zögerten die Lehrer nicht, sich der Peitsche zu bedienen. Die anderen durften ausgehen oder ihre Kleidung waschen. Doch am Abend erwartete uns regelmäßig eine Debattiersitzung.

Es ist für mich nun an der Zeit, an den zu erinnern, der mein Meister im Mentsikhang war, Khyenrab Norbu. Was folgt, ist eine möglichst getreue Wiedergabe seiner Worte, die er in den unschätzbaren Augenblicken ausgesprochen hat, die ich in seiner Gesellschaft verbracht habe. Ich könnte diesen Abschnitt meines Berichts »Unzählige Opfergaben an den Meister einer ewig blühenden Medizin« nennen. Ihm gilt diese Widmung, die eine schlichte Huldigung zu seinem Gedenken sein soll:

Auf dem himmlischen Weg des Mitgefühls und der Erkenntnis aller Buddhas,
Wohltäter, der die Geschöpfe von Unwissenheit und Krankheit heilte,
Möge der Buddha der Medizin über alles den Sieg davontragen.
In dem Land, das im Besitz der Lehre des Buddha ist,
Die hier wie nirgendwo sonst zur Blüte gelangt ist,
Aus dem Rad des Lebens seid Ihr erschienen als ein Wesen,

Das die Lebewesen über ihre guten und schlechten
Handlungen aufzuklären vermag.
Viele Jahre habt Ihr intensive Studien der Astrologie und
der Medizin betrieben,
Und dann ein Werk vollendet, so unendlich wie der
Himmel.
Ihr habt seine Anwendung verbreitet
Und den Unwissenden und denen, die den Tod fürchten,
geholfen.
Ihr seid ein ausgezeichneter Lehrer der Medizin und
der Astrologie gewesen,
Euch, überragender Khyenrab Norbu, erweise ich Ehre.
Ich verneige mich vor Euch und allen anderen Buddhas.

Ich habe diese Widmung nicht geschrieben, um meinen Stolz zu befriedigen, sondern als Antwort auf eine Bitte meiner Schüler. Die Unterweisungen meines Meisters bleiben tief in mein Bewußtsein eingeprägt. Sein Leben war vorbildlich.

Ein bekannter Astrologe, Trang Goleb, und seine Frau, Yangchen, lebten in der Stadt Tsethang, die im Zentrum des Tals der Könige liegt. Sie hatten zwei Kinder: Der Ältere, Khyenrab Wangchuk, trat noch als Kind in das Kloster von Drepung ein; Khyenrab Norbu war der Jüngere.

Am Tag der Geburt des letzteren schien der Vollmond mit voller Kraft über dem Kopf des Kindes, was bedeuten konnte, daß der kleine Khyenrab Norbu ein Mensch sein würde mit der Fähigkeit, um sich herum Gutes zu tun. Sein Vater widmete ihm ganz besondere Aufmerksamkeit und nahm ihn überallhin mit. Der junge Khyenrab liebte diese Augenblicke der Gemeinsamkeit leidenschaftlich, besonders wenn sein Vater zu den Familien ging, um Horoskope zu erstellen, deren Einfluß im täglichen Leben der Tibeter groß ist und auch in der Medizin.

Auf Wunsch der Familie trat das Kind in das Kloster Ngachö in Tsethang ein. Durch seine Intelligenz und seine

Güte fiel er bald auf. Wenn Khyenrab Norbu zum Fluß ging, um Wasser zu holen, liebte er es, voller Verlangen die Früchte zu betrachten, die in der Sommersonne auf den Bäumen reiften, vor allem die Aprikosen, deren Anblick allein ihn erfreute. Viele Jahre später, als Arzt des dreizehnten Dalai Lama, ließ Khyenrab Norbu zahlreiche Aprikosenbäume im Garten seiner Wohnung im Mentsikhang und in Bar Lugug anpflanzen.

– Eine Kindheitserinnerung, sagte er lachend.

Kaum dreizehn Jahre alt, trat Khyenrab Norbu in die Medizinschule auf dem Eisenberg, den Chagpori, ein. Seine Mutter machte sich große Sorgen um ihn. Sie beschloß daher, ihn nach Lhasa zu begleiten. Aber das Kind stürzte sich nicht allein in dieses Abenteuer. Es gab auch einen Novizen, der nach Ganden gehen sollte, eines der drei wichtigsten *Gelugpa*-Klöster des Landes neben Drepung und Sera, um hier seine Ausbildung fortzusetzen. Gemeinsam ritten sie auf einer Stute. Zwischen den beiden Jungen entstand eine aufrichtige Freundschaft, und als der Augenblick des Abschieds kam, gaben sie sich das Versprechen, mit ganzer Kraft zu studieren.

– Eines Tages werde ich *Lhamenpa* sein, scherzte Khyenrab und lachte laut.

– Und ich werde *Ganden Tripa**, antwortete der Novize im gleichen Ton.

Jahre vergingen. Und was sie im Scherz gesagt hatten, wurde Wirklichkeit.

Vielleicht eine Erinnerung an ein früheres Leben, war ihm der Chagpori nicht fremd. Das Innere der Gebäude war ihm vertraut, und er glaubte, die nähere Umgebung wiederzuerkennen. Khyenrab begann seine Studien unter der Leitung von Ngawang Sera, dem Arzt des Klosters Sera. Zur Vervollkommnung seiner Ausbildung und in buchstabengetreuer Anwendung der Hinweise aus dem Text der *Vier Tantras*, das heißt des *Gyüzhi*, sammelte er sogar die Exkremente seines alten Lehrers Kelsang, um sich in ihrer Analyse zu üben.

Khyenrab, der früh aufstand und spät schlafen ging, erlernte die Texte sehr viel schneller als alle anderen Studenten. Morgens und abends holte er Wasser vom Fluß und machte Feuer. Wenn in Lhasa Festlichkeiten stattfanden, zog es ihn selten in die Stadt. Außerdem zeigte er wenig Interesse an seiner Kleidung. Er nahm sich kaum die Zeit, sein Mönchsgewand auszubessern. Mit Hilfe eines Fadens begnügte er sich damit, zahllose Knoten zu machen, um seine Lumpen zusammenzuhalten. Deshalb hatte man ihm den Beinamen gegeben »Hundert Knoten von Ngachö«.

Khyenrab Norbu beherrschte schnell die grundlegenden Texte der tibetischen Medizin und bestand problemlos all seine Prüfungen. Auf der Suche nach einem befähigten Lehrer, der ihn darin unterstützen könnte, in seinen Studien noch weitere Fortschritte zu machen, wünschte er sich zudem sehnlichst, unter Anleitung des Leibarztes Seiner Heiligkeit des XIII. Dalai Lama zu arbeiten.

Daher suchte Khyenrab Norbu mehrfach einen der bekanntesten Ärzte, Tekhang Jampa Thupwang, auf. Bei jedem seiner Besuche erzählte er ihm von seiner Leidenschaft für die Medizin und seinem Wunsch, den besten Lehrern zu begegnen. Tekhang zeigte nicht gleich sein Interesse an diesem Mönch, der sich nicht scheute, ihn jederzeit zu belästigen. Eines Tages jedoch empfing er den jungen Khyenrab, reichte ihm eine *Khata* und Butter und bat ihn, am nächsten Tag wiederzukommen, wobei er ihm versprach, ihm alle Belehrungen zu erteilen, die er mit soviel Hartnäckigkeit einforderte.

Der Schüler zeigte sich immer eifriger und fragte Tekhang nicht nur über die *Vier Tantras*, sondern auch über Kultur und Zivilisation aus. So ergoß sich durch diesen seltenen Regen von Segnungen und günstigen Vorzeichen der Ozean des Wissens von Tekhang Jampa Thupwang nach und nach über Khyenrab Norbu.

Es war Tradition, daß der Chagpori die Studenten aufforderte, sechs Monate lang als Assistenten im *Jokhang* zu

arbeiten. Als die Reihe an den jungen Khyenrab kam, setzte dieser trotzdem seine frühmorgendlichen Begegnungen mit seinem Meister fort. Eines Tages lernte er einen *Lama* kennen, der in der Grotte von Tamdin lebte und regelmäßig zum *Jokhang* kam. Sie sprachen über Medizin, und dieser Mann sagte zu ihm:

– Ich sehe, Khyenrab Norbu, daß Sie mit Energie arbeiten. Doch es genügt nicht, die *Tantras** zu lesen, wenn man ein Meister der Medizin werden will. Man muß auch die Grammatik und die Poesie beherrschen, um die Nuancen besser verstehen zu können.

Khyenrab beobachtete den *Lama* eindringlich.

– Wären Sie bereit, mein Lehrer zu sein? fragte er ihn.

Der *Lama* kam seiner Bitte nach und ließ ihn einige Tage später zu sich kommen. Khyenrab Norbu ging zur Grotte von Tamdin. Der Mönch erwartete ihn, im Lotussitz auf einem Kissen sitzend. Auf einem niedrigen Tisch standen zwei Schalen. Als der Studierende kam, sagt er zu ihm:

– Setzen Sie sich mir gegenüber, dort auf das Kissen. Da es nicht gut ist, jemanden zu unterrichten, der einen leeren Magen hat, trinken wir jeder eine Schale mit Sauermilch.

Durch sein Handeln respektierte der *Lama* einerseits die Tradition und schuf andererseits die Voraussetzungen für gute Vorzeichen. Die beiden Männer tranken die Milch vollständig aus, denn auch da verlangte die Tradition, daß man keinen einzigen Tropfen übrigließ. Anschließend begann der *Lama* seine Belehrung über die Grundlagen des *Sumchupa* und des *Takjukpa*, die Lehrbücher der Grammatik. Später, als Khyenrab Norbu seinerseits ein großer Meister der tibetischen Medizin geworden war, riet er seinen Schülern, niemals eine Disziplin zu vernachlässigen, und erzählte ihnen gern folgende Begebenheit:

Während der *Lama* mir seine Belehrungen erteilte, fragte er mich, ob ich schreiben könne. »Nicht sehr gut, Meister«, antwortete ich ihm. »Aber ich glaube, daß ich einen beliebi-

gen Text in Schönschrift schreiben kann, etwa so wie eine *Thangka*-Malerei.« »Wie können Sie so etwas behaupten, Khyenrab Norbu? Sie haben soeben die Göttin Yangchen Lhamo verärgert, und Sie werden wahrscheinlich ihre Blitze auf sich ziehen.«

Khyenrab Norbu erinnerte sich sein ganzes Leben an die Bemerkung des *Lama*, denn trotz all seiner Bemühungen verbesserte sich seine Schönschrift nie.

Als Tekhang vom Vorstoß seines Schülers bei dem *Lama* erfuhr, freute er sich darüber und riet ihm sogar, sein Wissen noch durch das Studium der Astrologie zu vermehren, was Khyenrab Norbu befolgte, beraten durch drei große Meister. Wenn es ihm nicht gelang, den tiefen Sinn und die Nuancen einer Belehrung zu erfassen, bestrafte er sich, indem er lediglich Brot kaufte und stundenlang an einer Tempelsäule sitzen blieb und nachdachte. Wenn er dagegen eine Prüfung erfolgreich hinter sich gebracht hatte, belohnte er sich gern mit einer schmackhaften Mahlzeit in einem Gasthaus. Es kam sogar vor, daß er den Tee vergaß, den der Wirt ihm serviert hatte. Der brachte ihm den Tee dann eigens in sein Zimmer. Mit einem Wort, Khyenrab Norbu war so engagiert, daß er bald über sehr gute Kenntnisse in Medizin, Astrologie, Grammatik und Poesie verfügte.[28]

Im Jahre 1908, dem Erde-Affe-Jahr, war er gerade fünfundzwanzig Jahre alt geworden, als während der *Mönlam*-Feiern

28 Er studierte besonders das *Gyüzhi* (die *Vier Tantras*) und das *Baidurya Ngönpo*, unter der Anleitung von Tekhang Jampa Thubwang, des *Tulkus* Jamyang Norbu, von Drepung Khangsar Rinpoche und Jamyang Khyentse, die alle unterschiedlichen Richtungen des tibetischen Buddhismus angehören. Er erhielt von Rongtsa Jakhyung Lobsang Damchö Gyatso Erklärungen über die Grundlagen des Textes *Der weiße Lapislazuli*, Horoskope und astrologische Berechnungen. Er verwendete Zeichnungen, um die Lexikographie *Rinchenyungne* besser verstehen zu können. Er lernte auch Sanskrit mit dem mongolischen Geshe Gadenpa auf der Grundlage des Textes *Brda-sprod-dbyangs-can-sgra-mdo*. Schließlich erhielt Khyenrab Norbu eine mündliche Belehrung und Erklärungen über die Philosophie von Lama Golok Jampel Rolpä Lodrö.

in der Bevölkerung von Lhasa eine schwere Epidemie ausbrach. Im Kampf gegen eine Verbreitung des Virus setzte Khyenrab Norbu sofort seine Hilfe und seine Kenntnisse ein. Von den außergewöhnlichen Fähigkeiten dieses jungen Arztes unterrichtet, freute sich der dreizehnte Dalai Lama ebenfalls über die Hartnäckigkeit, mit der Khyenrab Norbu anderen Gutes tun wollte. Vier Jahre später, im Wasser-Maus-Jahr (1912), wurde er dem Kloster Drepung als Arzt zugeteilt, wo er verschiedene Aktivitäten entwickeln konnte; unter anderem verfaßte er Werke der Astrologie und der Medizin. Als er einem seiner Lehrer, Dorje Gyaltsen, seine Arbeiten zeigte, machte dieser einige Vorschläge, um sie noch weiter zu nuancieren.

Eines Tages, als Khyenrab gerade die Kalligraphie von wichtigen Texten über seine Forschungen abgeschlossen hatte, legte er das schwere Manuskript auf eine Fensterbank. Ein plötzlicher Windstoß wehte seine wertvolle Arbeit in alle Richtungen. Ohne auch nur im geringsten bestürzt zu sein, rief er alle Mönche, die in der Nähe waren, zu Hilfe. Wenn eine Katastrophe auch gerade noch vermieden werden konnte, brauchten sie doch mehr als eine Woche, um die Seiten neu zusammenzulegen. Später, als seine Studien über Heilpflanzen abgeschlossen waren, begannen plötzlich siebenunddreißig Arten in der Nähe seines Hauses zu wachsen, darunter ganz seltene[29] , die man im allgemeinen nur an den schwer zugänglichen Stellen unserer Berge pflücken konnte. Derart günstige Zeichen brachten Khyenrab Norbu, der immer darauf bedacht war, seinen Beitrag zur Entwicklung der Medizin und zur Verbesserung der Gesundheit aller Lebewesen zu leisten, dazu, eine Schule zu eröffnen, den Mentsikhang, wo bis zu dreihundert Internatsschüler und Externe seinen Belehrungen folgen konnten.

29 Unter anderem: *Pegaeophyton scapiflorum, Astragulus pastorius, Lagoti yumnanesis, Mecanopsis horridula, Oxytropis subpoduoba, Saxifraga umbellulata.*

Während seines Aufenhalts in Drepung bat ihn der Dalai Lama, sich nach Sikkim zu begeben und dort den König zu behandeln, der damals an einer unbekannten Krankheit litt. Vor seiner Abreise stellte Khyenrab Norbu zahlreiche astrologische Berechnungen an, um in Erfahrung zu bringen, ob er den kranken Herrscher aufsuchen sollte oder nicht. Was er bei seiner Lektüre entdeckte, war äußerst ernst: Er würde niemals das Gesicht des Herrschers sehen. Der Meister beeilte sich, Seine Heiligkeit Thubten Gyatso davon zu informieren, der sich weigerte, die Warnung seines Arztes zu berücksichtigen, und ihm befahl, sich zu beeilen. Doch als Khyenrab Norbu in Nakartse ankam, erfuhr er vom Tod des Königs; er hatte sich nicht geirrt.

Als Khyenrab Norbu 1918, im Erde-Pferd-Jahr des tibetischen Kalenders, *Lhamenpa*, Leibarzt des dreizehnten Dalai Lama, geworden war, folgte er auf Jabug Damchö Paljor, der nun zu alt war, um weiter ein so schwieriges Amt zu bekleiden.

Jeden Tag stand Khyenrab Norbu um drei Uhr morgens auf, brachte sein Zimmer in Ordnung, bereitete seinen Altar und widmete sich lange seinen religiösen Übungen.[30] Erst danach begann er mit seinen Unterweisungen. Anschließend ging er in Begleitung zweier Studenten in das Untersuchungszimmer, wo er mit Gleichmut alle Patienten behandelte. Bei denen, die an Augenproblemen litten, griff er selbst in diesen äußerst sensiblen Bereich ein oder bat Schüler, es zu tun, unter der Bedingung, daß sie vorher lange am Kopf eines Schafes geübt hatten. Nach dem Mittagessen las er zu Hause Texte, dann besuchte er hohe Regierungsbeamte und Adlige, um ihnen ihr Horoskop zu erstellen. Nach dem Abendessen machte er Tempelumrundungen. Der Meister hatte sich auch angewöhnt, kranke Bettler in der Nähe des *Ramoche*-Tem-

30 Er rezitierte das *Lame neljor* und das *Gyüthog Nyingthig*.

pels* zu behandeln; er gab ihnen *Tsampa*, manchmal auch ein wenig Geld. Er verschenkte sogar einen Teil seiner Einkünfte an die ärmsten Klöster. Abends vor dem Einschlafen fand Khyenrab Norbu noch die Kraft, Bitten an die Schutzgottheiten der Medizin und der Astrologie zu richten und Studenten die Stellung der Sterne und die Bewegung der Planeten zu lehren.

Es war die Zeit, als der *Kashag* flexibler wurde, was das Schlachten von Tieren betraf. Von nun an kamen viele Nomaden in die Hauptstadt, um ihren Viehbestand zu verkaufen. Der Gedanke, daß Tiere getötet wurden, war für den Ehrwürdigen schwer zu ertragen, selbst wenn dies der Nahrungsbeschaffung diente. Daher kaufte er regelmäßig Yaks und Schafe, die er so vor dem Tod rettete und dann auf dem Gelände des Mentsikhang weiter in Freiheit weiden ließ. Ein tibetisches Sprichwort lautet:

> Ein Lebewesen von solchem Wert und solchem Wissen
> Verliert sein Wissen auch bei außergewöhnlichen
> Schicksalsschlägen nicht.
> Die Sonne kann auch mit ihren brennenden Strahlen
> Die Kälte des Schnees nicht ändern.

Und dann kam der achte Monat des Wasser-Affe-Jahres (1932). Auf Anweisung des Dalai Lama wurde Khyenrab Norbu nach Tsethang versetzt, wo er bei seiner Ankunft seines Amtes als *Lhamenpa* enthoben wurde. Man teilte ihm indessen mit, daß die Verwaltung des Mentsikhang weiter in seinen Händen liege. Zunächst verstand er den Sinn dieser plötzlichen Anordnung nicht. Natürlich hatte Khyenrab Norbu wahrgenommen, daß ein unheilbares Leiden, eine Mischung aus tiefem Kummer und fortwährender Erschöpfung, auf Seiner Heiligkeit Thubten Gyatso lastete und daß seine Sorge um das Schicksal der Tibeter die Ursache dafür war.

Kundun schrieb zu dieser Zeit in sein politisches Testa-

ment: »Es ist gewiß, daß wir in eine Zeit der Unterdrückung und des Terrors eintreten, wo die Tage und die Nächte inmitten von Leid nicht enden wollen.« Das Oberhaupt litt an einer leichten Erkältung, doch trotzdem wollte er an bestimmten Feierlichkeiten zum Jahreswechsel teilnehmen. Während einer dieser Feiern verschlechterte sich sein Zustand, und er war nun nicht in der Lage, beim *Ganden Ngamchö*, den Zeremonien zum Todestag von Je Tsongkhapa, dem Begründer der *Gelugpa*-Schule, den Vorsitz zu führen. Es war der fünfundzwanzigste Tag des zehnten Monats des Wasser-Vogel-Jahres (12. Dezember 1933). Noch am Vorabend hatte Kundun die Mönche des Tantra-Kollegs von Gyüme in Audienz empfangen. Doch an diesem Morgen, als die Sonne kaum über Lhasa aufgegangen war, wurde den Mönchen des Kollegs von Gyütö mitgeteilt, das Oberhaupt werde nicht an der öffentlichen Audienz teilnehmen, zu der sie traditionsgemäß eingeladen worden waren. Statt dessen fand eine Audienz des Throns oder was wir Tibeter gewöhnlich »Einladung des Gewandes« nennen statt: Gebete und Anrufungen wurden dann vor dem Festgewand des Dalai Lama, das auf seinem Thron ausgebreitet war, vollzogen.

Am Abend des dreißigsten Tages des Wasser-Vogel-Jahres (17. Dezember 1933) verließ Thubten Gyatso seine leibliche Hülle. Es war damals neunundfünfzig Jahre alt und erfüllte ganz genau die Vorhersage, die er ein Jahr zuvor in seinem politischen Testament gemacht hatte. Die Tibeter begannen die neunundvierzigtägige Trauerzeit. Die Tage und Nächte waren der Andacht gewidmet. Der Potala erstrahlte in unzähligen Lichtern. Dem Brauch entsprechend wurden während der Bestattungsfeierlichkeiten oder der Feier eines Todestages Butterlampen draußen und auf den Dächern aufgestellt. Doch ein Gerücht ging um. Man sprach von schwarzer Magie, von Vergiftungen.

Jetzt erst wurde Khyenrab Norbu richtig klar, welch außerordentliche Umsicht das tibetische Oberhaupt ihm

gegenüber gezeigt hatte. Da Kundun beschlossen hatte, in die »himmlischen Gefilde« zurückzukehren, und seinen Arzt vor jeglichem Verdacht bewahren und von den Palastintrigen fernhalten wollte, die seinen Tod unweigerlich begleiten würden, schickte der ihn in sein Kloster Ngachö nach Tsekhang zurück.

Als Khyenrab Norbu sechzig Jahre alt wurde, im Eisen-Drachen-Jahr (1940), wollte er wissen, wie lange er noch zu leben habe. Er stellte astrologische Berechnungen an und wiederholte sie mehrmals. Nachdem er sich vergewissert hatte, daß er keinen Fehler gemacht hatte, wußte er nun, daß er diese Welt noch im selben Jahr verlassen würde. Er widmete nun all seine Zeit seinen Schülern, zu denen auch ich damals gehörte, und sprach über die Zukunft, ihre und meine. Die ärmsten Klöster erhielten von ihm noch zahlreiche Schenkungen. Schließlich wollte er nicht mehr an den Zeremonien teilnehmen, auch nicht an den wichtigsten. Als Versuch, seine Lebensdauer durch die Beseitigung von unangenehmen Hindernissen zu verlängern, hatte Khyenrab Norbu im Dralha Lubuk eine neue Grotte für die Schutzgottheit Tagdongchen einrichten lassen. Die Bildhauer stellten Tamdin Yansang immer mit einem weiblichen Gesicht dar. Doch eines Morgens hob man in Gegenwart des Meisters das Tigerfell hoch, das die Gottheit bedeckte, und was sah man? Einen riesigen Penis. Und von diesem Tag an gab man ihr ein männliches Gesicht.

Khyenrab ließ auch ein Shambhala[31] in Miniatur bauen, in dem er dargestellt war, umgeben von seinen Studenten und vielen anderen himmlischen Wesen.

– Das wird euch Glück bringen, sagte er uns. Ich selbst werde hier, in Shambhala, wiedergeboren werden, inmitten einer wunderbaren ärztlichen Gemeinschaft.

Kaum ein Jahr war vergangen. Eines Morgens bei Son-

31 Mystisches Königreich aus dem *Kalachakra-Tantra*. Gilt als Quelle allen Wissens.

nenaufgang, nach mehrwöchiger Zurückgezogenheit, rief Khyenrab Norbu noch in verschiedenen Gebeten die Schutzgottheiten der Medizin und der Astrologie an, dann trank er eine Tasse Tee und beschloß, seine Wohnung in Bar Lubuk zu verlassen und sich zum Mentsikhang zu begeben. Unterwegs stattete er dem *Orakel von Nechung** einen kurzen Höflichkeitsbesuch ab, und gleich nach dieser Begegnung geschah etwas Seltsames. Khyenrab Norbu hatte tatsächlich die Vision einer wunderbaren Medizinstadt, die in unzähligen Lichtern inmitten eines doppelten Regenbogens erstrahlte. Ein Blatt Papier fiel vom Himmel, es drehte sich dreimal über seinem Kopf, bevor es zu seinen Füßen niederfiel. Er hob es auf und faltete es auseinander. Und dort konnte er folgende Botschaft lesen: »Ihr werdet einundachtzig Jahre alt werden.« Der Meister traute seinen Augen nicht. Bei seiner Ankunft im Mentsikhang wollte er die erstaunliche Botschaft noch einmal lesen, aber das Papier war verschwunden. Plötzlich wurde ihm klar, daß der Buddha selbst bis zu diesem vorgerückten Alter gelebt hatte. Wenn es so war, dann mußte er das begonnene Werk fortsetzen. Er würde sogar miterleben können, wie seine Studenten seine Lehren in die Praxis umsetzten. Ein entzücktes Lächeln erschien auf seinen Lippen. Das war unerwartet. Es zeigte, in welchem Maße der Ehrwürdige kein gewöhnliches Wesen war. Er war in diese Welt gekommen, um die Geschöpfe von ihren Leiden und ihrer Unwissenheit zu befreien.

Es vergingen noch etwa zehn Jahre. Wir befanden uns im Wasser-Drachen- bzw. Wasser-Schlange-Jahr (1952-1953). Tenzin Gyatso, der vierzehnte Dalai Lama, regierte über das Land. Im Eisen-Tiger-Jahr (1950) hatten außergewöhnliche Umstände die Regierung gezwungen, ihm die weltliche Macht zu übertragen, denn das kommunistische China war in die Ostprovinzen Tibets eingefallen, und seit zwei Jahren erlitt das Schneeland die schlimmsten Greuel.

Zu dieser Zeit erhielt der *Kashag* einen Brief aus Shigatse mit der Nachricht, daß ein außergewöhnlicher Junge von Gökyi und Azom geboren sei. Das Baby trage das Bild einer Lotuskrone auf seinem Kopf und halte einen *Vajra* in der Hand, ein weißes Muschelhorn liege neben ihm auf dem Kissen. Der *Kashag* bat Khyenrab Norbu, ein Horoskop zu erstellen. Trotz aller Sorgfalt, mit der dieser seine Berechnungen anstellte, fand er nichts Außergewöhnliches heraus. Einige Monate später erfuhr man, daß die Eltern diese ganze Inszenierung um ihr Kind herum vorgenommen hatten, um den Glauben zu erwecken, das Kind sei eine *Reinkarnation**. Nach seiner Geburt hatten sie dem Baby kleine *Vajras* in die Hände gesteckt und selbst das Muschelhorn neben das Kind gelegt. Dank Khyenrab Norbu ließ sich niemand von dieser peinlichen List täuschen.

1954, im Holz-Pferd-Jahr, kurz vor der Abreise des damals neunzehnjährigen Dalai Lama nach China, wurde Khyenrab Norbu veranlaßt, Thubten Lhündrub, dem Arzt, der Seine Heiligkeit begleiten sollte, den Puls zu fühlen. Kurze Zeit später traf er Freunde und vertraute ihnen an:

– *Lhamenpa* wird diese Reise nicht überleben.

Diese Prophezeiung erwies sich als zutreffend: Nach der Rückkehr des tibetischen Oberhaupts in den Potala wurde Khyenrab Norbu ans Bett des Arztes gerufen, der wenige Tage später starb, erschöpft von der weiten Reise nach China. Indessen empfand Khyenrab Norbu große Sympathie für Tenzin Gyatso. Der junge *Kundun* strahlte eine solche heitere Gelassenheit aus, daß man nicht umhin konnte, davon tief berührt zu sein. Trotz der Anwesenheit der Chinesen, trotz der Dramen, die sich damals in Tibet ereigneten, und vor allem trotz seiner jungen Jahre bewies der Dalai Lama großes Geschick im Umgang mit den chinesischen Besatzern. Khyenrab Norbu sorgte sich viel um den Gesundheitszustand von *Kundun*. Er hatte übrigens begonnen, die Entwicklung Seiner Heiligkeit zu beobachten, als dieser sechs

Jahre alt war. Der Meister erstellte jeden Tag dessen Horoskop, verglich es mit anderen, eher medizinischen Informationen, und nahm mehrmals seine Berechnungen wieder auf, um sie zu überprüfen, so oft und so gut, daß alle Einzelheiten aus dem Leben von Tenzin Gyatso nun Seite um Seite füllten, die der Astrologe und Arzt mit seiner immer noch ungelenken Schrift verfaßt hatte. Ihm entging nichts. So wußte Khyenrab Norbu früher als alle anderen, daß der vierzehnte Dalai Lama ein großer spiritueller Meister werden und die Welt auf einen guten Weg bringen würde. Doch anstatt eine solche Information, die unvernünftige Spekulationen hätte wecken können, auszuplaudern, bewies der Ehrwürdige noch einmal unermeßliche Weisheit: Er schwieg.

Khyenrab Norbu kehrte am achtundzwanzigsten Tag des zehnten Monats des Wasser-Tiger-Jahres (Oktober 1962) in die »himmlischen Gefilde« zurück. Ich widme ihm heute dieses Gebet:

Alle Taten eines Wesens, wie Ihr es seid,
Können nicht von Menschen wie uns verstanden werden.
Wer würde nicht gerne Euren Weg gehen,
Ein Wirken dem Euren gleich entfalten?
Mögen die hier vereinten Tugenden und Verdienste
Euch gewidmet sein.

7
Student der tibetischen Medizin

Ich setzte nun meine Studien beim Ehrwürdigen Khyenrab Norbu fort. Ich hatte nicht seine Fähigkeiten, und nicht alles, was er mir sagte, konnte ich gleich verarbeiten, doch jede seiner Belehrungen war für mich eine große Bereicherung. Die tibetische Medizin gehört zu den ältesten Traditionen der Welt, und ihr therapeutisches System ist einzigartig, denn in

ihrer Praxis hat sie einen ganzheitlichen Ansatz. Da sie von westlichen Fachleuten leider ignoriert wird, aus Nachlässigkeit, Voreingenommenheit und vor allem aus Gleichgültigkeit, hängt ihr Überleben im wesentlichen von der Arbeit ab, die gegenwärtig in Dharamsala geleistet wird.

Das *Gyüzhi*[32] umfaßt alle Aspekte der Krankheit, der Behandlung und der Diagnose und enhält alle Informationen, die der Arzt braucht, um eine Krankheit[33] zu erkennen oder zu behandeln. In ihm sind alle Informationen zusammengefaßt, die ursprünglich aus Indien stammen und die von unseren Gelehrten um Techniken und Kenntnisse aus den Nachbarregionen ergänzt wurden.

Es geht mir hier nicht darum, ein medizinisches Fachbuch zu schreiben. Doch ich möchte auf den folgenden Seiten kurz einige diesbezügliche Informationen vermitteln. Als einer der Leibärzte des Dalai Lama fühle ich, wenn ich ihn abhöre, auf jeden Fall seinen Puls, um täglich die Entwicklung seines Gesundheitszustands zu verfolgen. Dies ist Teil der Diagnose, grundlegend in unserer medizinischen Tradition und von großer Präzision. Mit der rechten Hand untersuche ich seinen linken Puls; anschließend mit der linken Hand seinen rechten Puls. Mit diesem Vorgehen kann ich zwölf verschiedene Analysen vornehmen. Am linken Handgelenk Seiner Heiligkeit lese ich dann mit der Oberkante meines rechten Zeigefingers alles, was sein Herz betrifft; mit der Unterkante

32 Die *Vier Tantras.* Vollständiger Titel: *Das Tantra, Essenz der Ambrosia. Die geheime mündliche Unterweisung über die acht Zweige der Wissenschaft von der Medizin.* Kurzdarstellung der *Vier Tantras*: Das *Wurzeltantra* behandelt alle Krankheiten und ihre Untersuchung; das *Tantra der Erklärungen* beschreibt die allgemeine theoretische Lehre; das *Tantra der mündlichen Überlieferung*, das eindrucksvollste der vier Tantras, enthält alle Details spezifischer Krankheiten, und das *abschließende Tantra.* Sie umfassen insgesamt 156 Kapitel, in denen etwa 1600 Krankheitszustände aufgelistet und nicht weniger als 2993 Heilmittel beschrieben sind.

33 Man kann Krankheiten auf verschiedene Weise klassifizieren. Die allgemeinste Art ist die Einteilung nach Krankheiten, die eine Folge von Störungen im Gleichgewicht der drei Körperenergien sind.

analysiere ich seinen Dünndarm. Mit der Oberkante meines Mittelfingers seine Milz; mit der Unterkante seinen Magen. Mit der Oberkante meines Ringfingers seine linke Niere; mit der Unterkante seine Samenblase.[34] Dann untersuche ich seine rechte Hand. Und dort zeigt mir die Pulstastung andere Elemente. Mit der Oberkante meines linken Zeigefingers beurteile ich seine Lunge; mit der Unterkante seinen Dickdarm. Mit der Oberkante meines Mittelfingers seine Leber; mit der Unterkante seine Gallenblase. Mit der Oberkante meines Ringfingers seine rechte Niere; mit der Unterkante seine Harnblase.

Für uns Tibeter ist die Urinanalyse ein weiteres Mittel, die Diagnose zu verfeinern. Man muß den Urin beim ersten Wasserlassen am Morgen entnehmen. Wir schlagen und schütteln ihn, rühren ihn um und lassen ihn dann stehen, manchmal probieren wir ihn, um seinen Zuckergehalt zu prüfen, vor allem, um nach Spuren von Diabetes zu suchen. Die Untersuchung besteht darin, seinen Schaum, seine Sedimentbildung, seine Farbe, seine Dampfbildung, seine Blasenbildung und seinen Geruch zu beobachten. Anschließend geht es darum, all diese Elemente nach Störungen der Säfte, Hitze- oder Kältekrankheiten und Erkrankungen lebenswichtiger Organe zu analysieren. Wenn der Patient völlig gesund ist und man sich auf das *Gyüzhi* bezieht, ist sein Urin daher

> von einem leicht gelblichen Weiß, wie die Farbe von frisch zerlassener Butter; er ist leicht; seine Dampfbildung ist normal und hält nach dem Wasserlassen eine begrenzte Zeit an. Die Blasenbildung des Urins ist von begrenztem Umfang; nach Auflösung des Geruchs ist die Sedimentbildung gelblich-blau, weder fein noch dick; der Schaum ist fein und setzt sich am Rand des Gefäßes fest, sobald der Urin keinen Dampf mehr bildet.

34 Bei Frauen den Uterus.

In der tibetischen Medizin gilt Unwissenheit als entscheidende Ursache jeder körperlichen Krankheit und geistigen Störung. Diesen ganzheitlichen Ansatz wird man in der Diagnose wie in der Behandlung der Patienten wiederfinden. Wenn eine Energie im Ungleichgewicht ist, kann die Krankheit in Erscheinung treten. Der Arzt wird nun versuchen, sie durch eine Befragung des Patienten zu seinem Lebensstil, seiner Umgebung, seinen Gewohnheiten und seiner Ernährung zu bestimmen. Der tibetische Arzt berücksichtigt die verschiedenen Aspekte, um ihre Pathologie besser einschätzen zu können. Die Analyse des Körpers erfolgt in Anbetracht dessen, daß körperliche Phänomene auf der Existenz von fünf Elementen beruhen: Erde, Feuer, Wind, Wasser und Raum. Das Individuum besteht aus fünf Aggregaten: Form, Empfindungen, Identifikation, mentale Prägungen und Bewußtsein. Der Körper des Individuums wird von drei Energien (*nyepa sum*) bestimmt: *Lung* (Wind) stellt die Lebensenergie dar; *Tripa* (Galle) die Hitze und *Peken* (Schleim) die wäßrigen Bestandteile. Diesen drei Energien sind drei störende Leidenschaften zugeordnet: Gier/Anhaften, Haß und Verblendung.

Eine andere wichtige Methode ist die Astrologie. In der Tat spielt der Astrologe eine aktive und wichtige Rolle in unserer Gesellschaft. Man kann ihn bei einer Geburt, einer Heirat und, wenn eine Krankheit durch medizinische Behandlung nicht zu besiegen ist, im Angesicht des Todes befragen. Da er alle Arten von Informationen geben kann, ist er allgegenwärtig. So hat die tibetische Astrologie drei Besonderheiten. *Kartsi* oder »die weißen Berechnungen«, vergleichbar mit der westlichen Astronomie, ist das Studium der Planeten und der Sterne und stammt aus zwei indischen Quellen, dem *Kalachakra-Tantra* und dem *Sarodhaya-Tantra.* Es hat die Untersuchung der menschlichen Beziehungen, zwischen Mutter und Sohn, Freund und Feind zum Gegenstand. Diese Beson-

derheit beruht im wesentlichen auf der Deutung der Gestirne. *Nagtsi* seinerseits weist Gemeinsamkeiten mit dem klassischen chinesischen System auf: Es setzt die fünf Elemente zueinander in Beziehung und erfordert eine Vielzahl von Berechnungen. Und schließlich *Yangshar*, die Entfaltung der Vokale, ist der tantrische und geheime Teil des *Kartsi*.

Allerdings kann der Patient, wenn er über eine lange Zeit medizinisch behandelt worden ist und sich keine Heilung eingestellt hat, bei einem Astrologen nach einer anderen Therapie suchen. In den tibetischen Medizintexten ist erwähnt, daß der Arzt sich veranlaßt sehen kann, über die physischen Ursachen und die Symptome der Krankheit hinaus Krankheiten zu behandeln, die von Geistern oder einem schlechten *Karma* verursacht sind. Diese Krankheiten können nur mit Unterstützung eines spezifischen Gegenmittels behandelt werden, durch einen weltlichen Astrologen oder durch einen *Lama*. Die Geister sind in acht Kategorien unterteilt, denen spezifische Gebete zugeordnet sind. An diesem Punkt setzt das *Yangshar* an. Der Astrologe wird nun die Therapie bestimmen, die am ehesten den Ursachen der Krankheiten entspricht, an denen der Patient leidet. Und das *Wurzeltantra* zeigt mit äußerster Genauigkeit die gesunde oder kranke Konstitution eines Menschen an, die es in Form eines indischen Feigenbaums darstellt. Dieser *Baum der Gesundheit und der Krankheit* hat drei Wurzeln, neun Stämme, siebenundvierzig Zweige, zweihundertvierundzwanzig Blätter, zwei Blüten und drei Früchte. Die zwei Blüten stellen Gesundheit und langes Leben dar. Die drei Früchte zeigen die spirituelle Entwicklung, Reichtum und Glück.

Zahlreich sind auch die Texte, die die Pharmakologie behandeln. Davon ist sehr genau im zweiten *Tantra* des *Gyüzhi* die Rede. Dies gilt auch für das *Medizinmandala**, dessen vier Medizinberge die Behandlung von Hitze- und Kältekrankheiten, von allen Krankheiten und die Erhaltung der sechs Lebensfunktionen und der Organe zeigen. Das

Gyüzhi, das ich seinerzeit am Mentsikhang studiert habe, betont, daß man aus allen Substanzen der Erde Heilmittel herstellen kann. Daher unterwiesen uns Khyenrab Norbu und alle anderen Medizinlehrmeister in den Heilkräften von Substanzen mit Heileigenschaften und forderten von uns, daß wir sie mit Respekt und Verehrung behandelten, wie eine Opfergabe an die Gottheiten der Medizin und der Astrologie. Hierzu sagt das *Gyüzhi*:

> *Erde*: schwer, stabil, fest, herb. Diese Eigenschaften eignen sich zum Kampf gegen Windkrankheiten.
> *Wasser*: kühl, transparent, weich. Macht den Organismus geschmeidig, feucht und weich und bekämpft Gallekrankheiten.
> *Feuer*: beweglich, heiß, leicht, rauh. Erzeugt Hitze im Körper, verstärkt die sieben Grundstoffe, verschönert den Teint und bekämpft Schleimkrankheiten.
> *Wind*: leicht, veränderlich, kalt, rauh. Stärkt den Körper, erleichtert die physischen Bewegungen und die Verteilung der Nährstoffe und bekämpft Schleimkrankheiten in Verbindung mit einer Gallestörung.
> *Raum*: leer. Bekämpft Galle-, Schleim- und Windkrankheiten. Alle Pflanzen und Substanzen haben die Natur des Raumes.

Vom Eisen-Drachen-Jahr bis zum Holz-Affe-Jahr (1940–1944) ging ich voller Eifer meinen Studien nach. Mit zunehmendem Alter fühlte ich mich reifer. Und da die meisten Studenten jünger waren als ich, zeigten die Lehrer mir gegenüber äußerste Strenge. Sonntags gingen wir in kleinen Gruppen aus. Wir bummelten gern durch die engen Gassen der Stadt, inmitten all der Verkaufsstände. Ich persönlich liebte besonders die Augenblicke, wo ich die Pilger beobachten konnte, die mit der einen Hand unablässig ihre Gebetsmühlen betätigten und mit der anderen ihr *Om Mani Padme*

Hum an der *Mala* abzählten. Unter diesen gewöhnlichen Menschen fühlte ich mich so wohl. Immer wieder näherte sich mir eine alte Frau. Sie war *Mola* ähnlich. Ich war jedesmal gerührt. Lächelnd pflegte sie mir eine Schale mit Tee zu reichen. Daraus ergab sich manches lustige Gespräch.

Und dann geriet eines Tages unsere Gruppe in Streit mit jungen Leuten aus der Stadt. Die Sache spitzte sich zu, denn als Folge dieser Auseinandersetzung brach in einem Laden Feuer aus. Eine plötzliche Explosion – offensichtlich Sprengkörper – Schreie, Blut, Verwundete... Bei unserer Rückkehr in den Mentsikhang folgte die Strafe auf dem Fuße. Peitschenhiebe knallten auf unseren Rücken. Von diesem Sonntag an wurde uns das Bummeln auf dem Markt von Lhasa verboten. Ich fühlte mich sehr unglücklich, auch ein bißchen verantwortlich, weil ich die Unruhestifter nicht hatte trennen können. Ein solcher Unsinn hätte mich teuer zu stehen kommen können, und ich wagte nicht, mir meinen Ausschluß aus dem Mentsikhang vorzustellen. An diesem Abend entfernte ich mich nach den Logikdebatten von den anderen und stieg auf die Terrasse. Es war frisch. Ein leichter Wind reizte meine Haut. Ich dachte an *Amala*, mein Blick verlor sich in den Sternen, und ich begann zu murmeln:

> Ehre sei Ture, der furchterregenden,
> Die über die hartnäckigsten Dämonen triumphiert,
> Ihr Lotusgesicht, von Zorn gezeichnet,
> Vernichtet alle Feinde.

Ich kannte die Texte des *Gyüzhi* jetzt ausreichend, um mit einer gewissen Gelassenheit über die verschiedenen Aspekte der tibetischen Medizin sprechen zu können. Da ich ziemlich robust war, wurde ich regelmäßig gebeten, zu bestimmten Zeiten des Jahres beim Zerkleinern von Heilpflanzen zu helfen. Diese Aufgabe, den älteren unter uns vorbehalten, erwies sich als schwer, und oft mußte man zu zweit an einem

Mörser arbeiten. Erschöpft schlief ich am Abend ein, den Kopf gleichwohl voller Träume. Ich stellte mir vor, in die Berge zu gehen, Pflanzen, Wurzeln und Blumen zu pflücken.

Und dann kam die Reihe an mich. Das Sammeln der Heilpflanzen fand viermal im Jahr statt, wobei jede Jahreszeit ihre Besonderheiten und ihre spezifischen Produkte hatte: die erste Ernte, im Februar oder März, am Ende des Winters; die zweite, im Mai oder Juni, zur Blüte von Blumen und Bäumen; die dritte, im August und September, für die Früchte; und schließlich die letzte, im September und Oktober, zum Sammeln der Wurzeln, deren Eigenschaften dann maximal ausgeprägt waren.

All dies bedürfte vieler Erklärungen. Sagen wir einfach, daß eine Pflanze sich in ständiger Entwicklung befindet. Sie teilt die Besonderheiten und die Natur der fünf Elemente, die sie hervorbringen: Die Erde ist ihre Grundlage; das Wasser bringt ihr die Feuchtigkeit, die sie für ihre Entwicklung braucht; die Hitze unterstützt diesen Prozeß; die Luft verhilft ihr zu Wachstum; und der Raum bietet ihr die nötigen Entfaltungsmöglichkeiten. Wenn eine Pflanze wächst und ihr Saft steigt, ist ihre gesamte Energie in ihren oberen Extremitäten konzentriert, und natürlich sind dort die Substanzen enthalten, die uns interessieren. Wenn sie zur Reife gelangt, verlagert sich ihre Energie und ist in den Samenkörnern und Blättern konzentriert, einige Monate später liefern dann ihre Früchte die Ingredienzien, die für bestimmte Heilmittel notwendig sind. Wenn sie schließlich stirbt, sind es ihre Wurzeln, die wir verwenden müssen. Das bedeutet, daß ein und dieselbe Pflanzenart sehr unterschiedliche Eigenschaften haben kann, je nach dem Stadium ihrer Entwicklung, und sehr spezifische Geschmacksrichtungen, je nachdem, wann sie gepflückt wird. Sie ist süß, wenn Erde und Wasser überwiegen, wie Safran, Butter, Honig, Fleisch; sauer, wenn Erde und Feuer überwiegen, wie Joghurt und Hefe; scharf, wenn Feuer und Wind überwiegen, wie Knoblauch, Ingwer, langer Pfef-

fer. Sie kann auch salzig sein, wenn Wasser und Feuer überwiegen; bitter, wenn Wasser und Wind überwiegen, wie Moschus und Enzian; und schließlich herb, wenn Erde und Wind überwiegen, wie die Myrobalane[35], ein Baum, dessen Stamm und Früchte zur Heilung einer großen Anzahl von Krankheiten verwendet werden können.

In den gemäßigten Regionen Tibets gibt es viele dichte Wälder. Heilpflanzen sind hier selten, da sie meist von wilden Tieren gefressen werden. Ihre Eigenschaften sind hier auch schwächer ausgeprägt. Im hohen Gebirge hingegen, dort wo die Gipfel schneebedeckt sind, wo ein scharfer, eisiger Wind über die Abhänge peitscht, enthalten die Pflanzen sehr reichhaltige Substanzen, die sich von allen anderen stark unterscheiden. In felsigen Gegenden findet man Gold, Silber, Kupfer, Eisen und Blei. In Regionen von geringer Höhe spielt Hitze eine wesentliche Rolle und verleiht den Heilpflanzen ganz besondere Substanzen. An den Hängen findet man Steine wie den Türkis. Die Pflanzen unterscheiden sich auch nach der Richtung, in der sie wachsen: Gen Norden gewandt, haben sie erfrischende Wirkung; gen Süden, einen eher erwärmenden Effekt. In der tibetischen Medizin genügt ein einziger Bestandteil nicht, um die gewünschte therapeutische Wirkung zu erzielen; so erweist sich die Kombination von mehreren Ingredienzien als absolut notwendig.

Es war im Monat Mai. Der Tag war angebrochen, und die Sonne stieg am klaren Himmel auf. Khyenrab Norbu hatte eine Gruppe von sieben Studenten im Tempel versammelt, darunter mich. Wir standen unter der Aufsicht eines *Menyen*, eines Arztes, der für Heilmittel verantwortlich war. Der Meister erklärte uns unseren ersten Einsatz auf den verschneiten Gipfeln. Wir baten die Gottheiten, uns beim Aufstieg zu beschützen und uns zu helfen, eine seltene Blume zu

35 Im *Medizinmandala* hält der Buddha diese in seinen Händen.

finden, die der Mentsikhang dringendst benötigte. Sie wuchs nur während des zweiten, dritten und vierten Monats des Jahres, und man brauchte eine große Menge für eine geringe Anzahl von Heilmitteln. Die Gebete dauerten keine zwanzig Minuten. Wir tauschten unser Mönchsgewand gegen eine *Chuba* und machten uns auf den Weg. Für das Allernötigste nahmen wir nur ein wenig *Tsampa* und eine Decke mit.

Wir kamen sehr langsam voran. Drei Stunden lang bahnten wir uns einen Weg durch einen dichten Wald und versuchten, der Spur eines Bären zu folgen, der offensichtlich kurze Zeit vor uns dort hergegangen war. Im Zickzack zwischen Zweigen hindurch, die der Sturm abgerissen hatte, durchquerten wir verschiedenartiges Unterholz. Schließlich verließen wir den Wald und liefen noch zwei Stunden weiter. In fast viertausend Meter Höhe hielten wir in einem kleinen Tal an, das wie zwischen zwei Gipfeln aufgehängt schien. An einer heiligen Stätte vollzogen wir die Rituale unserer Vorfahren und verbrannten Wacholderzweige[36] und Räucherwerk. In der Nähe waren Masten aufgestellt, und Gebetsfahnen flatterten im Wind. Wir hängten unsere dazu und teilten dann unsere spärliche Mahlzeit. Ich empfand großen Stolz. Dann machten wir uns wieder auf den Weg. Die Vegetation hatte einer dichten Schneedecke Platz gemacht, was unser Tempo noch verlangsamte. Die Sonne umspielte die Gipfel, während der Tag langsam zur Neige ging. Es wurde immer eisiger, und die Kälte drang uns in die Knochen. Noch zwei Stunden Marsch. In der endlosen Weite schärfte die physische Anstrengung unsere Sinne. Das Blut pochte gegen die Schläfen, der Atem ging immer schwerer. Ich hatte starke Kopfschmerzen und fürchtete ständig, Opfer der schrecklichen Höhenkrankheit zu werden.

Plötzlich trat auf einem hellerleuchteten Gipfel ein Kloster

36 Der Wacholder des Himalaya ist ein Baum, dessen Beeren, als Weihrauch verbrannt, heilende Wirkung haben bei Delirium, das durch Fieber hervorgerufen wird.

aus der Felsmasse hervor. Es war Gari Gompa, ein von Nonnen bewohntes Kloster. Der Empfang war herzlich. Gleich nach unserer Ankunft bekamen wir von ihnen Tee und eine Suppe gereicht. Das Bedürfnis danach war bei uns allen groß. Der Abend war jetzt über den Bergen hereingebrochen, und es war sehr kalt. Die älteste der Nonnen ließ an jeden von uns eine dünne Matte ausgeben und eine Decke, die wir gleich um unsere *Chuba* wickelten. Innere Sammlung, ein kurzes Gespräch, müde Blicke, schwere Beine: Endlich konnten wir uns, alle acht nebeneinander aufgereiht, ausstrecken. Da hatte einer unserer Kameraden, Yeshi Dakpa, die hervorragende Idee, sich in die Matratze einzuwickeln. Das war so komisch anzusehen. Wir mußten sehr lachen und machten es ihm gleich nach. Am nächsten Tag hatte Yeshi Dakpa einen neuen Spitznamen: der »Matratzenträger der Nonnen«. Auf dem Rückweg sammelten wir Brennesseln, die zugegebenermaßen von sehr viel besserer Qualität waren als die, die man heute in Indien findet.

Im Monat September nahm ich an einem weiteren Einsatz teil, an einen Ort, der Jungmo Ritö heißt und in großer Höhe liegt. Es war eine ziemlich beschwerliche Erfahrung, denn man mußte eine ganze Woche vor Ort bleiben. Um gegen die Höhenkrankheit anzukämpfen, aßen wir trockene weiße Rüben und Brennesselblätter. Dieses Mal waren wir an die zwanzig Studenten, aufgeteilt in Gruppen von je sechs. Frühmorgens ging jede Gruppe in eine andere Richtung los, und wir kamen erst beim Einbruch der Dunkelheit zurück. Unser Ziel war, eine andere seltene Pflanze zu pflücken, die bei Herzkrankheiten wirkt. Die Schwierigkeit lag darin, genau die Stelle zu finden, wo diese Pflanze wuchs. Es kam oft vor, daß die Studenten mit leeren Händen zurückkamen. Und als dies bei mir der Fall war, kam ich verlegen und etwas beschämt ins Kloster zurück. Der *Menyen*, der uns begleitete, machte nur die Bemerkung:

– Man könnte meinen, du hättest da oben geschlafen!

Etwas später im Jahr bat Khyenrab Norbu mich, mit sieben anderen Studenten nach Etso zu gehen. Diese Expedition war besonders gefährlich und erforderte eine absolut sichere körperliche Kondition. Aus diesem Grunde wählte der Meister die widerstandsfähigsten und niemals die jüngsten unter uns aus. Um an diesen Ort zu gelangen, mußte man mehrere Pässe überwinden und sehr hoch ins Gebirge, zu den Gipfeln des ewigen Schnees. Wir trafen auf Nomaden, die uns während der Ernte beherbergten. In Etso fanden wir eine *Utpala* genannte Heilpflanze, die im Schnee wuchs. Der eisigen Kälte und Feuchtigkeit trotzend hatten wir auch starke Augenschmerzen zu erdulden, etwa so, wie wenn man uns feinen Sand in die Augen gestreut hätte. Mitunter waren wir alle einen ganzen Tag lang fast blind und mußten dennoch diesen wichtigen Auftrag zu Ende bringen. Manchmal, wenn die Schmerzen andauerten, überfiel mich wie alle anderen eine dumpfe Angst. Ich hatte solche Angst, das Augenlicht zu verlieren! Am Abend, geschützt vor dem Wind, der in starken Böen blies, bemühte ich mich dennoch, Auszüge aus dem *Gyüzhi* zu lernen. Im schwachen Schein der Lampen bekam ich beim Lesen unangenehme Schmerzen, und ich sah wechselnde Luftspiegelungen in den Farben des Regenbogens aufsteigen. Später erfuhr ich aus medizinischen Abhandlungen, daß man diese Art von Störungen im Gebirge vermeiden kann. Es genügte, Galle der *Kyaka*[37], eines in unserer Region sehr bekannten Vogels, auf die Augen aufzutragen. Leider verfügten wir damals nicht darüber. Es war auch besonders schwierig, Feuer zu machen. Da alles hier sehr feucht war, hatten wir Mühe, den Weihrauch anzuzünden, auch wenn es uns nicht an Blättern und Zweigen von Sträuchern fehlte. Es gab starke Schneefälle, und nur an wenigen Abenden konnten wir uns heißen Tee machen. Trotz aller

37 Ähnlich wird Gallenstein von Elefanten zur Behandlung von Fieber eingesetzt ; die Galle von Bären dient der Heilung von Leberstörungen; Moschus neutralisiert septische Infektionen und Wurmkrankheiten.

Hindernisse, mit denen jeder von uns zu kämpfen hatte, betrieb ich meine Arbeit mit großer Begeisterung. Besonders liebte ich das Studium der Pharmakologie und erkannte, daß das Sammeln von Pflanzen fester Bestandteil meiner Ausbildung als *Amchi* war.

Wenn wir genug Pflanzen gesammelt hatten und unsere Zeit es uns erlaubte, suchten wir uns einen Platz etwas abseits vom Lager der Nomaden und würfelten. Doch den größten Teil meiner Freizeit verbrachte ich eindeutig mit dem Studium, immer und immer wieder. Wenn es mir unmöglich war, Feuer zu machen, leuchtete ich mir mit Hilfe von Räucherstäbchen, die ich so nah wie möglich an die jeweilige Seite hielt, um wenigstens einige Worte entziffern zu können.

Nach Lhasa zurückgekehrt, verbrachte ich etwas mehr als einen Monat am Mentsikhang, Zeit, um neuen Belehrungen meines Meisters, des Ehrwürdigen Khyenrab Norbu, zu folgen und den *Lama* zu treffen, der mich in Grammatik und Poesie unterrichtete, dann brach ich ein weiteres Mal auf. Es war bereits Ende Oktober. Der Ort, an den unsere Expedition führte, hieß Marikhung. Dort sollten wir *Shudag*[38] sammeln, eine Pflanze, deren Wurzeln im Wasser und im Schlamm wild durcheinander wachsen. Ihre Blüten, die einen starken, süßlichen Duft ausströmten, waren blau und weiß, und dünne Linien durchzogen die Blätter und bildeten Diagramme. Bestimmte Pflanzen – die begehrtesten – hatten neun Knoten; andere nur fünf, sechs oder sieben. Ihre schwierige Ernte fand in dem Augenblick statt, wo das Wasser zu gefrieren begann.

Nach Überqueren des Passes näherten wir uns einem Wasserlauf. In der Ferne schimmerte ein See wie ein auf die Erde

38 Diese Pflanze ist eine *Tse-kam-nue-pa-ting-doe.* Man pflückt sie, sobald sie trocken ist, wenn ihre Wurzeln noch nicht abgestorben sind. Dort sind alle Heilsubstanzen konzentriert. Mit *Shudag* behandelt man Gastritis, Darmprobleme, Niereninfektionen, sie dient auch als Stärkungsmittel. Man verwendet sie zur Herstellung von antiseptischen Pillen.

gesetzter Türkisjuwel. Wenn es das Wetter erlaubte, kamen wir ziemlich früh an die Stelle, um nach einer Pflanze zu suchen, die einer Kartoffel ähnelte.[39] Von der engen Vertiefung ging eine drückende Luft aus. Es gibt solche Orte, die die Gegenwart von Menschen schlecht ertragen.

Die Studenten, die für die Mahlzeiten verantwortlich waren, servierten eine Suppe mit Teigbällchen und etwas Fleisch, *Thukpa Bakthuk*. Jeden Mittag schlang ich die meine schweigend hinunter und verließ meine Kameraden, um zu einem kleinen Wasserfall hinaufzusteigen, wo ich die Eisblöcke besser sehen konnte, die mit dumpfem Lärm in den See fielen. Dieser Ort beindruckte mich sehr. Ich zitterte am ganzen Körper. War es die Kälte, die Atmosphäre? Wahrscheinlich beides. Als ich wieder zu den anderen Studenten zurückkehrte, war der Augenblick gekommen, mit dem Sammeln zu beginnen. Manchmal blieben wir mehrere Stunden im Wasser. Am Ende taten uns die Beine weh, unsere Hände waren blau, und wir hatten furchtbare Schwierigkeiten, die Pflänzchen mit der Wurzel auszureißen. Ich weiß nicht, wie es die Inder in Dharamsala machen, sie bringen uns Pflanzen von ausgezeichneter Qualität, die sie in der Gegend von Manali oder von Rewalsar suchen.

1943, im Wasser-Schaf-Jahr unseres Kalenders, war ich einundzwanzig Jahre alt. Ich war endlich dabei, das zu verwirklichen, was immer mein größter Wunsch gewesen war: Ich bestand glänzend meine Prüfungen unter den Augen meines Meisters, des Ehrwürdigen Khyenrab Norbu, und meiner Lehrer. Es ist Sitte, daß die Studenten des Mentsikhang zweimal die Teezeremonie darbringen: bei ihrer Zulassung und nach erfolgreich bestandenen Prüfungen über die ersten drei Bände des *Gyüzhi*. Die Kosten dafür wurden im allgemeinen von unserem Heimatkloster übernommen. Ich hatte meine

39 *Rangnyi*. Man verwendet ihre Wurzelknollen und ihre Blätter. Dient zur Behandlung von Nierenproblemen und zur Anhebung der Körpertemperatur.

ersten Ausgaben bestritten, indem ich mir zunächst Geld von Paisala geliehen hatte, bis das Kloster mir Geld schickte. Was sollte nun werden? Ich hatte an den Abt von Chöde und an meinen Tutor geschrieben, jedoch keine Antwort erhalten. Ich teilte daher Khyenrab Norbu meine mißliche Lage mit. Am nächsten Morgen ging der Meister zum *Kashag*, wo er meine Situation erläuterte. Anschließend wurde im Mentsikhang ein offizieller Brief an die Klosterverwaltung vorbereitet und von den Mitgliedern der Regierung bei einer Versammlung gebilligt. Einige Wochen später kam ein Kurier aus Chöde und brachte einen Umschlag mit dem Betrag, der für die Zeremonie notwendig war. All meine Wünsche waren in Erfüllung gegangen, und das, obwohl ich, mit Ausnahme der Botschaft, die ich auf dem Weg nach Lhasa den Eseltreibern mitgegeben hatte, und des Briefes wegen der Teezeremonie, nie mehr an meinen Tutor geschrieben hatte. Ich gebe zu, daß ich mich dem Abt von Chöde und meinem Onkel und Tutor gegenüber etwas nachlässig verhalten habe, doch ich war von meinen Studien sehr in Anspruch genommen.

8
Heilpflanzen und die Entgiftung von Quecksilber

Alle zwei Jahre im Sommer begaben sich Lehrer und Studenten an den Fuß eines Berges, der in der Nähe von Lhasa liegt. Diese Expedition wurde etwa zehn Tage im voraus vorbereitet. Man stellte Zelte, Kleidung, Decken, Küchenbedarf und Nahrungsmittel zusammen ... Wir waren an die vierzig Teilnehmer vom Mentsikhang. Etwa sechzig Personen, *Wulaks* (Arbeiter), schlossen sich uns zu diesem Anlaß an. Die eine Hälfte kam aus einem Ort namens Dodephu und die andere aus Drak Yerpa. Die erste Gruppe war unserem *Menyen* anvertraut, die zweite einem *Menzin*. Diese aufwendigen Exkursionen zum Sammeln von Heilpflanzen verursachten

hohe Kosten, die im allgemeinen von den Studenten übernommen wurden. Nomaden stellten vierzig bis fünfzig Yaks zur Verfügung, um das umfangreiche Gepäck zu transportieren – die Studenten teilten sich zu zweit ein Gepäckstück. Zwei Personen waren mit dem Aufbau der Zelte beauftragt; zwei andere kümmerten sich um das Material.

Am Morgen der Abreise, bei Sonnenaufgang, versammelte Khyenrab Norbu die Studenten im großen Saal, um Gebete zu rezitieren und uns die Gottheiten gewogen zu stimmen. Diese Zeremonie dauerte etwa zwanzig Minuten. Anschließend machten wir uns auf den Weg, mit unbeschreiblichem Lärm. Die Lehrer zu Pferde führten die Gruppe an; die anderen folgten zu Fuß. Die Yaks hielten uns sehr auf, und wir brauchten mehrere Stunden, um Dode zu erreichen. Gleich nach unserer Ankunft ließ man uns im Tempel zusammenkommen. Khyenrab Norbu saß im Schneidersitz auf einem Thron aus Stein. Einer unserer Tutoren war nun damit beauftragt, die Charta von Desi Rinpoche, dem Regenten, der während der Minderjährigkeit des fünften Dalai Lama die Verantwortung für die Geschicke des Landes hatte, zu verlesen und uns die Grundregeln für das Sammeln und Konservieren der Pflanzen in Erinnerung zu rufen, vor allem die Regeln, die vorschrieben, bestimmte Pflanzen auf den nördlich ausgerichteten, als kälter geltenden Hängen zu pflücken; möglichst unversehrte Stellen für die Ernte auszusuchen; die Heilpflanzen zum günstigsten Zeitpunkt, frisch und unverwelkt, zu entnehmen – obwohl einige gepflückt werden müssen, wenn sie sehr alt sind; sie sorgfältig zu waschen und sie dann an geeigneten Stellen trocknen zu lassen; schließlich, sie nicht länger als drei Jahre[40] aufzubewahren, denn danach verlieren sie all ihre Qualitäten.

In kleinen Gruppen arbeitend, verbrachten wir drei oder vier Tage in jedem der von unseren Lehrern angegebenen Ge-

40 Dieser Hinweis gilt nur für Tibet. In Indien bewahrt man sie wegen des Klimas nur ein Jahr lang auf.

biete. Es waren streng festgelegte Arbeitsabschnitte, rhythmisch gegliedert durch das Signal der Hörner, die zu den Mahlzeiten, Pausen und zum Ende der Arbeit bei Einbruch der Dunkelheit geblasen wurden. Wenn wir ein Gebiet abgeschlossen hatten, stiegen wir etwa hundert Meter höher ins Gebirge und transportierten unsere schwere Last weiter.

Während meines Aufenthalts am Mentsikhang nahm ich an zahlreichen Expeditionen zum Sammeln von Pflanzen teil, darunter zweien, bei denen ich Prüfungen als Student und dann als *Menzin* ablegte. Nach einer Woche kamen wir immer an eine Yakgo-La genannte Stelle, einen Durchgang, der die Form eines Yakkopfes hatte. Bis dahin brachten die Älteren den Jüngeren bei, wie man Pflanzen findet, wie man sie auswählt und welches genau ihre Besonderheiten sind. Sobald wir am jeweiligen Standort angekommen waren, mußte jeder sehen, wie er zurechtkam. In Yakgo-La stießen die Gruppen zu uns, die auf einem anderen Hang arbeiteten. Sie gingen auf die gleiche Weise vor.

Am Abend verbrannten wir Räucherwerk, und die Jüngeren unter uns führten eine Oper aus unserer Folklore auf. Ich beteiligte mich nicht besonders gern daran, denn ich konnte nicht singen. Die anderen machten bereitwillig mit. Sobald sie an der Reihe waren, stießen sie seltsame Tierlaute aus. Während des Festes traten zwei Studenten abwechselnd aus der Gruppe heraus und boten jedem Tee und *Khabse* an. Wir waren auch für das Frühstück und das Mittagessen der *Wulaks* verantwortlich, während es Tradition war, daß das Abendessen ihnen von den Lehrern und Tutoren gereicht wurde.

Sobald wir die Zelte abgebaut hatten und die gesamte Ladung verstaut war, überquerten wir sehr früh am Morgen den Übergang, um eine andere sehr malerische Stelle aufzusuchen, bedeckt von Weideflächen und von Wiesen, die die Alten Lonak Tseka nannten. Während die *Wulaks* das Lager

aufbauten, gingen wir Pflanzen sammeln. Bei Sonnenuntergang fand jeder seinen Platz, entsprechend seinem Rang und seinen Neigungen. Doch während der Arbeit wie auch in der arbeitsfreien Zeit mußten wir darauf achten, die *Wulaks* aus Dode von denen aus Drak Yerpa zu trennen, denn sie verstanden sich absolut nicht. So war es bei jeder Expedition, daher stellte man ihre Zelte in gebührendem Abstand voneinander auf. Es wurde sogar erzählt, daß es im Laufe der vergangenen Jahre zwischen ihnen zu Schlägereien gekommen sei und daß Männer sich gegenseitig umgebracht hätten.

Die *Wulaks* schliefen sehr wenig und verbrachten ihre Nächte damit, zu singen und um ein riesiges Feuer zu tanzen. Lange Rauchschwaden stiegen auf, von denen starker Wacholdergeruch ausging. Die Stimmen der Sänger waren weithin zu hören. Ich hörte ihnen mit großem Vergnügen zu, während ich allein auf einem Felsen saß. Manchmal näherten sich wilde Tiere, angezogen vom Lärm und vom Geruch der Suppe. Am Abend vorher noch, im Gebirge, hatte ich bemerkt, wie uns Wölfe folgten. Adler nisteten auf felsigen Bergspitzen, und Geier zogen ihre Kreise. Schneeleoparden warteten auf ihre Stunde, dann, wenn Gemsen, Hirsche und Antilopen sich einem der zahlreichen Seen dieser Gegend näherten, um zu trinken.

Oft kam es vor, daß ein Gewitter ausbrach. Diese plötzliche Unterbrechung schlug mich in ihren Bann. Ich liebte es, das Rauschen des Regens und das Rollen des Donners zu hören, und dann das schreckliche Krachen der Blitze über den verschneiten, plötzlich erleuchteten Gipfeln. Je nach der Stärke des Gewitters konnte es vorkommen, daß Wolkenbrüche sich in unser Lager ergossen, Feuerstellen überschwemmten, Menschen durchnäßten und Pferde und Yaks verschreckten. Jeder wurde von Nervosität erfaßt, während in der Finsternis das Grollen des Gewitters stärker wurde. Der heftige Wind trieb schwere, regengefüllte Wolken heran. Der benachbarte See war aufgewühlt und erbebte im Wider-

hall. Die Kälte nahm zu. Schweigend rückten wir eng zusammen. Ich schloß die Augen, und während sich das Unwetter beruhigte, hörte ich weiter auf das Singen des Regens. Ein leichtes Lächeln huschte über mein Gesicht und trug meine Erinnerungen fort: ein Hügel, Rutschen im eisigen Wasser, *Mola*, die mich ansah.

Bei Tagesanbruch, wenn das schlechte Wetter anhielt, riefen wir die Gottheiten an, um ihren Schutz zu erbitten. Doch sobald Ruhe eingekehrt war, brachen wir wieder auf, um Pflanzen zu pflücken, die wir in die *Ga* gleiten ließen, Ledersäcke von der Art, wie sie die Nomaden benutzen. In Lonak Tseka herrschte gute Sicht, da das Gelände sich bis in endlose Weite erstreckte, und unsere Lehrer konnten uns bei der Arbeit überwachen. Ein einziges Mal nur kam es vor, daß ich nicht genügend Pflanzen gesammelt hatte. Im Lager, vor allen anderen, wies mich einer von ihnen darauf hin. Es war mir schrecklich peinlich, und so etwas kam nie wieder vor.

Jeden Tag wurden die Pflanzen sortiert, gewaschen, geputzt und sogleich auf Yaks zum Mentsikhang geschickt. Diese Expeditionen endeten unvermeidlich in Drak Yerpa. Um keinen Streit zu riskieren, brachen die *Wulaks* von Dode nach dem letzten Pflanzensammeln nach Lhasa auf. Wir bauten das Lager in der Nähe des Klosters auf. Es war ein wichtiger Augenblick, denn hier ließ uns Khyenrab Norbu, umgeben von unseren Lehrmeistern und Tutoren, Prüfungen über unsere Kenntnis der Heilpflanzen ablegen.

Ein riesiges Zelt, in der Mitte von einem Holzmast gestützt, war vor unserer Ankunft mit Sorgfalt aufgestellt worden. Es war von einem großen rechteckigen Zaun umgeben, der drei Eingänge offen ließ – links, rechts und in der Mitte.

Das Ereignis wurde von den Studenten, aber auch von den adligen Familien der Hauptstadt und den Klöstern der Umgebung mit Spannung erwartet. Die Leute kamen in großer Zahl nach Drak Yerpa, um an diesem denkwürdigen Tag da-

bei zu sein. Von Sonnenaufgang an drängten sie sich um den Zaun. Nach den Morgengebeten ließ sich Khyenrab Norbu auf dem mittleren der drei Throne nieder, die vor dem Zelt errichtet waren. Links von ihm der älteste Lehrmeister; rechts von ihm der jüngste. Ein Meter vor ihnen die Pflanzenmuster. Je nach Vielfalt und Reichhaltigkeit der Ernteerträge konnten es mehrere Dutzend sein.

Die Prüfungen begannen gegen sechs Uhr morgens. Mit lauter Stimme rief ein *Menzin* die Studenten einen nach dem anderen auf. Der erste kam von der rechten Seite durch den Zaun, trat zögernd vor, machte vor den Lehrmeistern seine Niederwerfung und stellte sich neben den Pflanzen auf. Auf ein Zeichen von Khyenrab Norbu mußte er die Pflanzen identifizieren, die ihm gezeigt wurden, ihren Namen nennen und erklären, welches ihre Eigenschaften waren. Wenn er fertig war, trat ein anderer Student vor, und so fort. Manchmal erfand einer von uns neue Namen. Ich erinnere mich zum Beispiel an eine Pflanze von der Form einer Ratte. Da der Prüfling keinen Namen für sie fand, hatte er sie ganz einfach »tote Ratte« genannt. Das Publikum war in schallendes Gelächter ausgebrochen, nicht aber unsere Lehrer, die die Unbekümmertheit der einen und die Unwissenheit der anderen nicht immer schätzten.

Ein Korrektor notierte alle Antworten. Wenn ein Schüler zu leise sprach oder etwas weniger Selbstbewußtsein zeigte, wurde er automatisch zur Ordnung gerufen. Am Ende der Prüfung gingen wir durch den linken Eingang hinaus und mußten uns von den anderen Studenten fernhalten, selbst am Abend im Lager. Ein *Menyen* wachte aufmerksam über uns. Bevor man die Einfriedung verließ, bekam man sein Ergebnis mitgeteilt. Als ich an die Reihe kam, rief der Sekretär mit durchdringender Stimme:

– Tenzin Choedrak, *thik-chig dang kur gye*, eine schlechte Antwort und acht zur Hälfte falsche Antworten.

Diese Art der Bewertung, mit der nichtbefriedigende Ant-

worten benotet wurden, hieß auf Tibetisch: »*tiktsi kurtsi*«, das heißt »die Berechnung dessen, was schlecht und zur Hälfte falsch ist«. Ich erkläre mir das so: *tik* heißt schlechte Antwort; der Korrektor stellt dieses Zeichen durch das Symbol *O* dar. *Kur* bedeutet: zur Hälfte falsche Antwort, und wird durch ein *X* symbolisiert. *Chig* ist eins und *gye* acht. Wenn wir den Namen einer Pflanze angaben, uns dabei jedoch in unseren Erklärungen irrten oder diese nicht befriedigend waren, gab man uns *kur*. So teilte man uns lediglich die Anzahl an *tiks* und *kurs* mit, ohne uns nähere Einzelheiten über unsere Fehler mitzuteilen.

Auf diese Weise vergingen drei Tage. Am letzten Tag kamen noch einmal alle zu einer letzten Versammlung zusammen. Dies war der Zeitpunkt, wo die schlechten Antworten erläutert wurden, die guten wurden nie kommentiert. Nacheinander zogen wir an Khyenrab Norbu und seinen Assistenten vorbei. Zu diesem Zeitpunkt sah man alle Studenten nervös an ihrer *Mala* spielen; in Wirklichkeit benutzten sie ihre Gebetskette, um das Endergebnis ihrer Prüfung zu berechnen.

Die Studenten fürchteten diese Zeit ganz besonders. Tatsächlich waren die Jüngeren oft erfolgreicher als die Älteren. Letztere waren dann gezwungen, sich vor ersteren niederzuwerfen und ihnen die Plätze in den ersten Rängen zu überlassen, denn am Ende der Zeremonie standen wir alle in der Reihenfolge unserer Erfolge. Nun lasen wir die Charta von Desi Rinpoche. Der erste von uns wurde dann durch einen Preis geehrt: einen Ziegel Teeblätter, ein Exemplar des *Gyüzhi* (der grundlegenden *Vier Tantras*), fünf Tücher aus Brokat, um heilige Texte darin einzuwickeln, und eine *Khata*, den Seidenschal als Zeichen der Anerkennung. Die nächsten vier wurden ebenfalls belohnt. Die letzten fünf aber mußten ein Stück vor dem Publikum aufführen, das sich wahnsinnig über ihre Mißerfolge amüsierte. Der fünftletzte spielte die Rolle eines Trägers von Heilpflanzen für den Bedarf der Re-

gierung; der vierte spielte eine Art Hausmeister; der dritte einen Eseltreiber; der vorletzte spielte den »weißen Esel« und der letzte den »schwarzen Esel«. Der eine trug eine weiße *Chuba*, der andere eine schwarze; und beide hatten kleine Glocken um den Hals. So bekleidet mußten sie wie richtige Esel auf allen Vieren laufen und gingen schließlich unter dem Geschrei und Gespött der Zuschauer hinaus. Ich erinnere mich an mein erstes Jahr am Mentsikhang. Als vorletzter meiner Studiengruppe mußte ich den »weißen Esel« spielen. Die Rolle des »schwarzen Esels« galt bei allen als verhängnisvoll und unheilbringend. Es hieß dann, daß Studenten, die in diese Situation geraten seien, kein Glück in der Liebe hätten.

Nach unserer Rückkehr von Dak Yerpa nahm das Leben wieder seinen Lauf. Später nahm ich mehrmals im Jahr die Studenten mit zum Pflanzensammeln auf einem Hügel bei Lhasa, nicht weit vom Mentsikhang. Wir arbeiteten mit voller Kraft, doch auf dem Rückweg wählten wir, anstatt direkt zurückzukehren, einen Weg, der durch ein Gebiet in der Nähe des Norbulingka führte.

Dort hoben wir einen schmalen Graben aus, von der Länge eines Stockwerks. Das Spiel bestand darin hinüberzuspringen. Natürlich legten wir eine Linie fest, die man nicht überschreiten durfte, wenn man Anlauf nahm. Dann teilten wir uns in zwei Gruppen auf. Die erste wurde von den Älteren unter uns gebildet; die zweite von den Jüngeren. Und wir schlossen Wetten ab und setzten im allgemeinen auf zwei *Khel*, achtundzwanzig Kilo Getreide, die die Verlierer dem Sieger geben mußten.

Die Getreidesäcke wurden dann in ein Militärlager ganz in der Nähe gebracht, wo ein Kamerad von uns lebte. Er bewahrte die Beute sorgsam bis zum neuen Jahr auf. Auf diese Weise konnten wir bei den Zeremonien, die traditionsgemäß die *Losar*-Feiern begleiteten, unsere Mahlzeiten mit der *Tsampa* zubereiten, die wir mit unseren Heldentaten gewon-

nen hatten, und mit *Chang*, das in Strömen floß. Während dieser Zeit hatten wir Erlaubnis, den Mentsikhang von morgens bis drei Uhr nachmittags zu verlassen. Da ich selten Bier anrührte, kam ich oft früher nach Hause. Aber es gab andere, die erst gegen siebzehn oder achtzehn Uhr zurückkamen. Ihre Trunkenheit war ihnen sofort anzumerken, und es gab manchmal sehr lustige Szenen. Sie erzählten alle möglichen Dummheiten und gaben natürlich unsere verrückten Eskapaden und Wetten preis.

Wir zögerten nicht, auf diesem Gelände beim Norbulingka andere Schulen von Lhasa herauszufordern, um herauszufinden, welche die unerschrockenste war. Es gab etwa zwanzig, darunter: Tarkhang, Nyarong, Kungyur, Gokhangsar und die Schule von Tse, ohne Zweifel die berühmteste und angesehenste von allen. Diese Schulen hatten im Durchschnitt ungefähr zwanzig Schüler, manchmal weniger. Nur der Mentsikhang hatte etwa sechzig Schüler, starke und mutige. Von der Bergluft und vom Sammeln der Pflanzen bekamen wir Muskeln und breite Schultern, und dazu gab es unter uns einige Studenten, die von der Armee kamen. Es erübrigt sich zu sagen, daß bei diesen Steinschlachten die Parteien sehr ungleich waren. Nur als einer unserer Lehrer von einer dieser Raufereien erfuhr, bekamen wir es mit der Angst zu tun. Die Strafe konnte hart ausfallen, und manchmal wurden uns diese plötzlichen Anflüge von Gewalt sogar mit Peitschenhieben ausgetrieben.

1944, im Holz-Affe-Jahr, wurde ich *Menzin*. Ich sollte es bis zum Wasser-Drachen-Jahr (1952) bleiben. Wenn ein Student gewissenhaft arbeitete, übertrug man ihm bald Verantwortung. Die Aufgabe des *Menzin* und des *Menyen* – ersterer, selbst kein Arzt, ist für die Arzneimittel verantwortlich, und letzterer, ein Arzt, kontrolliert sie – bestand darin, den Zeitpunkt der Pflanzenernten zu bestimmen, sie zu überwachen, die Pillen herzustellen und die Medikamentenbestände zu

verwalten. Wir waren zu dritt, mit einer sehr großen Arbeitsbelastung. Wir hatten zusammen ein Programm für ein Jahr ausgearbeitet. Wenn wir morgens an den Zeremonien und an der Lesung der Texte teilnahmen, waren wir anschließend vom Unterricht befreit. Unsere Kameraden trafen wir erst beim Abendessen und bei den Abendgebeten wieder.

Wenn wir abwechselnd in die Berge gingen, stellte uns der *Kashag* ein Pferd zur Verfügung und gab uns ein Empfehlungsschreiben, um *Wulaks* zu rekrutieren. Sobald die Pflanzen gepflückt und zum Mentsikhang gebracht waren, legten wir sie einem Lehrer vor, der sie prüfte und seine Zustimmung zum Zermahlen und zur Herstellung der Medikamente gab. Der Schlüssel zum Lagerraum wurde einem von uns dreien anvertraut, je nach unserem Stundenplan.

Vom Sammeln der Pflanzen bis zur Herstellung der Heilsubstanzen mußten wir in einem Bewußtseinszustand arbeiten, der dem Geist des Erwachens möglichst nah war, und uns bemühen, so zu handeln, als seien wir der Medizin-Buddha. Tatsächlich kann der Geisteszustand, mit dem wir unsere Tätigkeiten ausüben, günstigen oder ungünstigen Einfluß auf die Wirksamkeit eines Arzneimittels haben. Beim Sammeln der Pflanzen mußten wir natürlich Sonneneinstrahlung, Erdoberfläche und Bodenbeschaffenheit berücksichtigen, denn all diese Elemente spielten, wie gesagt, eine Rolle für die Qualität der Blüte, der Wurzel oder der Frucht; doch damit nicht genug. Die Klarheit unseres Geistes und die Lauterkeit unserer Motivation waren noch wichtiger und versetzten uns besser oder schlechter in die Lage, die Arzneien korrekt herzustellen. Man mußte sich bemühen, die Eigenschaften der Buddhas zu erlangen, die so weit sind wie das Universum: Welch ein Glück, davon auch nur einen winzigen Funken ausüben zu dürfen! Es stimmt, und das vergaßen wir nicht, daß es immer unsere – gute oder schlechte – Motivation ist, welche die Qualität unserer Handlungen bestimmt.

Wenn also unsere spirituelle Praxis durch Eigenliebe ver-

unreinigt ist, wird unsere Fähigkeit, Gutes zu tun, darunter leiden, und wir werden niemals als gute *Amchi* gelten können. Wenn ich *Lhamenpa* geworden bin, wenn ich nicht im Gefängnis gestorben bin und wenn ich ruhig, manchmal mit Gelassenheit, alle mir zugefügten Leiden ertragen konnte, dann, so glaube ich, nur deshalb, weil ich mich mein ganzes Dasein lang immer bemüht habe, soweit es mir möglich war, die Lehren des Buddha zu verwirklichen.

Menzin: Auch das versuchte ich zu sein. Tatsächlich bringt die Herstellung von Arzneien unsere medizinischen Kenntnisse und unsere spirituelle Einstellung in Einklang. Daher begannen alle Prozesse des Zermahlens und Mischens von Substanzen ebenfalls mit Gebeten. Erst wenn der Geist geläutert war, konnten wir handeln. Wenn der Prozeß der Verarbeitung, der Herstellung von Arzneien einmal begonnen hatte, war es nicht möglich, ihn zu unterbrechen, unabhängig von seiner Dauer, und manchmal nahm er mehrere Tage in Anspruch. Einige Pflanzen mußten vor Ort, in den Bergen, aufbereitet werden. Wir handelten nach den Anweisungen des *Gyüzhi*: Kräuter pflücken und sie von den winzigsten Sandkörnern befreien; sie bei starker Hitze kochen; die zubereitete Substanz mit dem Schweif eines Tieres – oft als Sieb verwendet – filtern; den restlichen gefilterten Saft in einem Topf sammeln. Ihn erneut unter ständigem Rühren erhitzen, bis sich eine dunkle, dicke Paste bildet. Es war etwa so, wie wenn man Bonbons oder Melasse herstellt. Aus einer riesigen Menge von Pflanzen erhielt man nur eine kleine Menge von Arzneimitteln.

Am Mentsikhang nahm die Herstellung von Heilsubstanzen noch mehr Zeit in Anspruch. Die kräftigsten unter den jungen Studenten brachten Stunden damit zu, die Pflanzen zu Pulver zu zermahlen, Pulver, das in der Nacht zu runden Pillen geformt wurde. Es gelang uns, pro Tag zwei Sorten von Pillen herzustellen, selten mehr, jeweils etwa zehn Kilo von jeder Sorte. Da die Pillen mit der Hand gedreht wurden,

waren sie von unterschiedlicher Größe. Es würde zu weit führen, die Verarbeitung der Pflanzen zu Arzneimitteln im einzelnen zu erklären, da wir meistens sehr viele Bestandteile verwenden. Um meine Äußerung zu illustrieren, sei das Beispiel eines Heilmittels genannt, das nur sechs davon enthält – *Ruta, Kyuru, Sindu, Bashaka, Sungmi* und *Pipiling*. *Ruta* ist kühl. *Kyuru* ist noch kälter, und *Bashaka* ist der kälteste der drei. Man nennt diese drei Bestandteile *Silsum*, wörtlich die »drei Frischen«. Sie haben eine erfrischende Wirkung auf den Körper. Die drei anderen Bestandteile – *Sindu, Sungmi* und *Pipiling* – sind heiß und rufen im allgemeinen eine gewisse körperliche Hitze hervor. Wenn daher jemand an Gastritis leidet, erwärmt sich der obere Teil seines Körpers, während der untere Teil abkühlt. Die Verbindung dieser beiden Extreme bewirkt, daß sich im Magen Gase ansammeln. Der Kranke muß sich dann erbrechen, und seine Temperatur steigt. Für diese Art von Störungen empfiehlt man – von den Arzneimitteln, die wir beschrieben haben – das *Ruta dukpa*, »das was sechs *Ruta* hat«, was die Temperaturextreme ausgleichen und so den Zustand des Patienten bessern wird.

Warum dieses Beispiel? Auf einem wissenschaftlichen Kolloquium in Südkorea hatten bedeutende Fachleute das Problem der Gastritis angesprochen. Ich war nicht aufgefordert worden, in die Diskussion einzugreifen. Ich notierte daher alle Merkmale dieses Arzneimittels, seine Zusammensetzung und seine therapeutischen Wirkungen und brachte meine Notizen auf einer Anschlagtafel direkt am Saaleingang an. Später gab ich dieses Dokument sogar Seiner Heiligkeit dem Dalai Lama. Folgendes hatte ich dort angegeben: *Ruta* beseitigt Störungen, die mit dem Element »Wind« zu tun haben, Blutvergiftung und andere Blutprobleme ebenso wie Gas im Magen; *Kyuru* läßt das Fieber in Blut und Galle sinken; mit *Sindu* werden alle Krankheiten (Störungen oder Infektionen) des Magens behandelt; *Bashaka* läßt die Blut-

temperatur sinken; *Sungmi* trägt zur Heilung von Nierenkrankheiten bei und von Krankheiten, die durch Kälte hervorgerufen werden (niedrige Temperatur); mit *Pipiling* werden Infektionen des Magens und der Leber behandelt sowie Krankheiten, die durch Kälte hervorgerufen werden.

Unterstützt durch australische und koreanische Spezialisten mußte ich nun vor einem großen Publikum meine Sicht des Problems entwickeln. Ich sagte:

– Man kann die Besonderheiten jedes Bestandteils einzeln erklären oder die Pille in ihrer Gesamtheit betrachten. Jedenfalls muß man, wenn man den Puls eines Patienten fühlt und einen starken Fieberschub entdeckt, ein Arzneimittel verschreiben, das einen hohen Anteil der drei Bestandteile *Ruta, Kyuru* und *Bashaka* enthält, um die Temperatur zum Sinken zu bringen. Wenn aber der Patient niedrige Temperatur hat, wird man ihm hochdosiert die Ingredienzien verschreiben, die Wärme produzieren, das heißt *Sungmi, Sindu* und *Pipiling*. Wenn hundert Patienten an Gastritis leiden, werden wir ebenso viele verschiedene Fälle zu behandeln haben, und man wird ebenso viele verschiedene Heilverfahren verordnen müssen ...

Mein Vortrag wurde veröffentlicht. Das war einer meiner sehnlichsten Wünsche, denn dies erlaubte ein besseres Verständnis unseres medizinischen Wissens.

Aber kommen wir zum Mentsikhang zurück. 1950, im Eisen-Tiger-Jahr, wurde ich dazu bestimmt, nach Phari zu gehen und einen ganz besonderen Text zu studieren, einen Kommentar über die Art, Quecksilber zu verwenden. Ein *Tulku*, Dosha, besaß diesen Text und hatte Untersuchungen auf diesem Gebiet begonnen. Das Interesse Doshas war bei einem seiner Aufenthalte in Indien, in Darjeeling, geweckt worden. Er war dort einem deutschen Wissenschaftler begegnet, der ihm von der medizinischen Nutzung des Quecksilbers erzählt hatte. Nach Phari zurückgekehrt, hatte der *Tulku* erfahren, daß die tibetische Medizin dieses Verfahren

ebenfalls verwendet, und hatte sich dann auf die Suche nach diesem Dokument gemacht.

Während der letzten beiden Jahre, in denen ich *Menzin* war, beteiligte ich mich an der Herstellung unserer berühmten »Juwelenpillen«, wie des *Rinchen Ratna Samphel*, des »Kostbaren wunscherfüllenden Juwels«. Diese Pille ist ein Mittel, das gegen alle Arten von Vergiftungen wirkt, die durch Nahrungsmittel, Pflanzen, Insektenstiche, Tiere oder chemische Erzeugnisse verursacht sind. Sie lindert auch die schädlichen Wirkungen einer zu langen Sonneneinstrahlung. Auch begünstigt sie die Behandlung von halbseitigen Lähmungen (Hemiplegie), Lähmungen, von Steifheit oder Kontrakturen von Gliedern und Muskeln, von Lähmungen oder Luxationen von Gelenken, von zahlreichen nervösen Störungen mit Symptomen wie Zittern oder Gefühllosigkeit, Harninkontinenz, Schwierigkeiten beim Öffnen und Schließen der Augenlider und neuralgischen Schmerzen. Diese Pille kann ebenso bei Beeinträchtigungen der Sinneswahrnehmung – Taubheit, Verlust des Geruchssinns und des Raumempfindens – oder bei Verlust der Kontrolle über den Speichelfluß angewendet werden. Sie hat regulierende Wirkung bei Bluthochdruck, Herzbeschwerden, Blutgerinnseln, Geschwüren und Krebs im Anfangsstadium. Ein gesunder Mensch kann sie als allgemeines Stärkungsmittel einnehmen.

Diese Juwelenpille enthält das unschätzbare *Ngulchu Tsothel*, ein Präparat auf der Basis von entgiftetem Quecksilber, Schwefel und sechzehn verschiedenen Metallen und Mineralien. Sie enthält noch siebzig weitere Bestandteile, darunter gereinigtes Gold, Silber, Kupfer, Eisen, Koralle und Edelsteine wie Türkis, Perlen, Lapislazuli und einen seltenen einheimischen Edelstein aus Tibet, den *Zhi.* Hinzu kommen noch Substanzen aus Gewürznelken, Bambusbrot, Muskatnuß, Terminalia chebula Retz, Terminalia belerica Roxb. und den Früchten von Emblica officinalis Linn.

Der Prozeß der Entgiftung von Quecksilber, das zur Her-

stellung der Juwelenpillen verwendet wird, ist äußerst schwierig. Nach einer Vorbereitungsphase von drei Tagen benötigt man für dreißig Kilo Quecksilber ungefähr sechzig bis siebzig verschiedene Ingredienzen, und sechzehn Personen sind sechs Monate damit befaßt. Der erste Abschnitt besteht darin, das Gift herauszuziehen, und dauert zwei Monate. Ohne in die Einzelheiten zu gehen und weil vorsichtshalber diese Operation nur von denen ausgeführt werden darf, die sie perfekt beherrschen, muß man wissen, daß man vor allem das aus Indien importierte Rohquecksilber mit Farnwurzel und wildem Ingwer mischt und alles zusammen auf ein Stück weiches Moschusleder legt. Dieses wird dann mit einem Bändchen verknotet und zusammengepreßt. Mehrere Tage lang wird dieser kleine Beutel auf der Handfläche gerieben, lang genug, damit die Pflanzenmischung ihre ganze Substanz freisetzen kann, die die Gifte des Quecksilbers absorbieren soll. Auch das Leder absorbiert diese Gifte. Wenn die Ingredienzen gewichen sind, erscheint das Pflanzengemisch schwarz, während das Quecksilber eine leuchtendere Farbe hat und reiner wirkt. Es folgen noch viele weitere Zwischenstadien, dann wird das Quecksilber in Rinderurin gekocht. Während dieser Operation fügt man noch bestimmte Heilpflanzen, Salze und Metalle hinzu. In einem fortgeschrittenen Stadium wird das Quecksilber in Öl gekocht und mit Schwefelpuder kombiniert, das selbst einen Reinigungsprozeß durchlaufen hat. Wenn man beides miteinander mischt, reduzieren sich die toxischen Wirkungen beider Verbindungen noch weiter. Sie ergeben nun ein gelbes Pulver, das eineinhalb Tage lang ununterbrochen gemahlen wird, bis es tiefschwarz und extrem fein wird. In diesem Stadium sind von dreißig Kilo Quecksilber nur noch fünfundzwanzig Kilo übrig.

In einem weiteren Stadium wird das Gift den anderen Metallen, Bronze, Silber, Gold, Eisen, Blei und Kupfer entzogen. Wenn dieses Gift entfernt ist, werden die Metalle zu fei-

nen Platten, dünn wie ein Bienenflügel, geschmolzen und an der Sonne getrocknet, nachdem man eine Mischung auf Pflanzenbasis aufgetragen hat. Das Gold muß fast 58 Stunden bei mäßiger Hitze erwärmt werden, sonst wiegt es am Ende dieser Operation kaum mehr als ein zu Asche verbranntes Blatt Papier. Dies gilt auch für alle anderen Metalle, die indessen weniger Wärme benötigen. So braucht man für Silber zehn bis zwölf Stunden.

Die Verwendung von schlecht entgifteten Quecksilber wäre fatal und könnte tatsächlich zum Tode eines Menschen führen. Darin ist die Entgiftung des Quecksilbers derjenigen des Geistes ähnlich. Nehmen wir zum Vergleich den Fall eines Menschen, dessen Geist von Haß, Gier, Verblendung oder gar dem Willen, anderen zu schaden, beherrscht ist. Wenn man aber einen Geist voller Mitgefühl, Liebe und Güte – das heißt einen geläuterten Geist – braucht, um anderen auf vollkommene Weise zu helfen, so gilt das gleiche für das Quecksilber. Einmal entgiftet, wird das Quecksilber ein wertvolles Arzneimittel, das eine ganze Reihe von Störungen heilt. Im unreinen, schlecht entgifteten Zustand bleibt es ein tödliches Gift. Bevor wir es unseren Patienten geben, probieren wir es im übrigen an uns selbst aus. Schlecht aufbereitetes Quecksilber würde zu einer Schwächung des Körpers, zu starken Schmerzen und dem Verlust der Verdauungshitze führen; es könnten auch Tumore auftreten. Die Haut bekäme eine bläuliche Farbe. Dies sind einige Symptome, die auf das Vorhandensein von toxischem Quecksilber im Körper hindeuten. Wenn man zu viel davon aufnimmt, bilden sich Schuppen auf der Haut, und die Zähne fallen aus; man verliert die Sehkraft, oder diese wird getrübt. Das Endstadium einer Quecksilbervergiftung ist natürlich der Tod.

Im Westen kennt jeder die Gefahren des Quecksilbers, und einige Wissenschaftler zögern nicht zu betonen, daß tibetische Ärzte sehr leichtsinnig sind, wenn sie es verwenden. Doch wir stützen uns auf die Texte des *Gyüzhi*: Gereinigtes,

entgiftetes Quecksilber bringt Klarheit in Geist und Sehvermögen; der Geruchssinn wird verfeinert, und man hört mit großer Intensität. Die fünf Sinne werden extrem angeregt. Wir tibetischen Ärzte halten es für die wichtigste Heilsubstanz. Es verleiht dem Körper beachtliche Kräfte, verbessert die Funktionsweise lebenswichtiger Organe, erlaubt eine Verlängerung der Lebensdauer und stärkt die Bestandteile des Körpers – Blut, Fette, Muskeln, Knochen und Knochenmark. Das Quecksilber spielt auch eine vorbeugende Rolle gegen böse Geister, Verwünschungen oder Flüche, die über uns verhängt werden könnten. Es wirkt auch sehr günstig bei der Behandlung von Strahlenschäden, eine Frage, auf die ich an einer späteren Stelle dieses Berichts noch eingehen werde. Wir verwenden es in Juwelenpillen wie der *Rinchen Dangjor Rilnag Chenmo*, der »Großen zusammengesetzten schwarzen und kalten Juwelenpille«, der *Rinchen Tso-Tru Dhashel*, dem »Kostbaren geläuterten Mondkristall« und der *Rinchen Ratna Samphel*, dem »Kostbaren, wunscherfüllenden Juwel«.

Man muß auch wissen, daß Arzneimittel auf der Basis von Quecksilber praktisch nicht verderben. An der Schule von Tse gab es *Tso-Tru* aus der Zeit des fünften Dalai Lama. Es stimmt, daß viele Medikamente ein Verfallsdatum haben, über das hinaus sie unwirksam, ja schädlich werden, doch diese Pillen verlieren nie ihre positiven Wirkungen.

Wenn man eine Behandlung mit Juwelenpillen[41] beginnt, ist es wichtig, eine Reihe von Hinweisen zu beachten: Vor dem Zubettgehen nimmt man die Pille aus ihrer Kapsel und zerdrückt sie; dann gibt man das Pulver in eine Tasse mit hei-

41 Mindestens zwei Tage nach der Einnahme des Medikaments Fleisch, Eier, Gemüse und rohes Obst, rohes Getreide, Knoblauch, gebratene, scharfe und saure Nahrungsmittel meiden. Alkohol ebenfalls meiden. Anstrengungen, Schlaf während des Tages, Geschlechtsverkehr und kalte Bäder meiden. Am selben Tag kein anderes Medikament einnehmen. Außer in Notfällen soll diese Juwelenpille an einem günstigen Tag wie bei Vollmond oder Neumond eingenommen werden.

ßem, abgekochtem Wasser; man deckt die Tasse mit einem sauberen Tuch zu und läßt die Arznei über Nacht stehen; am nächsten Tag bei Sonnenaufgang rührt man die Mixtur um und trinkt sie, wobei man eventuell das *Mantra* des Medizinbuddhas rezitiert; wenn die Mixtur aufgrund des Klimas zu kalt ist, kann man noch etwas warmes Wasser zugeben; nach Einnahme der Arznei sollte man eine Tasse heißes Wasser trinken und gut zugedeckt im warmen Bett bleiben, wenig unternehmen und ruhig bleiben.

Noch vor kurzem habe ich an einem Kolloquium in den Vereinigten Staaten teilgenommen. Um den Ärzten zu beweisen, daß das geläuterte Quecksilber, das wir in der tibetischen Medizin verwenden, nicht giftig ist, habe ich vor ihnen drei Gramm *Ngulchu Tso-Tru* geschluckt und sie gebeten, Analysen an mir vorzunehmen, was sie auch taten. Später teilten Fachleute mir mit, daß ich tatsächlich eine starke Konzentration von Quecksilber im Körper habe. Ich antwortete ihnen, daß ich trotzdem keinerlei Nebenwirkung spüre wie etwa eine Schwächung der Sinnesorgane oder irgendeine andere Störung, die mit der Einnahme von nichtentgiftetem Quecksilber zusammenhänge. Anschließend verteilte ich Pillen an alle Anwesenden. Ich denke, daß einige sie als exotischen Gegenstand aufgehoben haben, ein Souvenir von einem etwas sonderbaren Arzt.

9
Ihr Arzt, ihr Heilmittel und ihr Diener werden

Ich war *Menzin*, und ich hatte in meinem Meister Khyenrab Norbu die vertrauensvolle Unterstützung gefunden, die unverzichtbar ist, um den Weg der Medizin und der Spiritualität zu gehen. Er war gütig, voller Mitgefühl und unermüdlich in seiner Bereitschaft, sein Wissen und seine Weisheit mit seinen Schülern zu teilen. Niemals versuchte er, uns auszu-

nützen. Mein Vertrauen in ihn war im Laufe der Jahre meine Lebensgrundlage geworden. Gemäß den Anweisungen des Buddha forderte er uns auf, uns dem Meister und der Lehre gegenüber so zu verhalten:

> Vertraut nicht der Person, sondern seiner Lehre.
> Vertraut nicht den Worten, sondern dem Sinn.
> Vertraut nicht dem relativen Sinn, sondern dem letzten Sinn.
> Vertraut nicht dem gewöhnlichen Gewissen, sondern der höheren Weisheit.

Ich befolgte also weiter seine Lehren. Ich war mir auch der Bedeutung des *Dharma* in meinem Leben bewußt geworden. Als ich später im Gefängnis viele Leiden erdulden mußte, dachte ich oft über seine Ratschläge nach.

Ich hatte all meine Prüfungen über die drei ersten *Tantras* bestanden. Doch damit waren meine Studien noch nicht abgeschlossen. Ich war noch nicht als *Amchi* anerkannt. Nach dem *Gyüzhi* muß der ideale Arzt über sechs Eigenschaften verfügen: Er soll »klug sein«, das heißt die Medizintexte, Gesundheit, Krankheit und Tod kennen; er soll »reinen Geistes« sein, das heißt, den Wunsch haben, anderen zu helfen; er soll »Verpflichtungen eingegangen sein«, das heißt, den »ärztlichen Eid« abgelegt haben: sich verpflichten, die sechs Gebote ärztlicher Ethik zu achten; er soll »Geschicklichkeit zeigen« im Umgang mit Körper, Rede und Denken; er soll in seinem Tun »enthusiastisch sein«: die Tätigkeit des Helfens, der Behandlung von Kranken lieben, auch beständig und ausdauernd sein; und schließlich soll er »sich auskennen« im Leben, in weltlichen und in religiösen Dingen. Und dies sind die sechs Verpflichtungen eines Arztes und die sechs Gebote, die einzuhalten sind: Er muß in den Meistern den Buddha sehen; die Worte des Meisters und Lehrers achten, als seien es die Worte des Medizinbuddha; Achtung gegenüber den

Schriften empfinden; die Studierenden lieben und Zuneigung und Wohlwollen gegenüber den Schülern entwickeln; Patienten mit Mitgefühl betrachten, wie seine eigenen Söhne; »wie ein Schwein oder wie ein Hund« handeln, das heißt keinen Widerwillen gegenüber ekelerregenden Substanzen wie Ausscheidungen, Eiter, Urin, Stuhlgang und Blut empfinden.

In der Zwischenzeit hatte ich begonnen, am Mentsikhang Sprechstunden abzuhalten. Nach der Puls- und Urinuntersuchung mußte ich meine Diagnose stellen und sie dem Lehrer vorlegen. Wenn ich mich irrte, versetzte er mir einen heftigen Schlag auf den Kopf, und dies vor den Patienten, die im allgemeinen darüber lachten.

Bevor ich Sprechstunden abhielt, versäumte ich nie, mich an meine Verpflichtungen zu erinnern und mir die Gottheiten gewogen zu stimmen, um mich auf diese Weise gegen Widrigkeiten und mögliche Hindernisse zu schützen. So zum Beispiel mit dem *Anruf an die Gottheiten*:

> Gottheiten, Rishi[42],
> Handelt in Einklang mit Euren Worten,
> Bewahrt uns vor Störungen ...

Das bedeutet, daß sie uns bei unserem Tun unterstützen sollen. Wenn ein Mensch, ohne offensichtlichen Grund und ohne Böses getan zu haben, krank wird, kann man so die Gottheiten bitten, uns zu Hilfe zu kommen, und in diesem Fall wird die Hilfe wirksamer sein. Für einen Menschen mit zu negativen Verhaltensweisen würde es dagegen schwieriger sein.

Arztsein heißt für mich vor allem, den Lebewesen zu helfen. Im Sinne des *Gyüzhi* bedeutet das Wort *men* »wohltuend, Heilmittel«. Fügt man die Silbe *pa* hinzu, erhält man

42 Weise.

menpa, das heißt derjenige, der behandelt, das heißt der anderen hilft. Als *Menpa* kann man auch jeden bezeichnen, der sich für das Wohl anderer einsetzt, doch nicht notwendigerweise auf medizinischem Gebiet. Man kann dieses Wort auch für denjenigen verwenden, der Störungen behandelt. Das Wort *so* bedeutet »wiederherstellen« oder »heilen«. *Menpa* bezeichnet daher jemanden, der eine Krankheit durch Anwendung verschiedener Therapien behandeln oder heilen kann. Früher achtete man diese Heilverfahren, wie man eine väterliche Person achtete. Der Begriff des Heilverfahrens bezieht sich im allgemeinen auf verschiedene Techniken wie Aderlaß, *Moxibustion**, Chirurgie, Massagen oder Schwitzen ... Zum Beispiel läßt man jemanden, der Fieber hat, schwitzen, indem man ihn mit dicken Handtüchern zudeckt. Patienten, die an Schmerzen im oberen Rückenbereich leiden, läßt man Kaltwasserbehandlungen zukommen.

Man bezeichnet den *Menpa* auch als »*Lha-Je*«, ein Titel, der vor sehr langer Zeit von den Königen Tibets verliehen wurde. Entsprechend dem *Tantra*, in dem dies erläutert wird, muß auch der König den Arzt achten, und aus diesem Grund hat er ihm diesen Titel verliehen. Was das Wort *Amchi* angeht, das gewöhnlich von den Tibetern verwendet wird, so kommt es aus dem Mongolischen.

Die Texte weisen darauf hin, daß jemand, der anderen helfen und Medizin studieren möchte, so gut er es vermag die sechs Eigenschaften eines Arztes entwickeln soll.

Die erste – Klugheit und geistige Klarheit – ist sehr wichtig. Ich nehme das Beispiel des Mannes aus Hor im Nordosten Tibets, den ich im Gefängnis getroffen habe. Unsere Aufseher wollten unbedingt, daß wir den Dalai Lama aller nur möglichen Übel beschuldigten, was ich nie tat und was dieser Mann ebenso ablehnte. Er kam aus einer sehr armen Gegend und war im Gegensatz zu mir Seiner Heiligkeit nie begegnet. Die Chinesen hielten seine Haltung für völlig verrückt, ja selbstmörderisch. Doch dieser Mann sagte mir, daß

er nicht schlecht gegen unser Oberhaupt handeln könne, da dieser ihn nie verraten habe.

– Wenn ich sterben muß, dann mit klarem Geist und ohne den geringsten Fehler begangen zu haben.

Ich habe ihn nicht wiedergesehen. Wahrscheinlich wurde er hingerichtet. Aber seine Haltung beruhte auf der schlichten Achtung universeller Moral. Bei ihren Tischlerarbeiten pflegten die Leute von Hor zu singen:

> Zustimmen heißt einen Hut
> aus nassem Leder aufsetzen.
> Je mehr Zeit vergeht,
> desto mehr drückt der Hut auf den Kopf.

Der Arzt muß klug sein, denn er trägt große Verantwortung. Klugheit erlaubt zu unterscheiden, was angebracht ist und was nicht. Ein Weiser, ein Meister und viele andere Menschen sind ruhig und bescheiden. Das Gleichnis vom Kaninchen und vom Löwen lehrt uns, daß ein kümmerliches, schwächliches Kaninchen durch List mit einem starken Löwen fertig werden kann. Ebenso wird ein kluger Arzt durch sein Geschick eine Krankheit besiegen.

Ein *Amchi* muß in der Lage sein, besonders schwere Störungen zu behandeln. Dies ist im übrigen einer der Gründe, weshalb er nie den Mut verlieren darf, wenn ihm beim Studium der Texte Schwierigkeiten begegnen. Ist er klug, so wird es ihm gelingen, die Krankheit zu erkennen, ohne viele Fragen stellen zu müssen. Es ist etwa so wie bei den Leuten von Belpo in Nepal, die sich zur Eigenschaft einer Frucht allein aufgrund der Farbe äußern können. Sie brauchen die Frucht nicht zu essen, um zu wissen, ob sie süß oder sauer ist. Wenn sie rot ist, besitzt sie die Eigenschaften der Elemente Feuer und Wind, ist also sauer. Ist sie weiß, besitzt sie die Eigenschaften der Elemente Erde und Wasser, und ihr Geschmack wird süß sein. Sakya Pandita war ein großer tibe-

tischer Gelehrter (13. Jahrhundert). In einem seiner Sinnsprüche heißt es, daß, wenn Leute ohne Bildung über ein Thema diskutieren, dies nicht so viel Nutzen bringe wie eine Diskussion unter gebildeten Menschen: Eine Säule errichtet man nicht aus Stäbchen.

Das moralische Engagement des Arztes, *Damtsik*, erfordert die Einhaltung strenger Disziplin. Er muß den Patienten so betrachten, als handele es sich um einen Verwandten. Verstößt er gegen dieses Gebot, so entsteht unverzüglich ein Hindernis zwischen Arzt und Patient, und die Krankheit wird dann sehr viel schwieriger zu behandeln sein. Wenn er dieses Gebot nicht einhält, läuft er außerdem Gefahr, später in einer der niederen Welten wiedergeboren werden zu müssen – sei es im Höllenbereich, als Hungergeist oder als Tier. Daher die Notwendigkeit für einen Arzt, immer großes Mitgefühl für die Menschen zu empfinden, die er behandelt.

Kreativität ist eine weitere Eigenschaft. In der Tat muß der Arzt in seiner Suche nach einer geeigneten Behandlungsmethode für den Patienten sehr einfallsreich sein und dabei gleichzeitig genau die Gesetze des Körpers, der Rede und des Geistes beachten. Auch ist zu bedenken, worin eine Geste oder ein Wort andere beeinflussen kann. In jedem Fall sollte man sich bemühen, anderen nützlich zu sein. So verhält es sich auch mit den Gedanken, die ebenfalls Gutes für andere bewirken sollten. Auf diese Weise muß der Geist rein und untadelig sein, und der Arzt muß immer liebevoll handeln.

Das folgende Gebot besteht darin, enthusiastisch zu sein. Der Arzt muß seine Arbeit lieben, ob es nun zu seinem eigenen Nutzen oder zum Nutzen anderer ist. Des weiteren sind Vorsicht bei der Diagnose und Rücksichtnahme gegenüber den Patienten geboten. Der Arzt soll sich liebenswürdig zeigen und muß doch auch von äußerster Standhaftigkeit sein. Wenn die Patienten grob und aggressiv sind, muß er ihnen ruhig und gelassen entgegentreten, sonst besteht die Gefahr,

daß sich die Krankheit verschlimmert. Er muß sich also an jede Situation anpassen können. Ich persönlich glaube, daß ein Arzt durch Freundlichkeit und Güte den besten Einfluß auf den Kranken hat. Das hindert ihn nicht daran, gelegentlich streng und sogar hart zu sein, denn das Endziel ist die Heilung des Patienten. Schließlich ist wichtig, daß ein tibetischer Arzt die Lehren des Buddha anwendet.

Wenn man über diese sechs Eigenschaften verfügt, kann man ein guter Arzt werden. Erst dann kann man tatsächlich den Titel *Amchi* erlangen. Für diejenigen, die nicht über all diese Eigenschaften verfügen, ist entscheidend, daß sie den aufrichtigen Wunsch verspüren, den Lebewesen zu helfen und sich, so gut sie können, bemühen. Man könnte denjenigen, der diese letzte Eigenschaft nicht besitzt, als »kleinen« Arzt bezeichnen. Bei gleichen Kenntnissen wird derjenige, dessen Herz voller Güte ist, bessere Ergebnisse erzielen als derjenige, der sie nicht hat.

Ich meinerseits tue mein Bestes, damals und heute noch, um diese sechs Eigenschaften zu pflegen, was sich zugegebenermaßen als sehr schwierig erweist.

Ein gieriger und aggressiver Mensch, der sich darauf versteift, seine Gewohnheiten und seine Einstellung nicht zu ändern, wird auch sein Verhalten nicht ändern, selbst wenn man ihn darum bittet. Er ist gleichsam vom Staub der Unwissenheit bedeckt. Er empfindet keinerlei Mitgefühl. In diesem Leben kämpft er darum, persönliche Vorteile zu erringen, das Wohl der anderen ist ihm gleichgültig. Ein solcher Mensch kann nicht auf die richtige Weise Medizin studieren. Er kann nicht sehr viel Nutzen bringen und kein großes Potential entfalten. Deshalb wäre es besser, ihm diese Art von Kenntnissen nicht zu vermitteln, denn er würde weder seinen ärztlichen Eid noch die Unterweisungen seiner Lehrer respektieren. Er würde in späteren Leben in die Höllenwelten gelangen. Der Studierende, der Unterweisungen der Medizin wie die der *Vier Tantras* erhält, muß eine hohe Achtung

und Wertschätzung für seine Lehrer haben. Wer in der Lage ist, diese Verpflichtungen ohne Einschränkung umzusetzen, und diese Eigenschaften zur Vollendung gebracht hat, könnte, wenn es sein müßte, seinen Besitz aufgeben und notfalls sein Leben opfern. *Amchi* zu sein heißt auch, die Texte allen klar und verständlich erklären zu können, nicht faul zu sein und aus dem Geist des Mitgefühls heraus zu handeln, so wie ein *Bodhisattva*. Das erinnert mich daran, was Shantideva sagte, ein indischer buddhistischer Weiser des siebten und achten Jahrhunderts:

> Solange das Universum besteht,
> Solange es Wesen gibt,
> Möge auch ich solange bleiben können,
> Um das Leiden und das Elend der Welt zu lindern.
>
> Solange es leidende Wesen gibt,
> Und bis ihre Krankheiten geheilt sind,
> Möge ich, um ihnen zu helfen,
> Ihr Arzt, ihr Heilmittel und ihr Diener sein.

Ich weiß nicht, ob ich über alle Eigenschaften verfügte, die erforderlich sind, um Arzt im wahrsten Sinne des Wortes zu werden. Auf jeden Fall tat ich mein Bestes und versuchte anzuwenden, was mein Meister mich gelehrt hatte. Während meiner ersten Sprechstunden in Tibet sind mir kaum Patienten begegnet, die schwierig zu behandeln waren. Dennoch hatte ich manchmal Probleme mit Patienten, die an Depressionen litten. Ich erinnere mich an einen Mönch vom Kloster Samding, den ich mehrfach besuchen mußte. Er litt sehr und lag mit jedem im Streit. Niemandem war es gelungen, ihn von seinem schrecklichen Leiden zu befreien, und Khyenrab Norbu hatte mich gebeten, mich um ihn zu kümmern. Das erste Mal fand ich ihn auf dem Dach des Klosters sitzend. Auf meine ersten Worte reagierte er nicht. Ich forderte ihn

auf, mit mir einige Gebete zu verrichten, was er akzeptierte. Nachdem er Vertrauen gefaßt hatte, gestand er mir seine Absicht, Selbstmord zu begehen. Ungeachtet meiner zahlreichen Ermahnungen blieb er entschlossen, sein Vorhaben auszuführen. Bei meiner Rückkehr zum Mentsikhang berichtete ich all dies meinem Meister. Khyenrab Norbu riet mir, welche Arzneien ich ihm verschreiben sollte, und am nächsten Tag besuchte ich ihn wieder, wie auch an den folgenden Tagen.

Der arme Mann machte mir weiter große Probleme und Sorgen: Er weigerte sich, die Arzneien, die ich ihm mitgebracht hatte, zu nehmen ... und wollte sich nach wie vor im nahegelegenen See ertränken. Schließlich brachte ich ihn dazu, mich zum Mentsikhang zu begleiten, wo er auf meinen Meister traf, der ihm den Puls fühlte. Auf ein Zeichen hin packten ihn die Studenten und hielten ihn fest für die Zeit, in der *Moxibustionen* an seinem sechsten Wirbel[43] vorgenommen wurden, der als der »heimliche Punkt der Lebenskraft« gilt, aber auch an seinem siebten Wirbel und seiner Brust. Bei mentalen Störungen benutzte mein Meister erhitzte Nadeln aus Gold, Silber und anderen Metallen, deren Spitze mit einer besonderen Substanz überzogen war und die er dann auf Punkte wie diese setzte. Der Mönch verließ den Mentsikhang noch im Zustand der Erregung und ziemlich wütend. Ich besuchte ihn noch während der drei folgenden Tage. Obwohl sein Zustand unverändert blieb, wiederholte er unablässig:

– Ich bin noch kränker als vorher. Ich werde mich ertränken ...

Dennoch stellte ich nach einer Woche eine Besserung fest. Er lächelte und hatte an Agressivität verloren. Er hatte sogar ein gewisses Vertrauen ins Leben zurückgewonnen. Den Be-

43 Das tibetische System zählt die Wirbel vom vorspringendsten Wirbel am unteren Halsende an, der dem siebten Halswirbel des westlichen Systems entspricht.

weis dafür erhielt ich, als er mir gestand, daß er ans Ufer des Kyichu, der die Hauptstadt umfließt, gegangen war, in der Absicht, seinem Leben ein Ende zu setzen, daß er jedoch nicht den Mut gehabt habe, sich hineinzustürzen.

»Handele immer so, daß du Gutes tust.« Ich tat mein Möglichstes, um diese Maxime immer anzuwenden. Viele Jahre später, als ich mein Amt bei Seiner Heiligkeit dem XIV. Dalai Lama wiederaufgenommen hatte, mußte ich mich in die Gegend von Bylakuppe begeben – eines von sechsundfünfzig tibetischen Dörfern im Süden Indiens. Ich lernte hier eine Familie kennen, die eine Kuh im Wert von vier- bis fünftausend Rupien besaß. Diese Kuh litt an Husten. Trotz mehrerer Besuche in der Veterinärklinik und der Anwendung starker Mittel erklärten die Tierärzte sie schließlich für unheilbar. In den heiligen Texten steht geschrieben, daß man allen Lebewesen helfen muß. Die Kuh ist eines von ihnen, eines unter vielen anderen. Ich bat darum, sie ansehen zu dürfen, und verordnete ihr schließlich die Juwelenpille *Rinchen Ratna Samphel.* Sie wurde innerhalb von wenigen Tagen gesund.

Die Besitzerin der Kuh, eine alte Tibeterin, ging umher und verbreitete überall im Dorf, es gebe eine blaue Pille, mit der man Kühe behandele. Sie wußte natürlich nicht, daß es sich um eine Juwelenpille handelte. Und während meines Aufenthaltes in Bylakuppe kamen fortwährend arme Leute zu mir, die mich nicht um Medikamente für sich bitten wollten, sondern um »blaue Pillen für die Kühe«.

– Wer hat euch das denn alles erzählt? fragte ich sie. Ein Mann antwortete mir:

– Phuntsok dort unten, der Sie eine Kuh geheilt haben und die seitdem diese Pille um den Hals trägt.

In der benachbarten Flüchtlingsgemeinde in Kollegal traf ich andere Frauen, die mir bestätigten, daß sie nach meinem Besuch ihre Haustiere, vor allem ihre kranken Kühe, nicht mehr zum Tierarzt bringen mußten. Als ich sie nach den

Gründen für diese Entscheidung fragte, erzählten sie mir, daß sie ihnen, wenn sie Schnupfen hatten, ein tibetisches Antiseptikum und ein Mittel gegen Erkältung gäben.

– Damit spart man das Geld für den Tierarzt.

Ich warnte sie jedoch, daß sie ihren Tieren Medikamente nur in begrenzten Mengen verabreichen dürften; denn eine Überdosierung konnte tatsächlich gefährlich, sogar tödlich sein.

– Wenn ihr selbst eine Pille nehmt, dann könnt ihr euren Kühen oder Schafen, sagen wir, zwei, aber nicht mehr davon geben.

So ist ein Arzt es sich also schuldig, niemandem seine Hilfe zu verweigern.

Zweiter Teil:
1950-1975

10
Ich werde Lhamenpa

Wir schrieben das Jahr 1949, das Erde-Stier-Jahr unseres Kalenders. In Lhasa kursierten beunruhigende Gerüchte. Man erzählte sich, die chinesische Armee sei in tibetisches Territorium einmarschiert. Das war im Herbst. Peking, so hieß es, mache kein Hehl mehr aus seiner Absicht, »Tibet zu befreien«. Seine Truppen besetzten die Provinz Amdo, die die Chinesen heute Qinghai nennen. Dort hatten sie den zehnten Panchen Lama in ihre Gewalt gebracht, einen damals elf Jahre alten Jungen, der so gegen seinen Willen zu einer wertvollen politischen Geisel geworden war. Schon begrüßten einige Bewohner der Hauptstadt ohne Zögern »die große Weisheit und den Mut« eines gewissen Mao Tsetung, von dem ich, offen gestanden, niemals zuvor gehört hatte. Doch die Mehrheit der Tibeter war entschlossen, gegen jegliche fremde Einmischung zu kämpfen. Dieser mächtigen Armee konnten wir zwar höchstens achttausend Mann, etwa fünfzig Geschütze, zweihundertfünfzig Granatwerfer und zweihundert Maschinengewehre entgegensetzen, aber an Mut fehlte es uns nicht.

Angesichts der Gefahr, die immer unausweichlicher aus China drohte, beschloß der *Kashag*, dem vierzehnten Dalai Lama die Regierungsgeschäfte vorzeitig zu übertragen. Die Feierlichkeiten fanden am 17. November 1950 statt, im Eisen-Tiger-Jahr nach dem tibetischen Kalender. Tenzin Gyatso war damals fünfzehn Jahre alt. Seine erste politische Handlung bestand in der Ernennung zweier Premierminister: des Mönchs Lobsang Tashi und des Laien Lokhangwa. Da die kommunistische Gefahr immer deutlicher zutage trat,

rieten die beiden Männer *Kundun*, einen Teil des Schatzes – Goldstaub und Silberbarren – nach Sikkim bringen zu lassen. Neun lange Jahre sollte er in seinem Versteck bleiben. Der *Kashag* hatte unverzüglich eine Schlußfolgerung aus der Isolierung unseres Landes gezogen: Es galt, das Leben des Staatsoberhaupts zu schützen, zumal der Panchen Lama sich bereits in den Händen der Kommunisten befand. *Kundun* verließ die »Stadt der Götter« und fand Zuflucht in Yatung, dreihundert Kilometer südlich von Lhasa, an der Grenze zu Sikkim, wo er vorübergend seine Regierung installierte.

Kurze Zeit später erhielt er einen Bericht von Ngabo Ngawang Jigme, dem Gouverneur der Provinz Kham mit Sitz in Chamdo, der dazu riet, mit den Kommunisten zu verhandeln, um eine Invasion zu verhindern, die nur verheerende Folgen für Tibet haben konnte. Also begab sich eine Delegation nach Peking, wo am 29. April 1951, im Eisen-Hase-Jahr, die Gespräche aufgenommen wurden. Einige Tage später, am 23. Mai, unterzeichnete die Delegation unter Drohungen und Zwang das sogenannte »Siebzehn-Punkte-Abkommen«, dem die chinesische Führung ein gefälschtes Siegel der tibetischen Regierung aufdrückte. Dieses Abkommen lieferte Tibet völlig an China aus: Von nun an hörte unser Land auf, als unabhängige Nation zu existieren. Machtlos, ohne Verbündete, blieb uns nichts anderes übrig, als uns dem Diktat Pekings zu unterwerfen, obwohl sich die tibetische Regierung diesem gefälschten Dokument zunächst mit aller Kraft widersetzte.

Einige Monate später, eines Morgens, wurden die Einwohner Lhasas vom Stechschritt der Soldaten geweckt. Dreitausend Männer der 18. Armee zogen in die Hauptstadt ein. Das geschah am 9. September 1951. *Kundun* war in der Zwischenzeit in den Potala-Palast zurückgekehrt. Als ich an diesem Tag all die bis zu den Zähnen bewaffneten Soldaten sah, sagte ich mir, daß uns von nun an nichts Gutes bevorstand. Ich zog mich in den *Jokhang* zurück und rief Tara an:

Ehre sei Dir, die Du im Herzen einer brennenden
    Girlande residierst,
Wie das Feuer am Ende eines kosmischen Zeitalters.
Mit Deinem ausgestreckten rechten und Deinem
    angewinkelten linken Bein
Vernichtest Du
Das Heer der Feinde derer, die das Rad des Dharma
    in Bewegung halten wollen.

Zum ersten Mal dröhnte das Brummen der Flugzeuge über unseren Hochebenen. Die Lastwagen wirbelten riesige Staubwolken auf. Sofort wurde mit Bauarbeiten begonnen, insbesondere solchen, die für die Sicherung von Verkehrsverbindungen notwendig waren. Die Kommunisten, die sich in ihrem Feuereifer wie Missionare aufführten, sprachen ausgiebig mit der Bevölkerung, die beim Norbulingka versammelt war. Ihre Botschaft war simpel:

– Wir sind hier, um Tibet zu befreien und zu modernisieren.

Die Chinesen nahmen ein umfassendes Programm von Baumaßnahmen in Angriff. Sie verteilten auch eine Menge Geld. Ihre Münzen mußten an die dreiundzwanzig Gramm schwer sein, aber dieses Geld, das so großzügig an die Tibeter verschenkt wurde, stammte einzig und allein aus Plünderungen durch die kommunistische Armee in Xining oder anderswo. Tausende Tibeter kollaborierten damals mit den Besatzern. Manche, die plötzlich reich geworden waren, gingen sogar nach Indien, um dort Geschäfte zu machen.

Im Gefängnis, und noch viele Jahre später, habe ich oft über diese Zeit nachgedacht. Aus dem Silber, das die Chinesen verschenkten, stellten die Leute Schmuckstücke her, aber auch Ritualgegenstände, Gebetsmuscheln und große Hörner. Infolgedessen begegnete die Bevölkerung von Lhasa den Besatzern mit zunehmendem Wohlwollen. Niemand hatte jemals eine solche Menge von Geldstücken gesehen, und bei

vielen trübte der bloße Anblick jeglichen klaren Verstand. Manche mißtrauten allerdings dieser Großzügigkeit, dieser verdächtigen Freundlichkeit, vor allem, da sie von Bewaffneten kam. Das Mittel war geschickt und täuschte die Menschen. Über Lautsprecher erklangen Lieder auf der Straße; das war etwas völlig Neues. Alles schien so echt. Die Kommunisten behaupteten, sie würden nach Hause zurückkehren, sobald ihre Mission beendet sei. Wir glaubten ihnen. Wir waren leichtgläubig. Die Habsucht mancher Tibeter war so groß, daß sie darüber vergaßen, an die Folgen zu denken. Zwar bauten die Chinesen tatsächlich Schulen, Brücken, Krankenhäuser, Straßen, und der Lebensstandard in Tibet verbesserte sich in der Tat. Aber nur für ein paar Monate...

Fünfundzwanzigtausend chinesische Soldaten waren in Lhasa stationiert. Das Problem ihrer Versorgung war der erste Anlaß für einen offenen Konflikt zwischen der Besatzungsmacht und der tibetischen Regierung. Die Offiziere der Volksbefreiungsarmee forderten nämlich zwanzigtausend Tonnen Gerste. Der *Kashag* teilte mit, man verfüge nicht über eine so große Menge an Getreide in den staatlichen Reserven. Da nahm die Entwicklung eine dramatische Wendung. Inflation machte sich breit, die Vorräte gingen zur Neige, zum ersten Mal in unserer Geschichte wurden Lebensmittel knapp, und später (ab 1961) kam es gar zu einer Hungersnot. Die Bevölkerung, Laien und Mönche gleichermaßen, bekam die ersten Übergriffe zu spüren.

Wie realistische Beobachter zu Recht befürchtet hatten, wurden schon bald die neu erbauten Straßen von China nach Tibet zum einen genutzt, um noch mehr Soldaten und Kriegsmaschinerie ins Land zu bringen, und zum anderen, um das gesamte Holz unserer Wälder, unsere Mineralien und unsere Bodenschätze abzutransportieren, ganz zu schweigen von zahllosen religiösen Kunstwerken, die die Chinesen bei der Plünderung und Zerstörung unserer Klöster erbeutet hatten.

Am Ende des Eisen-Hase-Jahres und zu Beginn des Wasser-Drachen-Jahres (1952) hielt sich ein Teil der Familie *Kunduns* in Indien auf. *Amala*, die »Große Mutter« – so lautete der Ehrentitel der Mutter Seiner Heiligkeit[1] –, und der jüngste ihrer Söhne, Ngari Rinpoche, hatten in Kalimpong ein Haus bezogen, das Tsering Dolma, die ältere Schwester des Dalai Lama, angemietet hatte. Ein weiterer Sohn, Gyalo Thondup, und seine Frau waren ihnen gefolgt, und wenige Zeit später auch der älteste Sohn, Thubten Jigme Norbu, dem es gelungen war, aus dem großen Kloster von Kumbum in Amdo zu fliehen, das den Chinesen in die Hände gefallen war. Jetsun Pema, die jüngste Tochter, studierte an der katholischen Klosterschule von Loreto in Darjeeling. Ich kannte damals noch keinen von ihnen.

Während Seine Heiligkeit sich dem weit fortgeschrittenen Studium des *Dharma* widmete, gleichzeitig aber aufmerksam die Entwicklung in Tibet verfolgte, erfuhr er, daß seine Mutter schwer erkrankt war. Der Dalai Lama ließ seine Umgebung wissen, wie beunruhigt er sei. *Amala* hatte in Indien mehrere indische und westliche Ärzte konsultiert, ohne daß ihr Gesundheitszustand sich gebessert hatte, und nun verlangte sie nach der Anwesenheit eines tibetischen Arztes. *Kundun* bestellte sofort den Direktor des Mentsikhang zu sich und wies ihn an, seinen besten Arzt nach Kalimpong zu schicken. Khyenrab Norbu dachte an mich und teilte ihm seine Wahl mit. Ich war damals dreißig Jahre alt und hatte gerade erst meine Prüfungen bestanden. Die Abschlußprüfung

1 In diesem Fall handelt es sich um den Ehrentitel, mit dem die Mutter des vierzehnten Dalai Lama bezeichnet wird. Dekyi Tsering (1900-1981) wurde vom gesamten tibetischen Volk geliebt und verehrt. Sie floh 1959 mit Seiner Heiligkeit nach Indien und sah ihre Heimat niemals wieder. Später, im Exil, übertrugen die Kinder diesen Titel Jetsun Pema, der Präsidentin des Tibetischen Kinderdorfs (Tibetan Children's Village, TCV) in Dharamsala und jüngeren Schwester des Dalai Lama. Wegen ihres Einsatzes für die im Exil lebenden tibetischen Kinder bezeichnete die Versammlung der Abgeordneten des tibetischen Volkes Jetsun Pema sogar als *Mutter Tibets*.

hatte ich als Bester abgeschlossen. Traditionsgemäß konnte der Beste Leibarzt von Yeshi Norbu werden, wie Seine Heiligkeit sehr häufig in Tibet genannt wird. Der Zweitbeste wurde zum Arzt in einem wichtigen Bezirk ernannt, der Drittbeste konnte schon kaum noch Anspruch auf eine solche Ehre erheben. Vier Urkunden waren ausgefertigt worden: eine für den *Kashag*, eine weitere für den Mentsikhang, eine dritte für den Bezirk, dem ich angehörte, und die letzte für mich selbst. Khyenrab Norbu beglückwünschte mich zu meiner Beförderung und ließ mich wissen, daß er sich darüber freue.

Wenn mich so viel Vertrauen auch ehrte, so machte es mir doch auch große Angst. Immer wieder sagte ich mir: »Wenn die Behandlung Erfolg hat, wird man dich mit Lobreden überhäufen. Aber wenn nicht, was dann?« Bis zum Tag meiner Abreise verbrachte ich viel Zeit bei Khyenrab Norbu. Mein Lehrer überhäufte mich mit vielfältigen Ratschlägen und spornte mich durch sein Verhalten an, möglichst zuversichtlich zu sein.

Unserer Proviant und die Medikamente waren auf Maultiere geladen worden, und eine Eskorte sollte mich bis nach Kalimpong begleiten: eine insgesamt sechzehntägige Reise unter besonders erschwerten Bedingungen. Wichtige Personen, die zur Familie Yabshi – der Familie des Dalai Lama – gehörten, begleiteten mich. Da waren Namgyal, der Gutsverwalter, und Damdul, der Stallmeister, sowie zwei weitere Männer, an die ich mich nicht mehr genau erinnere, und die Diener.

Die Karawane verließ Lhasa bei Tagesanbruch und bewegte sich in Richtung Dongtse, das wir nach einem langen, einwöchigen Marsch erreichten. Dort suchten wir Chandzö Kala auf, den Schatzmeister der Familie Yabshi, der uns bereits erwartete, weil er sich ebenfalls nach Kalimpong begeben mußte. Bis Gyantse verlief alles wunderbar. Die Bevölkerung, die *Kundun* und seiner Familie den größten Respekt

entgegenbrachte, empfing uns mit großer Freundlichkeit und Aufmerksamkeit. Was mich betrifft, so umringten mich die Leute häufig, denn in ihren Augen hatte ich eine der ehrenvollsten Stellungen: *Amchi* bei *Amala*. Sie sahen in mir so etwas wie eine Gottheit. Da ich es gar nicht gewohnt war, daß mir so große Ehrerbietung zuteil wurde, war es mir etwas peinlich, und dies verstärkte meine Aufregung und meine Unsicherheit nur noch mehr.

Amala war in ganz Tibet bekannt für ihre Großzügigkeit, ihre Güte und ihr Mitgefühl: Das Volk verehrte sie wie eine Verkörperung Taras. Die Aussicht, daß ich in ein paar Tagen ihren leidenden Körper behandeln sollte, machte mir plötzlich bewußt, welche herausragende Verantwortung *Kundun* und Khyenrab Norbu mir übertragen hatten. Je weiter wir auf unserer Reise vorankamen, um so nervöser wurde ich bei dem Gedanken, eine solche Aufgabe zu übernehmen. Wußte ich genug? Besaß ich vor allem die sechs Eigenschaften, die notwendig sind, um ein guter Arzt zu sein? Ich war mir dessen nicht mehr so sicher.

Am Abend rief ich Tara an, doch sobald ich mich hinlegte, stürmte eine Menge Fragen auf mich ein. Meinen Geist derart überwältigen zu lassen, war wirklich nicht gesund, denn der Zweifel beschwört den Mißerfolg herauf. Er kann auf tausenderlei Weise in uns auftauchen. Die Gesellschaft schätzt aber keine Menschen, die von Natur aus zum Zweifeln neigen.

Eines Tages betrat Milarepa eine Grotte. Alles war dunkel um ihn herum, und diese Dunkelheit löste in ihm den seltsamen Gedanken aus, daß ein Dämon im Schatten versteckt sei. Der Legende nach entwich genau in diesem Augenblick tatsächlich ein Dämon aus der Finsternis. Neugierig geworden, fragte Milarepa ihn: »Woher kommt Ihr?« – »Ich bin aus dem Zweifel in Eurem Geist entstanden«, antwortete der Dämon.

Dem Zweifel nachzugeben, kann nämlich die Dämonen in uns wachrufen und wirkt sich letztendlich negativ auf uns

aus. Die bewußt im Geiste herbeigeführte Selbstbefragung auf der Suche nach einer Lösung ist dagegen wohltuend. Ist man sich einer Sache nicht sicher, so kann man sich selbst prüfen, kurz bevor man die Entscheidung trifft.

Doch auch genaue Sachkenntnis, um einen wertvollen Gegenstand erfassen, identifizieren und benennen zu können, bedeutet nicht unbedingt, daß man ein kluger Mann ist. Erweist man sich jedoch als fähig, die Theorie in der Praxis anzuwenden, dann kann man als Gelehrter gelten. In einer medizinischen Abhandlung heißt es:

> Wer den Wert der Edelsteine erkennt,
> erkennt nicht notwendigerweise auch die Energiepunkte.

Sagen wir, theoretisches Wissen allein liegt auf halbem Weg zum Zweifel. Erst die Synthese aus den Ergebnissen der theoretischen Kenntnisse und der praktischen Beobachtungen wird ihn zerstreuen.

Als wir die Ebene von Phari erreichten, verschlechterte sich das Wetter. Ein Sturm kam auf, und wir kamen nur noch sehr langsam voran. Der Wind trieb schwere Sandwolken vor sich her. Die Pferde gerieten in Panik, aber die Führer gingen deshalb nicht langsamer. Wir schlugen eine andere Richtung ein und versuchten, einen Bogen um dieses Gebiet zu machen. Drei Tage lang hatten wir kein Lager aufschlagen können. Wir schliefen auf dem blanken Boden, aneinandergeschmiegt, eingerollt in unsere *Chuba* und eine Decke. Unser Gepäck diente als Schutzwall. Wir durften vor allem nicht die Pferde und Esel losbinden. Wir gaben uns gegenseitig Schutz. Unmöglich, Feuer zu machen, und die Nächte waren eisig. Die Wölfe heulten auf ihren Streifzügen über die Hochebene. Manchmal näherten sich uns Schneeleoparden, aber sobald sie uns witterten, suchten sie das Weite. Schließlich entkamen wir dem Sturm und legten eine lange Rast ein,

um uns den Sand aus den Kleidern zu schütteln, unsere Sachen zu trocknen, die Pferde und Esel zu putzen und endlich in Ruhe ein bißchen Tee zu trinken und ein wenig getrocknetes Yakfleisch zu essen.

Zwei Tage später durchquerten wir den Engpaß von Natula. Wir brauchten weitere zwei Tage, um endlich nach Sikkim zu gelangen, wo wir Pferde und Maultiere in sichere Obhut gaben. Schließlich erreichten wir Kalimpong; einen Teil der Strecke dorthin legten wir mit dem Wagen zurück, den anderen Teil mit dem Zug. Es war das erste Mal, daß ich ein solches Verkehrsmittel benutzte, ein »Roß auf Rädern«, das so ungestüm spuckte und schnaubte. Ich mußte laut lachen.

Wir waren im September 1952 aufgebrochen und sollten bis zum Beginn des kommenden Jahres in Kalimpong bleiben.

Amala wohnte im Pundah Cottage, einem Bungalow, den sie mit ihrer Familie teilte. Niederwerfungen, gegenseitiges Überreichen von *Khatas*, dann bat mich *Amala*, ihr die Lage in Lhasa ausführlich zu schildern. Ich bemühte mich, sie ihr in ein paar Worten zu erklären, und sagte ihr sogleich, wie ich sie untersuchen würde. Während ich ihren Puls fühlte, rezitierte sie das *Mantra Om Mani Padme Hum* und betete dabei eine alte *Mala*, eine Gebetskette, die sie noch aus Taktser, ihrem Heimatdorf in Amdo, besaß. Das Leiden war ernst. Ihr Gesicht war sehr blaß, und sie schien mir extrem schwach. Aber im Lauf der Tage schöpfte sie wieder Hoffnung. Ihr Zustand stabilisierte sich, und ich verschrieb ihr eine Pille namens *Pang-Gyen-15*. Morgens, mittags und abends untersuchte ich sie erneut. Ich verabreichte ihr ihre Medikamente und wandte *Moxibustionen* an.

Nach zwei Wochen endlich konnte ich eine Besserung ihres Gesundheitszustandes feststellen. Eines Morgens ließ sie mich ein bißchen früher als gewöhnlich rufen und sagte mir, sie fühle sich überhaupt nicht wohl. Ich fühlte ihren Puls,

konnte jedoch nichts Auffälliges feststellen. Ich wunderte mich, und sicherlich bemerkte sie einen Anflug von Besorgnis in meinem Blick. Innerlich muß sie sich schon jetzt darüber amüsiert haben. Ich nahm noch einmal ihre linke Hand, dann die rechte, ihr Puls war völlig normal. Ich sah ihr in die Augen. Plötzlich brach sie in schallendes Gelächter aus.

– Vielleicht habe ich gestern abend ganz einfach ein bißchen zuviel *Iha-Tse* genommen...

Und *Amala* lachte aus vollem Halse. Es gefiel ihr, sich über meine Verwirrung lustig zu machen, und sie wußte, daß ich den Dialekt der Provinz Amdo nicht verstand und daher die Bedeutung des Wortes *Iha-Tse* nicht kannte. Doch schließlich setzte sie meiner Besorgnis ein Ende und gestand mir, sie habe eine sehr scharfe Pfefferschote gegessen.

– Seien Sie beruhigt, *Amchila*, ich fühle mich viel besser. Ich wollte nur Ihre Kompetenz auf die Probe stellen und mir einen Spaß machen.

Dieses Mal mußten wir beide herzlich lachen.

Dieser Scherz brachte mich ihr sehr viel näher, und ich schätzte sie von Tag zu Tag mehr. Ich entdeckte in ihr eine sehr ehrliche, auch sehr fromme Frau. Abends, nach dem Essen, versäumten wir es niemals, Tara anzurufen, mit einem Gebet, das *Amala* besonders liebte:

> Ehre sei ihr, deren Diadem, der Mondsichel gleich,
> Und deren Juwelenschmuck funkeln.
> Amitabha, der auf Deinem vollen Haar sitzt,
> Verströmt ein nie versiegendes Licht.

Wenn sich *Amalas* Gesundheitszustand auch gebessert hatte, erholte sie sich dennoch nicht vollständig. Sie blieb sehr anfällig. Ich gab ihr daher regelmäßig *Rinchen Ratna Samphel*. Im Laufe der Wochen und Monate wurden wir die besten Freunde!

Amala, Tsering Dolma und ihr Mann zogen es vor, nach Tibet zurückzukehren, um Seine Heiligkeit bei der Wahrnehmung seiner neuen Aufgaben zu unterstützen. Bei unserer Rückkehr machte ich eine beunruhigende Feststellung. Die chinesische Propaganda hatte unser Volk mit voller Wucht erfaßt. In Lhasa gehörte es inzwischen zum guten Ton, rote Schals, das Emblem der Kommunisten, zu tragen. Auf der Straße stellten viele Tibeter chinesische Frisuren zur Schau. Sie hatten sich nicht gescheut, einige unserer Traditionen aufzugeben, und sich beispielsweise ihr schönes langes Haar abgeschnitten. Im Mentsikhang sprach es sich herum, daß ich *Amala* geheilt hatte. Auf ihre Bitte besuchte ich sie weiterhin jeden Tag. Wie lange war es her, daß man mich wie einen Trottel behandelt hatte!

Im Holz-Pferd-Jahr (1954) lud Peking Seine Heiligkeit den Dalai Lama ein. Seit mehreren Monaten schon betrieben die Chinesen in Tibet eine furchtbare Unterdrückungspolitik. Ihr Ziel war es, den Erfolg der diplomatischen Bemühungen, die *Kundun* und der *Kashag* unternommen hatten, um jeden Preis zu verhindern, vor allem, weil der Aufstand der Khampastämme[2] im Osten des Landes zu einer politischen und militärischen Einmischung der Vereinigten Staaten von Amerika zu führen drohte. Es war übrigens die Rede davon, daß der Dalai Lama sich nach Washington begeben solle, doch da einige seiner engsten Vertrauten ihm dringend davon abrieten, trat er diese Reise – leider – niemals an.

Gerüchte von einer bevorstehenden Abreise *Kunduns* nach China wurden laut. Die Bevölkerung von Lhasa bangte um seine Person und war einhellig gegen diese Reise. Während einer religiösen Feier im Norbulingka bemühte er sich nach Kräften, uns zu beruhigen, und versprach, spätestens im

2 Einwohner der großen östlichen Provinz Kham, die zu Beginn des 20. Jahrhunderts zweigeteilt wurde. Der Westen Khams blieb unter der Kontrolle von Lhasa; der Osten wurde der chinesischen Provinz Sichuan angegliedert. Der Aufstand der Khampas betraf beide Zonen.

nächsten Jahr wiederzukommen. Der Dalai Lama verließ Lhasa am 11. Juli 1954, eskortiert von chinesischen Truppen unter dem Kommando von General Zhang Jingwu. Weil man befürchtete, daß sich die Tibeter aus Kummer in den Fluß stürzen würden, durften sie die Ufer des Kyichu, den Seine Heiligkeit in einem aus Yakleder gefertigten Boot überqueren sollte, nicht betreten. Auf dieser langen Reise wurde der Dalai Lama von Thubten Lhündrub, einem seiner Leibärzte, begleitet, der kurz nach seiner Rückkehr nach Lhasa im Jahre 1955 starb.

In jenem Holz-Schaf-Jahr war China bereits absoluter Herrscher über Tibet. Die kommunistischen Machthaber hatten eine neue Verfassung verabschiedet und dazu ein »Vorbereitendes Komitee zur Errichtung der Autonomen Region Tibet« eingesetzt. Dieses Komitee sollte die Auflösung der tibetischen Verwaltung und ihre Übernahme durch die Zentralverwaltung der Volksrepublik China beschleunigen und anstelle unserer Regierung als zentrales Verwaltungsorgan von Tibet fungieren. Der Dalai Lama war zum Vorsitzenden des Komitees bestimmt worden, konnte dort jedoch niemals irgendwelchen Einfluß ausüben. Im Grunde war es reine Augenwischerei, die politische Linie wurde allein von der Kommunistischen Partei festgelegt. Den Aufstand der Khampas erwiderte Peking mit zahllosen Greueltaten. Kämpfe fanden statt in Lithang, Bathang, Derge, Chamdo und Kanze. Heftig widersetzten sich die Khampa-Reiter den Truppen, die immer weiter in unser Land strömten. 1956, im Feuer-Affe-Jahr, akzeptierten die Kommunisten auf Ersuchen des Dalai Lama einen Waffenstillstand, doch das war alles nur ein Trick, um ihre Truppen, die in den Bergen festsaßen, neu zu formieren. Fast unmittelbar danach gingen die Chinesen wieder zum Angriff auf unsere Städte und Klöster über.

Nach dem Tod des Arztes Seiner Heiligkeit mußte ein Nachfolger gefunden werden. Der *Kashag* bestellte sechs Studenten ein, die ihre Prüfung im Mentsikhang jeweils als Beste abgelegt hatten, und nun wurde unter ihnen ausgelost. Am Ende der Zeremonie verkündete er zwei Namen: den von Yonten Tharchin, der später in chinesischer Gefangenschaft starb, und meinen. Im Feuer-Affe-Jahr (1956), kurz bevor Seine Heiligkeit nach Indien ging, wurden wir offiziell zu *Lhamenpas* ernannt und schlossen uns zwei weiteren, sehr viel älteren Ärzten im Potala an, die ebenfalls dieses Amt bekleideten. Auch sie starben später beide im Gefängnis, und so bin ich heute der einzige Überlebende dieser vier Ärzte. Dieser Bericht ist auch als ehrendes Gedenken an sie zu verstehen.

Meine Ernennung zum Arzt des Dalai Lama war offiziell bestätigt, und so bat ich sogleich um eine Audienz. Seine Heiligkeit empfing mich im August im großen Saal im ersten Stockwerk des Norbulingka, seiner Sommerresidenz. Dieser Augenblick war für mich außerordentlich ergreifend. Damals war der Dalai Lama ein junger Mann von einundzwanzig Jahren, und schon lastete große Verantwortung auf seinen Schultern. Vom rein spirituellen Standpunkt aus gesehen war er unser »Beschützer« und unsere »Zuflucht«. Da ich ihm niemals zuvor begegnet war, war ich sehr bewegt. Aber ich empfand auch große Freude, ein tiefes Glücksgefühl, ein bißchen wie die alten Tibeter heute, wenn sie in Dharamsala ankommen. Alles, was sie dort begehren, ist, den Segen Seiner Heiligkeit zu empfangen, und wenn sie eine Audienz erhalten haben, ziehen sie von dannen, glücklich und zufrieden, auch bereit, diese Welt zu verlassen, wenn die Stunde dafür gekommen ist.

Nun stand ich also vor *Kundun*. Ich warf mich dreimal vor ihm nieder, bot ihm eine *Khata* dar. Seine Heiligkeit winkte mich heran und stellte mir einige Fragen:

– Aus welcher Gegend stammen Sie?

– Meine Familie stammt aus Nyemo.

– Aus welchem Kloster kommen Sie?

– Aus Chöde.

Der Dalai Lama musterte mich verschmitzt. Er trug eine starke Brille, die er bedachtsam die Nase hochschob. Plötzlich brach er in schallendes Gelächter aus, es war ein volles, lautes Lachen, das mich sofort an *Amala* erinnerte. Ich wagte nicht, ihm das zu sagen. Dann stellte er mir Fragen zu meiner Reise nach Kalimpong und über den Gesundheitszustand seiner Mutter, um die er sich große Sorgen machte. Er fragte mich, wo ich wohnte und ob ich im Norbulingka bleiben wolle. Da ich noch weitere Patienten behandeln mußte, war es eher ungünstig, dort zu wohnen. Als ich mich zurückzog, schlug das Herz mir bis zum Halse.

Ich fühle mich jetzt wirklich alt, aber ich habe die Freude erfahren, Seiner Heiligkeit dem Dalai Lama und seiner Familie zu dienen. Über die Vergänglichkeit unseres Glücks sagte Gyalwa Gendun Gyatso, der zweite Dalai Lama:

> Lauscht dem Lied eines glücklichen Mannes!
> Bald werden diese trügerischen Illusionen,
> Die all die Begebenheiten meines Lebens schufen,
> Von selbst vergehen.

Wie es die Tradition erforderte, ging ich sofort nach der Audienz zum *Changseshar*, der Residenz der Familie Yabshi, einem beeindruckenden majestätischen Haus mit etwa sechzig Zimmern und einem riesigen Garten. Ich verneigte mich vor *Amala* und bot ihr mit allen guten Wünschen den traditionellen Schal aus weißer Seide dar.

Am nächsten Tag sah ich den Dalai Lama im Rahmen meines Amtes wieder, das im wesentlichen darin bestand, daß ich seinen Puls fühlte und gegebenenfalls Medikamente für ihn zubereitete, wie ich es auch für andere Patienten tat. Damals war Seine Heiligkeit die meiste Zeit bei bester Gesundheit. Mit Ausnahme einiger Erkältungen, die ich behandeln mußte,

kann ich nicht sagen, daß er mir jemals große Sorgen bereitet hätte. Ich erinnere mich natürlich an das erste Mal, als ich seinen Puls fühlte. *Kundun* sah mich belustigt an und lachte. Er lachte die ganze Zeit während der Sprechstunde.

Ein paar Tage später freute sich *Kundun*, daß ich nun im *Changseshar* wohnte. Er sah für mich nur Vorteile darin. Meine Besuche bei ihm wurden häufiger, und er zeigte sich zusehends neugieriger. Er fragte mich über Krankheiten aus, und ich beantwortete seine Fragen so präzise wie möglich, was nicht immer leicht war. Über die Lage in unserem Land sprachen wir jedoch nie.

Im *Changseshar* bewohnte ich ein Zimmer im ersten Stock. Ein Diener bereitete meine Mahlzeiten zu. Es kam jedoch recht häufig vor, daß ich an einem Tisch mit der Familie Yabshi saß. *Amala* kochte selbst reichlich und lud alle ein, das Essen mit ihr zu teilen: den Haushofmeister, den Hausverwalter und die Angestellten. Das war sehr selten unter hochgestellten Tibetern, die für gewöhnlich nicht zögerten, ihr Anderssein zu betonen. Ngari Rinpoche, die dritte große Inkarnation in der Familie nach Thubten Jigme Norbu und Tenzin Gyatso, war noch ein junger Bursche. Er kam oft zu mir in meine Unterkunft und bat mich, ihm Geschichten von Aku Tempa zu erzählen, jene, mit denen mich mein Vater auf so wunderbare Weise zu unterhalten pflegte, wenn wir zusammen um die Feuerstelle saßen. Die Großmutter Seiner Heiligkeit lebte ebenfalls mit uns zusammen. Ich traf auch mehrere Male Heinrich Harrer, den späteren Autor von *Sieben Jahre in Tibet*. Er besuchte *Amala* und kümmerte sich bereitwillig um die Bäume im Garten. Er hatte unweit des Kyichu einen Kanal gebaut und einen Deich angelegt und an den Flußufern ein paar Sträucher gepflanzt.

Im Winter, wenn *Amala* oder die Großmutter sich erkälteten, bereitete ich Medikamente für sie zu und nahm mir etwas Zeit, mit ihnen über angenehme Dinge zu plaudern. *Amala* war jedoch sehr besorgt angesichts der Präsenz der

Chinesen in Tibet. Die Großmutter dagegen, die häufig unter Kopfschmerzen litt, schwieg manchmal einen ganzen Tag lang. Morgens betete sie bis elf Uhr. Um zwölf aß sie zu Mittag, dann stickte sie oder arbeitete ein wenig im Garten, bis etwa sechzehn Uhr. Dann ging sie wieder auf ihr Zimmer. So sah ich sie nur recht selten.

Zu jener Zeit erfuhr meine Familie, daß ich *Lhamenpa* geworden war. Wenn Händler aus Nyemo oder aus der Gegend von Chöde kamen, brachten sie mir daraufhin manchmal *Tsampa* von zu Hause mit.

Zu meiner noch ganz neuen Aufgabe möchte ich eine sprichwörtliche Redensart anführen:

> Laß dich nicht auf eine Handlung ein,
> ohne sie bedacht zu haben.
> Halte nicht an einer Handlung fest,
> die du nicht bedacht hast.

Die Großmutter des Dalai Lama erzählte häufig folgende Geschichte, und dabei hörte ich ihr aufmerksam zu: »Es war einmal eine Weberin, die während der Arbeit ihr Kind hütete. Irgendwann einmal mußte sie aus dem Haus. Eine Giftschlange nutzte ihre Abwesenheit und drang in das Zimmer ein. In der Wohnung war ein Hund; als er sah, daß das Reptil dem Kind gefährlich nahe kam, tötete er es und riß ihm mit einem wütenden Ruck seines Kiefers den Kopf ab. Dann lief er aus dem Zimmer, um sich in der Sommersonne zusammenzurollen. Als die Frau wiederkam und sah, wie ihr Hund sich die blutverschmierten Lefzen leckte, glaubte sie, er habe ihr Kind angegriffen, und fing an, ihn so brutal zu schlagen, daß das Tier starb. Sie rannte ins Haus und entdeckte dort die enthauptete Schlange und ihr Kind, das wohlauf war. Die Weberin weinte lange vor Gewissensbissen und bereute bitter, ihren Hund getötet zu haben, der ihrem Kind das Leben gerettet hatte.«

Noch im Feuer-Affe-Jahr (1956) lud der Maharadscha Kumur von Sikkim, Präsident der Buddhistischen Gesellschaft des indischen Subkontinents, den Dalai Lama und den Panchen Lama, dem ich noch niemals begegnet war, zu den Buddha-Jayanti-Feiern anläßlich des zweitausendfünfhundertsten Geburtstages des Buddha ein. Nach nicht enden wollenden Verhandlungen mit den Besatzungsbehörden erhielten *Kundun* und seine engsten Vertrauten schließlich die Erlaubnis, daran teilzunehmen. Das war im November. Seine Heiligkeit bat mich, in Lhasa zu bleiben, was ich auch tat. Ich nutzte die Gelegenheit, um mich ganz meinen Studien zu widmen.

11
Der Tag, der alles veränderte

1959, im Erde-Schwein-Jahr, wußte *Kundun* bereits, daß Tibet seinem Untergang entgegenging. Je mehr unser Oberhaupt über die Zukunft nachdachte, desto weniger Hoffnung hegte er, daß die Chinesen unser Land jemals verlassen würden. In seinem Gesicht konnte ich zuweilen unendliche Traurigkeit lesen. Aber darüber sprach er nicht mit mir. Er hatte auch seine Tutoren beruhigt, er würde zu seinen letzten Prüfungen während des *Mönlam*-Festes antreten.

In diesem Jahr drängte sich in Lhasa eine noch riesigere Menschenmenge als in den vorangegangenen Jahren. *Kundun* hatte sich in den Norbulingka, seine Sommerresidenz, begeben, die er dem Potala vorzog. Die Nachrichten, die er aus Amdo und Kham erhielt, waren erschütternd: Klöster waren zerstört, Mönche lebendig begraben worden, junge Mädchen hatte man zwangssterilisiert und Frauen zur Abtreibung gezwungen. Die Soldaten der Volksbefreiungsarmee ließen sich zu den schlimmsten Ausschreitungen hinreißen. In Lhasa kamen allerlei Gerüchte auf, die sich in Win-

deseile verbreiteten. Immer häufiger sprach man von einer möglichen Entführung unseres Oberhaupts durch die Kommunisten. Hier und da waren Plakate aufgehängt worden, die den Abzug der Chinesen forderten und das »Siebzehn-Punkte-Abkommen« anprangerten.

Am 5. März sandte der befehlshabende chinesische General von Lhasa zwei Kuriere zum Dalai Lama, die Seiner Heiligkeit eine Einladung überbringen sollten, eine Theateraufführung mit seiner Gegenwart zu beehren. In Wirklichkeit eine merkwürdige Aufforderung! In den Straßen der Hauptstadt wuchs die allgemeine Aufregung. Am nächsten Tag bestand Seine Heiligkeit Tenzin Gyatso mit Bravour seine Abschlußprüfung als Meister der Metaphysik. Doch die Menschenmenge strömte weiter zur Sommerresidenz. Sie wollte *Kundun* daran hindern, dieser von den Besatzern organisierten Aufführung beizuwohnen. All dies roch nach einer Falle.

Was die Tibeter noch nicht ahnten, war, warum Lhasa und Umgebung sich unterdessen in eine riesige Baustelle verwandelt hatten. In den Straßen, Parks und Gärten hatten die Chinesen Gräben ausgehoben, sie mit Sandsäcken befestigt und mit riesigen Holzblöcken getarnt, und die Stadt war von einer kampfbereiten Armee umlagert. Aber die Menschen hier hatten so viele seltsame Dinge gesehen, seit die Kommunisten die Stadt besetzt hielten, daß sie nicht übermäßig beunruhigt waren und all diese Vorbereitungsmaßnahmen nicht durchschauten.

Da die Behörden eine unmittelbare Reaktion von seiten der einheimischen Bevölkerung während der *Mönlam*-Feierlichkeiten befürchteten, hatten sie schwer bewaffnete Soldaten aufgestellt. Auf der anderen Seite des Kyichu-Flusses, zu der die Bevölkerung fortan keinen Zutritt mehr hatte, herrschte geschäftiges Treiben im Truppenlager, und von den umliegenden Bergen aus waren jetzt Kanonen und Geschütze auf den Potala, den Norbulingka und die neuralgi-

schen Punkte der Hauptstadt gerichtet. Vielleicht war das die Erklärung dafür, warum sich keine Chinesen im Stadtzentrum aufhielten?

Die Soldaten zwangen Tibeter, sich als Widerstandskämpfer der Khampas zu verkleiden, die als einzige noch bewaffneten Widerstand in den Bergen oberhalb der Hauptstadt leisteten, und nötigten sie, nachts in Wohnungen einzudringen und den Besitzern ihr Getreide und all ihren Besitz – Schmuck, Silber, Ritualgegenstände und anderes – zu stehlen. Frauen und junge Mädchen wurden dabei systematisch mißhandelt und sogar vergewaltigt. Zweck dieser barbarischen Akte war es, Unruhe in der Bevölkerung zu stiften und die Khampas in Mißkredit zu bringen.

Am Morgen des 10. März, als ich mich inmitten der Menge, nicht weit vom Norbulingka, befand, wurde ich Zeuge, wie Hunderte von Frauen in Drebulingka ihrer Wut Luft machten und Parolen skandierten: »Chinesen raus aus Tibet!«, »Gebt uns unsere Freiheit wieder!«, »Stoppt die Verschwörung gegen Gyalwa Rinpoche!« In diesem Augenblick war mir noch immer nicht klar, was sich da vor meinen Augen abspielte. Sicher war ich nicht der einzige, dem es so erging.

Von Minute zu Minute schwoll die Menschenmenge an. Die Frauen, immer zahlreicher, ließen noch immer ihrem Haß auf die Besatzer freien Lauf. Über Lautsprecher verbreiteten die Chinesen Warnungen und forderten die Bevölkerung auf, sich zu zerstreuen. Es herrschte völliges Durcheinander. Ich gestehe, daß ich Angst hatte.

Die Spannung stieg. Die Menschenmenge, die sich vor der Sommerresidenz des Dalai Lama drängte, wurde immer aggressiver. Ein tibetischer Minister, Tsewang Rigzin, von chinesischen Wachen begleitet, wollte gerade den Norbulingka betreten. Ihm blieb jedoch keine Zeit mehr, zur Tür zu gelangen. Die Leute, und auch die Eseltreiber, die da waren, wurden von Raserei ergriffen, die ersten Steine flogen, es ging das Gerücht: »Tsewang Rigzin ist ein Spion im Dienste der Chi-

nesen. Sie bezahlen ihn fürstlich.« Meines Wissens stand dieser Mann in ausgezeichneter Verbindung zu unserem Oberhaupt, aber wie sollte man das diesen entfesselten Leuten erklären? Ein Aufstand stand kurz bevor. Der Haß auf die Chinesen war so groß, daß, wenn jemand seinen Nachbarn als einen den Besatzern freundlich gesinnten Menschen bezeichnete, dieser auf der Stelle verprügelt wurde. Argwohn hatte sich eingeschlichen, bis hinein in den engsten Kreis um den Dalai Lama, seine Regierung und seine Berater.

Ein anderes Gerücht verdichtete sich. Seine Heiligkeit würde sich letztendlich doch am 10. März um zwölf Uhr mittags in Begleitung seines Kabinetts zu der von den Chinesen veranstalteten Aufführung begeben. Die Einwohner von Lhasa verstanden eine solche Entscheidung nicht. Zehntausend, zwanzigtausend, dreißigtausend Menschen, in einem nunmehr unkontrollierbaren Zustand der Erregung, beschlossen spontan, die Eingänge der Sommerresidenz zu belagern, um den Dalai Lama daran zu hindern, sich ins kommunistische Lager zu begeben. Andere Regierungsmitglieder, im Jeep und unter chinesischem Geleitschutz, wurden von der Menge angegriffen. Der Durchgang zum Norbulingka war nun völlig versperrt. Ein Mann erschien an der Tür des Haupteingangs und übermittelte eine Botschaft des *Kashag*, der alle inständig bat, sich zu beruhigen. Doch die tibetische Verwaltung selbst gab dem Druck der Besatzer nach, denn einige Minister waren tatsächlich Marionetten in deren Diensten.

An jenem Morgen konnte ich *Kundun* nicht meinen täglichen Besuch abstatten. Vor meinen Augen geschah ein weiterer sehr schlimmer Zwischenfall. Ein Mann, der wie ein Chinese gekleidet war, mit einer Pistole bewaffnet, fuhr auf einem Fahrrad in Richtung Norbulingka. Es handelte sich um Phagpalha Khenchung, der für seinen Umgang mit den Kommunisten bekannt war. Die Menge stürzte sich sogleich wütend auf ihn und steinigte ihn zu Tode.

Im Norbulingka fand eine Versammlung statt, an der Vertreter aller Klassen unserer Gesellschaft teilnahmen. Zweck jener Zusammenkunft war es, über die Bedingungen für Verhandlungen mit den Chinesen zu diskutieren. Sieben oder acht Gruppen konnten sich im Garten, am Eingang zum Shabten Khang, einem der größten Säle der Residenz, um den *Kashag* versammeln. Schließlich gelang es mir, zu ihnen durchzudringen. Wir debattierten lange, brachten all unsere Forderungen vor. Weil es unbedingt notwendig war zu wissen, wer loyal war und wer nicht, war der erste Vorschlag, die »Reisesser« von den »*Tsampa*-Essern« zu unterscheiden. Der zweite Punkt bezog sich auf die Maßnahmen, die ergriffen werden sollten, um unsere Probleme mit den Chinesen zu lösen: Wir waren uns alle einig, daß es unmöglich war, eine Schlacht zu liefern, so unbedeutend waren unsere Streitkräfte angesichts der Volksbefreiungsarmee, und wir wußten auch, daß die Anwendung von Gewalt Massaker unter der Bevölkerung auslösen würde. Gegen Mittag fand eine Pause statt, gegen fünfzehn Uhr wurden die Gespräche dann wieder aufgenommen. Dieses Mal fanden sie im Saal statt. Jeder äußerte noch einmal seine Meinung. Manche wollten kämpfen, andere verhandeln, aber all das schien so bedeutungslos angesichts des Aufmarsches der gegnerischen Kräfte. Unsere Naivität erreichte hier ihren Höhepunkt. Wir hatten nämlich keinerlei Vorschlag, den wir den chinesischen Behörden unterbreiten konnten. Und die Besatzer hatten nicht die friedliche Lösung gewählt. Man konnte sehen, wie einige Funktionäre für die Kommunisten Partei ergriffen. Sie hatten sich in den letzten Jahren bereits sehr bereichert, und ihr Verhalten war kaum verwunderlich. Es war ganz einfach beklagenswert und so feige ... Ein Vertreter von Ganden, ein gewisser Aga, mahnte zu äußerster Vorsicht. Als bedeutende Persönlichkeit des Klosters genoß er großen Einfluß in der tibetischen Gesellschaft, aber jeder kannte auch seine Untertänigkeit gegenüber den Chinesen, von denen er viel Geld erhalten

hatte. Er war nicht der einzige, der sich bei den Gesprächen so sehr zurückhielt. Ich habe es nicht gesehen, aber man erzählt sich sogar, ein gewisser Zhentsey, der während des gesamten Verlaufs der Debatten sehr schweigsam gewesen war, sei auf ein chinesisches Moped gestiegen und damit geflüchtet. All diese Personen waren nichts weiter als Marionetten: Unsere Besatzer hatten sie zu willfährigen Werkzeugen gemacht. Mit einer tibetischen Redensart würde man sagen, diese Leute »behielten ihren Magen drinnen, ihren Mund jedoch richteten sie nach draußen«. In meinen Augen waren sie Verräter.

Auch auf der Straße, während die Chinesen die Stadt mit Jeeps abfuhren und beschwichtigende Botschaften verbreiteten und den Einheimischen befahlen, nach Hause zu gehen, hatten sich Tibeter zum Sprachrohr der Kommunisten gemacht und drängten die Massen, sich auf keinerlei gewaltsamen Widerstand einzulassen. Auch all das war völlig sinnlos, denn inzwischen hatten die Truppen in den Gräben Stellung bezogen und ihre Waffen, Geschütze und Kanonen positioniert. Mehrere Tausend Soldaten umlagerten auf diese Weise die Stadt.

Kundun war ebenfalls gegen jegliche Gewalt. Am 10. März, gegen ein Uhr mittags, schickte er drei Minister zu General Tan Kuansen, um ihm die Lage zu erklären und ihm mitzuteilen, daß er seine Einladung ablehne. Am Nachmittag richtete Seine Heiligkeit eine eindringliche Botschaft an die Bevölkerung, bat sie inständig, sich nicht zu Gewalt hinreißen zu lassen, nicht auf Provokationen zu reagieren. Der Dalai Lama versprach, durch Verhandlungen alles zu tun, um das Problem der Besetzung unseres Landes zu lösen, und erinnerte daran, daß China und Tibet in der Vergangenheit mehrere Friedensverträge und Abkommen unterzeichnet hatten, die ihre jeweilige Souveränität anerkannten. Der erste Friedensvertrag stammte aus dem frühen neunten Jahrhundert. Drei Pfeiler waren damals errichtet worden: einer vor dem

Jokhang, der andere in Gungar Meru an der chinesisch-tibetischen Grenze, und der letzte in der damaligen chinesischen Hauptstadt Chang An (heute Xian). Im übrigen hatte der dreizehnte Dalai Lama 1913, nachdem er die chinesischen Nationalisten aus Lhasa vertrieben hatte, die Unabhängigkeit unseres Landes erneut bekräftigt: »Wir sind eine bescheidene, religiöse und unabhängige Nation«, hatte er erklärt.

Dieser 10. März, der später zu unserem nationalen Gedenktag wurde, war der Tag meiner letzten Begegnung mit *Kundun*. Für gewöhnlich debattierten wir im Laufe dieser für mich immer so besonderen einstündigen Versammlungen über Ernennungen, über den Verlauf von Audienzen und die gesellschaftliche und politische Lage des Landes. Heute hatten wir ganz andere Gesprächsthemen. In früheren Zeiten waren bei solchen Versammlungen dreißig bis dreihundert Personen zusammengekommen. Dieses Mal waren nur wenige um unser Oberhaupt versammelt. Als *Lhamenpa* nahm ich innerhalb des tibetischen Protokolls den fünften Rang ein, was mir eine gewisse Autorität verlieh.

Es steht außer Zweifel, daß Tibet ein unabhängiger Staat war, der seine eigenen Sitten, seine eigene Sprache, seine Literatur besaß. Wollen Sie ein kleines Beispiel dafür, was uns so deutlich von den chinesischen Kommunisten unterscheidet? Die Tibeter lieben es, recht auffällige Ohrringe zu tragen; kein Chinese dagegen käme auf die Idee, sich damit zu schmücken. Nein, es gab keinerlei Ähnlichkeit zwischen uns und ihnen; sogar unsere Währungen waren verschieden. Wir hatten unsere eigene Armee, unsere Flagge, und wir besaßen auch unsere eigene Schrift. Alles deutete darauf hin, daß Tibet eine freie und unabhängige Nation war, zumindest bis 1950.

Bald hörten wir die ersten Kanonenschläge über Lhasa.

Bei Einbruch der Nacht konnte ich zum *Changseshar* zurückkehren, wo ich die Großmutter des Dalai Lama und einige Mitglieder ihres Gefolges aufsuchte. *Amala* blieb im

Norbulingka bei Seiner Heiligkeit. Am nächsten Morgen erhielt ich eine Botschaft von ihm: einen Termin für den 14. März in der Sommerresidenz. Doch es sollte mir unmöglich sein, ihn wahrzunehmen.

Heute weiß ich, daß dieser Termin der Befehl war, den ich erwartete, um mich zum Norbulingka zu begeben. Bis zu diesem Tag durften wir nichts an unseren Gewohnheiten ändern, sonst hätten wir den Argwohn der Chinesen und ihrer Helfershelfer geweckt. Dies war einer der Gründe, warum ich bei der Großmutter, einigen ihrer engen Vertrauten und den Dienern im *Changseshar* blieb. Unser Plan war, daß wir nach dem 14. März versuchen mußten, Lhasa zu verlassen, um ins benachbarte Indien zu gelangen. Als *Lhamenpa* war mein Platz an der Seite Seiner Heiligkeit.

Doch in der Nacht vom 11. auf den 12. März wurde ich von Kanonenschlägen geweckt. Blitze zuckten über den Himmel. Man hörte Menschen schreien. Wir hatten Angst. Die chinesischen Soldaten waren in die Offensive gegangen. Ihre allerersten Ziele waren der Potala und der Norbulingka. Ich ergriff meine *Mala*, die Gebetskette, die Seine Heiligkeit gesegnet hatte, stürzte die Treppe hinunter, lief zum Zimmer der Großmutter *Kunduns*. Dort war niemand. Die Diener hatten sie in den Keller getragen, wo etwa zehn Personen, dann auch ich, sich zu ihr gesellten. Wir beteten alle dafür, der Dalai Lama möge unversehrt bleiben.

Niemand von uns hatte jemals eine Bombardierung erlebt. Ein Hügel versperrte uns den Blick auf den Rest der Stadt, so daß uns nicht recht klar werden konnte, was vor sich ging. Die Salven gingen wie Gewitterregen über dem Norbulingka, dem Potala und dem Chagpori nieder. Ich erinnere mich noch an unsere bedauernswerten Wachen in ihren leuchtend roten *Chubas* und mit ihren einfachen Gewehren oder Lanzen. Gleichsam lebende Zielscheiben für die chinesischen Soldaten in ihren sandfarbenen Tarnanzügen. Ich wagte mich in den Garten, kletterte auf die Mauer und sah

Männer, Frauen und Kinder, die auf der Flucht waren. Das Knattern der Gewehre übertönte ihr Weinen, ihre Schreie. Der Chagpori war zerstört. Häuser standen in Flammen. Natürlich hatte das Grauen bereits 1949 begonnen, als die Kommunisten unser Land besetzten. Dennoch hatten wir noch immer eine schwache Hoffnung gehegt. In dieser Nacht jedoch begriff ich, daß Tibet aufgehört hatte zu existieren. Ich mußte weinen. Ich rief Tara an, bevor ich wieder zu den anderen in den Keller ging:

> Ehre sei Dir, die Du
> Die versammelten Beschützer der Erde anzuziehen
> vermagst.
> Durch die Silbe Hum Deiner Zornesfalte
> Befreist Du restlos von aller Not.

Bei Tagesanbruch wurde der *Changseshar* ebenfalls bombardiert. Die erste Granate fiel in den Garten. Dann eine zweite, eine dritte – ein unaufhörlicher Regen von Geschossen ging auf uns und das Haus der Familie Yabshi nieder. Die Palisaden wurden eingerissen. Ich hörte Glasscheiben zerbersten. Fünfundzwanzig Mönchssoldaten sollten uns verteidigen. Sie wurden abgeschossen wie Hunde. Die Großmutter war in Tränen aufgelöst, sie murmelte: *Om Mani Padme Hum*. Ich ergriff ihre Hand und wiederholte das *Mantra* mehrmals mit ihr zusammen.

Ein paar schroffe Befehle, hysterische Schreie, Maschinengewehrsalven, immer wieder Schläge ... und plötzlich flog die Kellertür in tausend Stücke. Die kleinen Männer mit dem roten Stern erschienen, ganz jung noch, aber bis zu den Zähnen bewaffnet, mit grimmiger Miene und haßerfülltem Blick. Man befahl uns, die Arme hoch über den Kopf zu heben. Sie durchsuchten uns, zerschlugen alles, was man noch zerschlagen konnte, sahen nach, ob sich jemand versteckte. Die geringste Bewegung, und wir wären tot gewesen. Alle! Es

waren auch Kinder unter uns. Einige wurden verwundet. Die Soldaten richteten ihre Bajonette auf uns und stießen uns zum Ausgang. Ich stellte fest, daß der *Changseshar*, dieser wunderschöne Wohnsitz, zum großen Teil zerstört worden war.

Während man uns an Händen, Armen und Füßen fesselte, dachte ich voller Sorge an *Kundun*, *Amala*, Lobsang Samten und den Rest der Familie, die alle im Norbulingka eingeschlossen waren. Hatten sie fliehen können? Waren sie am Leben? Ich wußte es nicht.

Die Großmutter des Dalai Lama wurde aufgrund ihres hohen Alters freigelassen. Darüber war ich sehr erleichtert. Alle anderen Personen wurden im Gänsemarsch zum Haus der Familie Tsarong geführt, wo ich fast drei Wochen lang festgehalten werden sollte. Ich sah dort Einwohner von Lhasa und Shöl wieder, darunter viele junge Leute, die zu den Waffen gegriffen hatten. Männer, Frauen – Laien ebenso wie Mönche und Nonnen – wurden gebracht, immer zahlreicher; andere wurden abgeführt, und man sah sie nicht wieder. Hochrangige Persönlichkeiten der tibetischen Gesellschaft wurden freigelassen. Drei oder vier Jugendliche dagegen versuchten zu fliehen; sie wurden auf der Stelle erschossen, und ihre von Kugeln durchsiebten Leichen ließ man lange gut sichtbar für die anderen Gefangenen liegen. Jetzt legte man uns allen Handschellen an; sie trugen winzige Etiketten mit drei Buchstaben: »USA«. Wir waren in einem großen Saal eingesperrt; einmal am Tag brachte man uns eine Handvoll *Tsampa* und schwarzen Tee, wobei das Getreide aus dem Vorratskeller der Tsarongs entnommen wurde.

Am 14. März 1959, im Erde-Schwein-Jahr, wurde ich von den anderen getrennt und in einen anliegenden Raum gebracht. Von hier aus konnte ich erkennen, daß Hunderte von Gefangenen in den Gärten des Hauses zusammengepfercht worden waren. Auf den ersten Blick müssen wir drei- oder vierhundert gewesen sein. Einigen, wie auch mir, war es ge-

lungen, ihre *Mala* zu behalten. Sie beteten, schweigend. Alle glaubten wir, unsere Tage seien gezählt. Ich erinnere mich, Schwerverwundete gesehen zu haben, vor allem Männer, und Kinder, die wir in der Nacht vor Schmerzen stöhnen hörten. Manchmal drang ein herzzerreißender Schrei durch das Haus, dann war wieder Stille, erdrückend, unerträglich. Ein Mann, ein Kind, vielleicht ein Nachbar oder ein Freund, war soeben gestorben. Um uns herum wurden Tibeter ohnmächtig oder begannen plötzlich zu schreien. Dann gab man ihnen mit Knüppeln oder elektrischen Viehtreibstöcken den Rest.

Zwanzig Tage vergingen auf diese Weise, in denen wir uns viele Fragen stellten, ohne die geringste Antwort darauf zu wissen. Was konnte man mir vorwerfen, außer, daß ich Tibeter und der Arzt des Dalai Lama war? Es war offensichtlich, daß die Chinesen einen Verdacht gegen mich hegten, denn ich wurde in Einzelhaft gesteckt, bis ich eines Morgens zusammen mit einigen meiner Kameraden nach Chonjuk gebracht wurde, während andere zum Haus der Tarings geführt wurden. Chonjuk? Wie sicherlich die Mehrheit der Bevölkerung glaubten wir, es handele sich dabei um ein Truppenlager. Das war es vielleicht zu Beginn der militärischen Präsenz Chinas in Lhasa einmal gewesen. Tibeter hatten an seiner Errichtung mitgewirkt. Im Grunde hatten sie ihre eigenen Zuchthäuser gebaut. Chonjuk war ein riesiges rechteckiges, mit Stacheldraht eingefaßtes Gebäude: ein Gefängnis. Soldaten bewachten den Eingang, andere waren auf Wachttürmen postiert. Die Zellen konnten zehn bis zwanzig Häftlinge aufnehmen und lagen alle in einer Reihe. Ein Bach floß über den Hof. Man konnte die Wachen erkennen, die die Zimmer über dem Eingangstor bewohnten. Nur die Adligen waren abseits untergebracht.

Ich wurde in eine Zelle gestoßen, einen großen Raum, wo, um einen Mittelpfeiler herum sitzend, etwa zwanzig Tibeter mir panikerfüllte Blicke zuwarfen. Das einzige Fenster war mit Eisenstangen vergittert. Der Boden war mit Holz ver-

kleidet, die Decke mit fein gezeichneten tibetischen Motiven verziert.

Im Laufe des Vormittags erschien ein Soldat, wahrscheinlich ein Unteroffizier, in Begleitung eines tibetischen Dolmetschers. Er fragte, ob wir Familie in Lhasa hätten. Von einer Eskorte begleitet, durften einige nach Hause zurückkehren, um eine Decke und ein paar Kleidungsstücke zu holen. Familien erhielten auch die Erlaubnis, ihren Angehörigen das Notwendigste mitzubringen. Das war zu Beginn unserer Inhaftierung. Später wurden diese Dinge unmöglich. Als ich erklärte, daß ich im *Changseshar* wohnte, wurde der Ton des Chinesen schroffer:

– Du bleibst hier!

Eine Stunde später übergab man uns, mir und fünf meiner Kameraden, eine Baumwolldecke. So verging der erste Tag in Chonjuk, zwischen Zweifeln und endlosen Augenblicken voller Todesangst. Um neun Uhr abends wurden die Zellen vollkommen verriegelt, und man befahl uns, uns hinzulegen. In jener Nacht, aneinandergeschmiegt, die Angst im Nacken, konnten wir keinen Schlaf finden. Am nächsten Morgen, um sieben Uhr, wurden wir geweckt. Befehle gingen hin und her, die Türen wurden aufgesperrt. Man reichte uns eine halbe Schale schwarzen Tee und ein wenig *Tsampa*.

Um Punkt neun Uhr wurde unsere Tür brutal aufgestoßen. Der Mann vom Vortag erschien erneut, flankiert vom Übersetzer und einem weiteren Chinesen. Wir mußten uns in einer Ecke der Zelle hinsetzen, im Halbkreis und in mehreren Reihen.

– Wir werden heute mit der langen Arbeit der Umerziehung beginnen. Wenn man euch verhört, gebt klare Antworten. Wenn ihr lügt, werdet ihr bestraft.

Diese ersten Verhöre bezogen sich auf unser Leben, unsere Familie, unsere Beziehungen. Wir mußten eine Flut von Fragen über uns ergehen lassen, die wir manchmal absolut nicht beantworten konnten. Ich persönlich war nur ein einfacher

Arzt und wußte nichts über die Politik unserer Regierung. Das Verhör eines Gefangenen dauerte sechs bis sieben Stunden am Tag. Die ganze Zeit über mußte der Betreffende am Stützpfeiler in der Mitte des Raumes stehen. Seine Schicksalsgefährten nahmen an dem Verhör teil: Die Tibeter mußten sich nämlich gegenseitig aller erdenklicher Vergehen bezichtigen. Das nennen die Chinesen *Thamzing*.*

Schließlich kam die Reihe auch an mich. Meine Kindheit im Dorf und im Kloster von Chöde verriet zwar keinerlei politisches Engagement meinerseits, aber mein Name war aufgefallen, weil ich der Leibarzt des Dalai Lama war und weil ich im Haus der Familie Yabshi im *Changseshar* lebte. Die Fragen prasselten auf mich nieder.

– Tenzin Choedrak, was hast du im Norbulingka gemacht? Was hast du bei der Familie Yabshi gemacht? Was hat dir der Dalai Lama gesagt? Du bist ein Spion im Dienst unserer Feinde. Welche Beziehung hattest du zu diesem Halunken? Zu wem hast du sonst noch Kontakt?

Beharrlich erzählte ich ihnen immer wieder die einzigen Fakten, von denen ich wußte: Ich war Arzt, und meine Rolle bestand einzig und allein darin, mich um Kranke zu kümmern und sie zu behandeln, den Dalai Lama ebenso wie alle anderen Menschen.

Im Verlauf der stundenlangen Verhöre stieg die Anspannung. Jeden Tag mußten wir einen ununterbrochenen Sturm von Fragen über uns ergehen lassen. Und dann hatten unsere Gefängniswärter zwei oder drei »Präfekten« pro Zelle ernannt. Von nun an war es uns praktisch unmöglich, auch nur das geringste Wort zu wechseln, ohne daß es dem Offizier gemeldet worden wäre. Dadurch wurde die Stimmung unter den Gefangenen noch quälender, als sie es ohnehin schon war. Viele brachen unter dem Druck zusammen.

Bei meinem zweiten Verhör änderte sich das Verhalten meiner Kameraden mir gegenüber radikal. Der Übersetzer drängte sie, mich zu beschuldigen:

– Mit vierzehn warst du in Chöde, und du hattest Verbindungen zu so manchen Leuten. Wer sind sie? Worüber habt ihr gesprochen? Was drückte dein Gesicht aus? Was dachtest du? Deine Antworten genügen uns nicht. Du bist ein Spion. Und ihr, was sagt ihr dazu? Tenzin Choedrak ist ein Spion, nicht wahr?

Derart qequält und bedrängt, begannen meine Zellengenossen, mich zu denunzieren.

– Ich habe gelogen, gestand ein junger Tibeter. Tenzin Choedrak hat sich gegen das Mutterland verschworen.

Andere zeigten drohend mit dem Finger auf mich...

– Er ist ein Spion, ein Spion...

Mitten im Raum stehend, mußte ich ein weiteres Mal die Geschichte meines Lebens bis ins kleinste erzählen. Aber dieses Mal mit Selbstkritik. Das war furchtbar. Die Gefangenen um mich herum ereiferten sich. Ich spürte, daß sie zu allem bereit waren, um ihre Haut zu retten, und daß ich zum idealen Sündenbock geworden war. Der Übersetzer fragte:

– Warum hast du 1956 *Kundun* nicht nach Indien begleitet? Welche Befehle erhieltest du damals? Für wen hast du spioniert? Welche Kontakte hattest du zur tibetischen Widerstandsbewegung? Bist du von der Kuomintang[3] bezahlt worden? Wer hat dich in Spionage ausgebildet? War das 1952 in Kalkutta? Welche Verbindungen hast du zu Gyalo Thondup, dem Bruder des Dalai Lama, unterhalten?

Ich antwortete immer dasselbe: Ich war Arzt, ich hatte niemals spioniert, und 1952 war ich in Kalimpong gewesen, um *Amala* zu behandeln.

– Du bist der Hund dieses Abtrünnigen, des Dalai Lama, und seiner Regierung. Wenn du weiterhin leugnest, werden wir dich in Ketten legen müssen. Wenn du mithilfst, lassen wir dich frei.

3 Nationalchinesische Partei Chiang Kaischeks, die gegen die Kommunisten unter Mao Tsetung kämpfte und sich nach deren Sieg auf die Insel Taiwan zurückzog.

Mitinsassen meiner Zelle, besonders die »Präfekten«, erzählten unseren Gefängniswärtern, ich hätte Geld von der Kuomintang erhalten. In der Zelle gab es jetzt die Kollaborateure und die anderen. Ersteren wurden »verständnisvolle« Verhöre zuteil, letztere mußten harte *Thamzing*-Sitzungen über sich ergehen lassen. Ich wurde beschuldigt, täglich Seine Heiligkeit besucht zu haben, und da ich an fünfter Stelle des tibetischen Protokolls stand, mußte ich gezwungenermaßen wissen, was sich in Regierungskreisen tat. Sie wollten unbedingt hören, daß ich in höchste Staatsgeheimnisse eingeweiht war. Unser Oberhaupt galt fortan als Ursache allen Übels. Man beschuldigte ihn, das Volk zu bestehlen und das Ansehen der Tibeter in den Schmutz zu ziehen. Indes änderte ich kein Wort an meiner Aussage. Wie hätte ich auch Seine Heiligkeit den Dalai Lama verleumden können, unseren Beschützer und geistlichen Führer! Niemals hätte ich nachgegeben! Niemals hätte ich das gekonnt! Abends, in der Zelle, betete ich darum, der Tod möge mich sehr bald holen.

Während der Offizier mich mit Fragen quälte, trieb der Übersetzer die achtzehn anderen an, mich zum Antworten zu ermahnen. Sie beschuldigten mich, Propagandazeitungen verteilt und mich mit dem Dalai Lama gegen das Mutterland verschworen zu haben. Aber ich war ihnen deswegen nicht böse. Wie hätte ich sie auch verurteilen können? Hätten sie dieses grausame, schmutzige Spiel nicht mitgespielt, wäre ihnen mein Platz sicher gewesen.

– Da ihr die gleiche Kleidung tragt wie er, da ihr atmet und lebt wie er, sollt ihr auch sterben wie er!

So ließen sie sich immer hemmungsloser auf das Spiel ein: Sie erfanden sogar täglich neue Geschichten über mich. Aber mein schlimmstes Verbrechen war noch immer, daß ich an der Seite des Dalai Lama gestanden hatte. Und die Chinesen schrieben alles auf, ohne jemals auch nur die geringste Kleinigkeit auszulassen.

Jeden Morgen, gegen sieben Uhr dreißig, holte man uns aus der Zelle. Hintereinander aufgereiht, führten uns unsere Gefängniswärter aus dem Lager zum nahegelegenen Fluß, wo wir uns waschen und unsere Kleider säubern durften. Wie fern war die Zeit, als wir im Kyichu gebadet hatten, das Lachen der Kinder, Glück und Sorglosigkeit. Das war vor der Invasion, das war schon so lange her ...

Anfang April jedoch erreichte mich eine wunderbare Nachricht. Einer unserer Wärter hatte es sich wenige Schritte von mir entfernt bequem gemacht und hörte Rundfunknachrichten. Da erfuhr ich, daß *Kundun* am 30. März die indische Grenze überschritten hatte und daß er sogleich die Einsetzung einer Exilregierung verkündet und das 1951 unterzeichnete »Siebzehn-Punkte-Abkommen« für ungültig erklärt hatte. Ich wurde von unbändiger Freude ergriffen und hätte am liebsten meine wiedergefundene Hoffnung auf die Zukunft hinausgeschrien. Der Mann unmittelbar neben mir war ein Gefangener von sehr gutmütigem Aussehen. Ich tauchte mein Gesicht in meine mit Wasser gefüllten Hände und flüsterte ihm die freudige Nachricht zu. Diese Überschwenglichkeit sollte mein Untergang sein.

Drei Tage später veranstalteten die Chinesen eine große *Thamzing*-Versammlung, an der alle Gefangenen teilnehmen mußten. Drei schwere Maschinengewehre waren drohend auf uns gerichtet. Dumpfe Todesangst schnürte uns die Kehle zu. War das das Ende?

Ein Offizier ergriff das Wort:

– Unter euch gibt es Verräter an unserer Sache. Ihr habt unter dem Siegel der Verschwiegenheit das Gerücht verbreitet, der Dalai Lama, dieser Abtrünnige, dieser Wolf im Mönchsgewand, habe eine Exilregierung eingesetzt. Das ist ein schweres Vergehen. Dafür werdet ihr bezahlen müssen!

Alle sahen sich gegenseitig an, stellten sich Fragen, sahen die Schuld beim unmittelbaren Nachbarn, und wenn es der Freund von gestern, ein Vetter, ein Bruder war. Großes Ge-

schrei erhob sich. Der Offizier befahl Logyal, dem Oberkommandierenden der tibetischen Armee, vorzutreten. Die Selbstkritik konnte beginnen. Sie sollte furchtbar für ihn und einen gewissen Kelsang Ngawang werden. Es waren Tibeter, die auf die beiden Männer einprügelten, die in Handschellen auf einem Podest stehen mußten, damit jeder sie besser sehen konnte. Ihre Körper bluteten, verfärbten sich blau, schwollen an. Die Chinesen blieben unerbittlich. Manche Gefangene weigerten sich, den eigenen Landsleuten so zuzusetzen. Doch wenn sie nicht wie alle anderen über sie herfielen, wenn sie einen mitfühlenden Blick auf den Gefangenen warfen, der gerade zusammengeschlagen wurde, wenn sie sich ein bloßes Wimpernzucken erlaubten, mußten auch sie ein *Thamzing* über sich ergehen lassen. Und automatisch wurde das Opfer von allen anderen gemieden.

– Tenzin Choedrak...

Ich trat aus der Reihe, und nun verstand ich auch den Grund für diese Farce. Ich war von dem Mann am Fluß verraten worden. Der Offizier sah mich haßerfüllt an, während einer seiner Untergebenen das Verhör führte.

– Du bist derjenige, der dieses dumme Gerücht von einer Exilregierung verbreitet hat. Du hast gesagt, »so, wie sich die Erde langsam, aber unaufhörlich dreht, würde die Wahrheit in Tibet am Ende siegen«. Dummes Zeug, Tenzin Choedrak!

Wie alle, die ein *Thamzing* über sich ergehen lassen mußten, durfte ich den Blick nicht heben.

– Sieh dir diesen Mann an!

Ich hob den Kopf. Ja, er war es, der jetzt mit anklagendem Finger auf mich zeigte. Er erzählte bis in jede Einzelheit, was ich ihm damals in einem Augenblick der Freude anvertraut hatte. Die Gefangenen bezichtigten mich erneut aller erdenklichen Verfehlungen. Er dagegen forderte meine sofortige Hinrichtung als Verräter an Tibet.

– Er ist so verbohrt und konservativ, daß er nichts als den Tod verdient! waren seine letzten Worte.

An diesem Tag schlug mich niemand, aber man legte mir Ketten und eine siebeneinhalb Kilo schwere Eisenstange an, die mir bei der geringsten Bewegung furchtbare Schmerzen verursachte. Als die Versammlung beendet war, kehrten die Häftlinge in kleinen Gruppen jeweils zu siebt zurück in ihre Zellen. Einzig Logyal, Kelsang Ngawang und ich blieben auf dem Podest zurück. Tibeter warfen uns im Vorbeigehen böse Blicke zu. Es tat mir so weh, mit anzusehen, wie sie sich verhielten. Sicher hatten sie keine sehr profunde Kenntnis vom *Dharma*! Ich bedauerte sie mehr, als daß ich ihnen grollte.

Anschließend wurden wir in Einzelzellen geführt. Die Eisentür hatte eine Klappe, durch die man uns Wasser und Essen reichte. Meine Zelle befand sich direkt neben dem Küchentrakt.

Jeden zweiten oder dritten Tag kam ein Chinese in Begleitung eines Dolmetschers und fragte mich:

– Hast du nachgedacht? Erinnerst du dich an deine Taten? Hast du endlich das Gedächtnis wiedererlangt? Was denkst du jetzt? Gestehe, das wird besser für dich sein.

Jedesmal antwortete ich ihm:

– Ich habe nichts weiter zu sagen.

– Du strengst dich sehr an, Tenzin Choedrak, aber wir werden dich in die Knie zwingen. Wenn es sein muß, richten wir dich hin, denn du hast deine Landsleute getäuscht, wie eine Kuh ein Kalb täuschen kann, das sie mit Gras anlockt.

Ein, vielleicht zwei Monate, waren seit meiner Verhaftung vergangen. Ich wußte es nicht mehr genau. Zu dieser Zeit betrieben die Chinesen eine neue Variante ihrer Repressionspolitik. Sie bestand darin, ehemalige Regierungsmitglieder und andere Persönlichkeiten vor den Augen der einheimischen Bevölkerung als Diebe hinzustellen. Es gab ein Büro, das sich mit Diebstahlsangelegenheiten befaßte, und dieses Büro organisierte eine öffentliche Versammlung in Shöl, dem Viertel, das sich genau unterhalb des Potala befand. Ich könnte zahl-

reiche Fälle von Tibetern zitieren, die auf diese Weise vor den Augen ihrer Familie, ihrer Kinder und Freunde erniedrigt wurden. Das Schlimmste war, daß die Menge, vollkommen irregeführt durch das, was die Chinesen ihnen erzählten, selbst in die Falle tappte. So wurde beispielsweise Kunsang aus Chonjuk herausgeholt und in Ketten und unter Trommelschlägen im Takt seiner Schritte bis zu der Stelle geschleppt, wo das *Thamzing* stattfand.

Kunsang wurde von einigen Tibetern, die den Besatzern völlig ergeben waren, beschuldigt, sie bestohlen und verprügelt zu haben. Die Besatzer stachelten jene Männer und Frauen noch an und beglückwünschten sie zu ihrem Patriotismus. Am nächsten Tag wurde Kunsang erneut nach Shöl gebracht. In der Zwischenzeit hatten die Chinesen diese »Patrioten« angeleitet und ihnen genau erklärt, wie sie die Menge gegen den Gefangenen aufhetzen, wie sie ihn demütigen sollten. Man bot ihnen Geschenke dafür wie Silber, Teppiche, Kleider und verschiedene Gegenstände aus dem Besitz von Adligen, der beschlagnahmt worden war. Im Gefängnis jedoch riet man Kunsang dringend, den Beschuldigungen nicht zu widersprechen, besser noch, sie zu bestätigen. Stehend, reglos, mit gesenktem Kopf mußte er die schlimmsten Beschimpfungen ertragen.

– Dieb! Räuber! schrie die Menge.

– Handlanger des Schurken Dalai Lama, schrie ein Chinese.

– Nieder mit ihm! Nieder mit ihm! skandierte die Menge.

Natürlich gab es in der Bevölkerung Leute, die sich nicht täuschen ließen. Manche kannten die Angeklagten, andere wußten um die Verlogenheit der Kommunisten. Aber der Ruf Seiner Heiligkeit war beschmutzt, und die Gefangenen, die dem Zorn der Roten völlig ausgeliefert waren, kehrten mit Wunden gezeichnet zurück. Mit blutendem Körper, gewiß, aber vor allem mit der Schande, noch am Leben zu sein, nachdem sie Seine Heiligkeit verleugnet hatten. Einige er-

hängten sich, andere versuchten zu fliehen, einzig mit dem Ziel, von einer Salve von Gewehrkugeln getroffen zu werden. Und während die Tibeter sich gegenseitig bezichtigten, warteten die Chinesen den günstigsten Augenblick ab, um einzugreifen. Was für eine Heuchelei!

– Rührt ihn nicht an! Das verlangt das Mutterland nicht von euch! Seid stolze Patrioten, aber greift nicht zur Gewalt gegen diese Hunde.

Ich blieb vier Wochen lang in Einzelhaft. In den letzten Tagen legte man Logyal mit mir zusammen. Abends rezitierten wir *Mantras*. In sehr seltenen Augenblicken konnten wir ein paar Worte des Beistands wechseln, und ich erinnere mich vor allem an die Güte dieses Mannes und an seine Loyalität gegenüber unserem Oberhaupt.

Gelegentlich sprachen wir über unsere Landsleute und über den Aufruhr, in den unser Land hineingezogen wurde. Die Chinesen brachten Propagandazeitungen heraus, die sie uns zwangen zu lesen, um unsere »Umerziehung« voranzutreiben. Ich hatte sehr finstere Gedanken. In der Stille der Nacht, aufgewühlt durch das Stöhnen der Verwundeten oder die Schreie derer, die geschlagen wurden, dachte ich an die Ausschreitungen der Soldaten der Volksbefreiungsarmee. Ich versuchte, das Verhalten unser Gefängniswärter, wie auch das einiger Gefangener zu verstehen. All das machte mich noch mutloser. Da ich aber wußte, daß *Kundun* unversehrt in Indien war, hoffte ich trotz allem, daß die Wahrheit am Ende siegen würde. Andernfalls, war es dann nicht besser, wenn der Tod mich holte? Im Laufe einer dieser Nächte schwor ich mir, niemals das Ansehen des Dalai Lama und seiner Familie in den Schmutz zu ziehen, auch wenn ich Gefahr lief, dafür mit dem Leben zu bezahlen. Die Chinesen fügten mir furchtbare Leiden zu, aber ich hatte beschlossen, ihnen niemals die Genugtuung zu gönnen, daß ich aufgab.

Unser Zellennachbar hieß Tsarong. Er konnte die seelische

und körperliche Folter, mit denen man ihn quälte, nicht ertragen und beging Selbstmord. Wie könnte ich ihn dafür verurteilen? Er war nicht der einzige in Chonjuk, der sich das Leben nahm, obwohl wir Buddhisten gegen solche Extreme sind. Tausende unseliger Gedanken schossen mir durch den Kopf, und trotz allem gelang es mir, sie durch Beten zur Ruhe zu bringen.

Es war mir, wie gesagt, gelungen, meine *Mala* zu behalten. Sie war damals mein kostbarstes Gut. Als einzige geistige Wegzehrung verfügte ich also über diese Gebetskette und über die Kenntnis der Medizin, in der mich Khyenrab Norbu unterrichtet hatte. Andere Tibeter besaßen Land, Silber, manche auch viel Gold. Um mir alles zu nehmen, was ich besaß, mußte man mich töten; sie dagegen brauchte man nur auszurauben. So geschah es auch. Ich erinnere mich, daß die reichen Familien aus Lhasa und Umgebung einen Großteil ihres Besitzes zum Potala und zum Kloster von Drepung gebracht hatten, die als sichere Orte galten, wenn Gefahr über dem Land oder der Region schwebte. Sofort nach der Flucht des Dalai Lama nahmen die Chinesen den Palast ein und machten die Klöster dem Erdboden gleich. Dabei konfiszierten sie vor allem die heiligen Texte, aber auch das gesamte Gold und Silber der Adligen. Es wurde umgehend nach China gebracht, auf den Straßen, die wir in Zwangsarbeit gebaut hatten. Im Gefängnis traf ich mehrere solcher Tibeter, denen man auf diese Weise ihre Ländereien, die im Namen der kommunistischen Doktrin ans Volk verteilt worden waren, und ihren wertvollsten Besitz weggenommen hatte. Ich erwähne nur zwei Beispiele. Eine Familie hatte all ihr Gold in einer abgenutzten Dose versteckt, und, um eventuell umherstreunende Diebe zu täuschen, ganz bewußt nagelneue Dosen mit Kieselsteinen gefüllt. Das war ihr Unglück. Bei einer Durchsuchung fanden Soldaten mindestens vierzig Kilo Gold, das sie mit schallendem Gelächter davontrugen, während das Familienoberhaupt nach Chonjuk gebracht wurde.

Eine andere Familie war in gleicher Weise betroffen. Mit Hilfe von Detektoren fanden die Soldaten dieses Mal das unter dem Fußboden versteckte Gold. Das zeigt, wie naiv die Tibeter waren und wie sehr sie sich durch die hitzigen Reden der Kommunisten an der Nase herumführen ließen. Hatte unser Volk noch eine Schuld zu begleichen? Was für eine Schuld hatten wir denn bloß gegenüber den Chinesen?

In der Nacht widmeten Logyal und ich uns der Praxis des *Kyabdro*, der Zufluchtnahme zu den drei Juwelen: Buddha, *Dharma* und *Sangha*. Wir taten dies mit soviel Inbrunst, daß wir bald auf über hunderttausend Rezitationen kamen.

Eines Morgens öffnete ein chinesischer Offizier die Tür.

– Tenzin Choedrak, hast du nachgedacht? fragte er.

– Ich habe dem, was ich Ihnen schon gesagt habe, nichts hinzuzufügen, erwiderte ich müde.

Auf eine einfache Kopfbewegung des Offiziers ergriffen mich sechs Wachen und zerrten mich hinaus. Sie führten mich in die Gemeinschaftszelle, wo ich meine alten Kameraden wiedersah. Dreiundzwanzig waren es, sie saßen hinten im Raum, auf Baumwollmatten, und warteten sichtlich auf mich.

Der Offizier hielt sich abseits, der Übersetzer an seiner Seite, sowie ein Schreiber, der alles notieren sollte, was ich sagen würde. Nun begann eine alptraumhafte *Thamzing*-Sitzung. Ich stand aufrecht in der Mitte des Raums.

– Gestehe! Bist du dir im klaren darüber, was du tust? Gestehe! schrien sie.

– Ich habe es mir gut überlegt. Ich habe meinen Worten nichts hinzuzufügen. Ich bin kein Spion, ich habe niemals für die Kuomintang gearbeitet. Ich habe euch die Wahrheit gesagt. Ich habe mich immer bemüht, mich an den *Dharma* zu halten. Ihr beschuldigt mich, im Dienst des Dalai Lama zu stehen? Welches Verbrechen hat er denn begangen, daß ihr euch so verhaltet? Zu welchem Akt der Spionage habe ich mich hinreißen lassen?

Alle dreiundzwanzig Tibeter richteten sich geschlossen auf und drohten mir.

– Du bist konservativ und verbohrt. Wir gehören dank der Han-Chinesen dem großen Mutterland an. Du hingegen bist einer von denen, die sich lieber von einem Felsen stürzen.

Der Offizier riet mir erneut zu gestehen.

– Ich habe nichts weiter zu gestehen, denn ich habe die Wahrheit gesagt.

Er gab den Wachen ein Zeichen. Mit Hilfe eines starken Seils band man mich an einem Holzbrett fest. Als sie es spannten, drang es so tief in meine Haut, daß sie aufplatzte. Das Blut floß. Ich hatte furchtbare Schmerzen.

– Gestehe! hörte ich zum letzten Mal.

– Ich habe nichts zu gestehen, was ich euch nicht schon gesagt habe.

– Wir gehen mit der Geschichte. Du dagegen unterstützt die Reaktionäre. Du kannst nicht zwischen Gut und Böse, zwischen Guten und Bösen unterscheiden.

Es waren meine eigenen Landsleute, darunter auch einige, die ich behandelt hatte, die mir die ersten Schläge versetzten. Das ist unglaublich, nicht wahr? Und doch ... Die Chinesen hielten sich abseits und amüsierten sich über das Schauspiel.

Sie versetzten mir Faustschläge, Fußtritte mit der Spitze ihrer schmalen Gummischuhe, was den Schmerz noch verstärkte. Ich blutete stark. Sie schlugen mich, auf den Kopf, in den Leib, auf die Beine, hatten es auf die empfindlichsten Körperteile abgesehen. Meine Lippen platzten auf, und ich fühlte, daß meine Zähne sich lockerten. Ich vermag nicht zu sagen, wie lange dieses Massaker dauerte. Jedenfalls betete ich, bevor ich bewußtlos wurde, darum, von all meinen schlechten karmischen Prägungen gereinigt zu werden. Ihre Schreie verschwammen. Da schrieb einer von ihnen mit meinem eigenen Blut einen Brief, der meine Hinrichtung forderte.

Unter den dreiundzwanzig Gefangenen erinnere ich mich

an Tenzin Gyaltsen und Sonam, die beide gezwungen wurden, mich zu verprügeln, aber ich wußte sehr wohl, daß sie ihre Schläge mäßigten. Sie gehören zu den wenigen Zeugen, die erzählen können, was damals in Chonjuk geschah. Sie arbeiten heute an meiner Seite im Men-Tsee-Khang[4] in Dharamsala.

Dann war da nur noch das schwarze Loch. Man transportierte mich auf einer Bahre in die Einzelzelle. Logyal war nicht mehr da. Ich lag mehrere Tage in einem komaähnlichen Zustand. Als ich wieder zu mir kam, konnte ich weder die Augen öffnen noch ein einziges Wort aussprechen. Das Atmen bereitete mir große Schwierigkeiten. Mein Körper war mit Wunden und Prellungen übersät, mein Mund ein einziger Blutklumpen, auf dem sich die Fliegen niederließen. Die Wachen glaubten lange, ich würde sterben. Ich dachte es auch; gewissermaßen hoffte ich es sogar. Sie riefen einen Arzt, der mich untersuchte und ihnen sagte:

– Er hat nicht mehr lange zu leben. Ich kann nichts tun.

Ich hatte Durst, meine Kehle brannte. Mein Körper, meine Kleider verströmten einen ekelerregenden Geruch. Niemand wollte sich um mich kümmern, aus Angst, von den Chinesen bestraft zu werden. Die Offiziere hatten den Wachen Anweisung gegeben, wenn ich stürbe, solle dies den anderen Gefangenen angelastet werden, es dürfe nicht gesagt werden, daß ich gefoltert worden war.

Mein Gewissen befahl mir trotz allem, standzuhalten und so lange wie möglich zu kämpfen. Ich betete Tag und Nacht und wiederholte unermüdlich das *Kyabdro*. Um mich zu erinnern, wieviele Gebete ich rezitiert hatte, zog ich Fäden aus der Baumwollmatratze und machte einen Knoten pro Gebet.

Ich überlebte. Bis zum Ende meiner Inhaftierung in

4 Bekannt geworden unter dem Namen Tibetan Medical & Astro. Institute of His Holiness the Dalai Lama in Dharamsala, H.P., Nordindien, das Seine Heiligkeit der XIV. Dalai Lama 1961 in seinem Exil gründete.

Chonjuk blieb ich in völliger Einzelhaft. Über vier Monate war ich nun schon hier. Der Sommer 1959 neigte sich dem Ende zu.

12
In der Hölle der chinesischen Gefängnisse

Mein Aufenthalt in Chonjuk ging im Oktober 1959 zu Ende. Es wurde zusehends kälter, was unsere Haftbedingungen noch verschärfte. Die ganze Zeit während meiner Einzelhaft hatte ich vergeblich versucht, das Verhalten einiger meiner Landsleute zu verstehen, die zu allem bereit waren, um auch die kleinste Forderung der Besatzer zu erfüllen. Sicherlich hofften sie, dafür vom kommunistischen Regime belohnt zu werden. Das war jedoch nicht immer der Fall. Wenn ich auch ein gewaltloser buddhistischer Mönch bin, wenn ich auch solche Handlungen verurteile, kann ich gerade noch verstehen, daß Soldaten Befehlen gehorchen und schließlich auch Übergriffe gegen die Zivilbevölkerung begehen. Unendliche Traurigkeit empfinde ich jedoch gegenüber Tibetern, die ihre eigenen Landsleute zu Tode prügeln, zu dem einzigen Zweck, sich das Wohlwollen unserer Besatzer zu sichern. Auch wenn man zugeben muß, daß die Chinesen ihnen so manche Falle stellten, sie manipulierten oder sie unter Druck setzten, so legten manche doch mehr Eifer an den Tag, als notwendig gewesen wäre. Es gab noch eine andere Sorte Tibeter: diejenigen, die prochinesische Gefühle vortäuschten, um den Folterungen zu entgehen. Ihnen gegenüber empfinde ich keine Wut, und ich bete lieber für sie, damit sie auf den Weg des *Dharma* zurückfinden mögen.

In meiner Zelle war ich Tag und Nacht angekettet. Meine Matratze war verschlissen und mit meinem eigenen Blut verschmiert. An manchen Stellen hatte die Baumwolle harte, verschieden große Klumpen gebildet, die mir Schmerzen ver-

ursachten, wenn ich versuchte einzuschlafen. Im Sitzen erging es mir ebenso. Nachts wärmte ich mir die Füße, indem ich versuchte, sie aneinander zu reiben. Das war jedoch kein leichtes Unterfangen, da das Fußeisen mir die Knöchel einschnürte.

Manchmal fühlte ich mich so mutlos, daß ich jegliche Hoffnung verlor. Ich war vor allem tief traurig über das Leid, das unserem Volk angetan wurde. Seine Heiligkeit war nicht mehr da, und Tibet war in ein riesiges Lager des Grauens verwandelt worden, wo das Blut in Strömen floß. Ich hatte das Gefühl, daß mein Land wie ein Waisenkind war, das um seine verlorene Mutter weinte. Diebe waren in unsere Heimat eingedrungen, und nun spielten sie sich als unsere Herren auf, nachdem sie sich all seine Schätze angeeignet hatten. Das war in jeglicher Beziehung ein schmerzliches Schauspiel. Unter solchen Bedingungen waren die einzigen Nachrichten, die bis zu uns ins Gefängnis drangen, Lobgesänge auf das China Mao Tsetungs; die tibetische Gesellschaft stellte man uns als rückständig und feudalistisch hin. Sicherlich war sie in manchen Punkten erneuerungsbedürftig, aber unsere Regierung ging auf unsere Wünsche nach Modernisierung und nach einer grundlegenden Veränderung ein. Wir waren keineswegs auf China angewiesen, um Reformen in Angriff zu nehmen. *Kundun* hatte bereits vor der chinesischen Invasion damit begonnen, entsprechende Pläne auszuarbeiten. So traurig die Lage war, dachte ich doch, daß mit der Zeit das Übel, das uns zusetzte, ein Ende nehmen würde. Aber die Monate vergingen, und *Kundun* konnte nicht heimkehren.

Eines Morgens wurde ich in ein Zelt voller Offiziere geführt, die von bewaffneten Soldaten eskortiert wurden. Man stellte mich in die Mitte. Ein Chinese, wahrscheinlich derjenige mit dem höchsten Dienstgrad, sagte zu mir:

– Tenzin Choedrak, rede endlich! Sag uns, was du über die Politik deiner Regierung weißt.

– Ich habe bereits all Ihre Fragen beantwortet. Ich bin Arzt, und ich habe dem nichts hinzuzufügen, insistierte ich.

– Die Zeiten haben sich geändert, fuhr der Mann fort. Du mußt dich dem Mutterland anschließen. Tibet ist nunmehr Vergangenheit. Von jetzt an gehört euch mit uns gemeinsam die Zukunft, und dies wird zum Wohle des tibetischen Volkes sein.

– Ich kann meine Meinung nicht ändern, denn ich habe Ihnen die Wahrheit gesagt, entgegnete ich. Wenn ich das Gegenteil sagen würde, müßte ich lügen. Im übrigen bin ich Tibeter, nicht Chinese ...

– Tenzin Choedrak, du kannst noch immer nicht zwischen Gut und Böse unterscheiden.

– Wir haben nicht dieselbe Vorstellung von Gut und Böse.

Man schickte mich in die Einzelhaft zurück, aber dieses Mal wurde ich nicht geschlagen.

Ein paar Tage später wurden alle Gefangenen in die große Halle gebracht, wo die *Thamzing*-Sitzungen abgehalten wurden. Die Soldaten teilten uns in drei Gruppen ein: Die erste Gruppe umfaßte all diejenigen, die mit dem Leben unter der Bevormundung durch die Chinesen einverstanden waren; die zweite all diejenigen, die Gleichgültigkeit heuchelten oder stillschweigend die militärische Präsenz Chinas auf unserem Territorium duldeten; und schließlich die dritte Gruppe, in die ich eingeteilt wurde: Hier wurden alle zusammengefaßt, die der Sache Tibets und Seiner Heiligkeit dem Dalai Lama treu geblieben waren.

Ein Funktionär wandte sich an uns:

– Ihr werdet bald zur »Umerziehung« nach China geschickt. Euch steht eine lange Arbeit bevor, denn ihr habt einen unreifen Geist. Ihr – und er zeigte mit dem Finger auf die erste Gruppe –, ihr werdet am Bau eines Elektrizitätswerks arbeiten. Und ihr – dabei warf er einen verächtlichen Blick auf die zweite Gruppe –, ihr bleibt in Chonjuk, um eure »Umerziehung« abzuschließen.

Am 28. Oktober verließ ich Chonjuk und wurde zusammen mit zweiundsiebzig anderen Gefangenen ins Militärgefängnis des Norbulingka verlegt. Wir hatten keinerlei Gepäck und trugen nichts als unsere Lumpen am Leib. Verwandte erhielten die Erlaubnis, zu kommen und ein paar Minuten mit uns zu sprechen, sehen durften wir uns dabei jedoch nicht. So konnte ich mich immerhin mit meinen Angehörigen unterhalten. Überall um uns herum hörten wir nur Menschen weinen und stöhnen. Das war beklemmend und sehr schmerzlich. Sobald die Sprechzeit zu Ende war, kam eine Gruppe tibetischer Häftlinge auf uns zu, die unsere Sache verleugnet hatten und welche die Chinesen für die Drecksarbeiten benutzten. Wenn wir hartnäckig blieben, beleidigten sie uns und drohten uns mit dem Tod. Dieses Mal endete es damit, daß sie uns bespuckten und uns unter dem gleichgültigen Blick der Wachen auspeitschten.

Wir waren nicht sehr weit vom Potala entfernt. Vom Fenster unserer Zelle aus konnten wir ihn sogar sehen. Ob wir ihn eines Tages als freie Menschen wiedersehen würden? Als sich Stille über die Stadt legte, drängten wir uns dicht aneinander und verbrachten einen großen Teil der Nacht mit Beten. Irgendwann ging ein heftiges Gewitter auf die Hauptstadt und ihre Umgebung nieder. Heftig peitschte der Regen den Boden. Blitze zerrissen den Himmel, und der Palast des Dalai Lama tauchte aus dem Dunkel auf wie eine Vision der Hoffnung. Wir waren überzeugt, daß *Kundun* in ein, zwei, drei, höchstens fünf Jahren wieder in Lhasa sein und eine lange Zeit des Friedens mit unseren chinesischen Nachbarn folgen würde.

Die Sonne war gerade erst aufgegangen, als man uns auf zwei Lastwagen verfrachtete: fünfunddreißig Gefangene auf den einen, siebenunddreißig auf den anderen. Vier bewaffnete Soldaten bewachten uns. Neben jeden Fahrer setzte sich ein Offizier. Ein dritter Lastwagen, mit dem Proviant der Solda-

ten und den Zelten, sollte bis China vor uns herfahren. Auch Soldaten hatten sich dort postiert, und ein schweres Maschinengewehr blieb dauernd auf uns gerichtet. Zwei Tibeter dienten als Dolmetscher.

Befehle schossen hin und her. Die Lastwagen setzten sich in Bewegung. Das letzte, was ich von unserer Hauptstadt sah, war der Potala, eingerahmt von einem herrlichen zweifachen Regenbogen, der westlich der Berge entsprang und in den düsteren Wolken im Osten verschwand. Ein Gewitter kündigte sich an.

Die Fahrt bis zum Gefängnis von Jiuzhen sollte zwölf Tage dauern. Stehend, eng zusammengepfercht, von Kopf bis Fuß in Ketten, hatten wir keinerlei Möglichkeit, uns zu bewegen. Wir durften uns unter keinen Umständen fallen lassen: Es wäre unser sicherer Tod gewesen! Der Konvoi fuhr zunächst in Richtung Nagchu. Als wir Lhasa verließen, stieß ein anderes Fahrzeug zu uns, das Mönche aus Drepung, Ganden und Sera transportierte. Unter ihnen waren *Rinpoches*, die gerade erst sechzehn Jahre alt sein mochten. Gegen Mittag bekamen wir eine Handvoll Reis und schwarzen Tee. Am späten Nachmittag befahlen die Offiziere in einer völlig verlassenen Gegend, anzuhalten und die Zelte aufzuschlagen. In eines der Zelte sperrten sie uns ein. Ein starker Wind fegte über die Berge. Es war furchtbar kalt, und es begann, heftig zu schneien. Wir saßen alle dicht beieinander und rückten noch enger zusammen, aber trotz allem gelang es uns nicht, uns aufzuwärmen. Einige, von plötzlicher Panik ergriffen, fingen an zu weinen. Ihr Stöhnen erregte den Zorn der Soldaten. Vor lauter Angst machten einige junge Mönche in die Hose.

Unter derartigen Umständen konnte ich nicht einschlafen. Ich dachte an mein Land, das ich verlassen sollte. Einen Augenblick lang hatte ich auch Mitgefühl mit diesen jungen Chinesen, die sich draußen im Sturm regelmäßig abwechselten, um uns zu bewachen. Ich hätte mir gewünscht, mit ihnen

reden zu können, ihnen ein paar Worte sagen, von ihrem Land, von unserem Land sprechen zu können, ihnen von *Kundun* erzählen zu können, der in ihrem Alter war.

Ich erinnere mich auch an einen kranken Mann aus Amdo, der mehrere Male ohnmächtig wurde. Die Chinesen schenkten ihm keinerlei Beachtung, er mußte dieselbe Behandlung erdulden wie wir. Ein Leben mehr oder weniger, das war ihnen ziemlich gleichgültig. In der zweiten Nacht steckte man uns wieder ins Zelt. Wir waren in Amdo Töma. Am nächsten Morgen überquerten wir einen hohen Paß, über den wir nach To To Ga gelangten. Dort warfen die Wachen den kranken Mann vom Lastwagen und überließen ihn seinem Schicksal. Er war jung, und ich war überzeugt, daß er noch lebte. Ich flehte Tara an, sie möge ihn beschützen. Manchmal trafen wir auf Nomaden, es war uns jedoch nicht erlaubt, sie anzusehen. Wenn wir dennoch dabei überrascht wurden, versetzte man uns einen brutalen Stoß mit dem Gewehrkolben ins Kreuz.

Dann fuhren wir durch die Ebene von Golmud, wo eine Ziegenkarawane unseren Weg kreuzte, die von den hochgelegenen Salzseen zurückkehrte. In der Ferne konnten wir tibetische Gefangene in einem Steinbruch erkennen. Später erfuhr ich, daß China auch Erdöl in der Gegend förderte. Nach Golmud erreichten wir das Tsaidam-Becken. Überall war Salz: am Straßenrand, bei den Häusern, und nirgendwo Trinkwasser. Salz, Kälte, Schnee – doch am Ende dieser Fahrt, die noch drei Tage dauerte, erwartete uns die Hölle.

Jetzt waren wir in China. Die restliche Strecke bis Jiuzhen legten wir mit dem Zug zurück, eingesperrt in einen Güterwaggon. Die Chinesen hatten uns von den Mönchen aus Drepung getrennt, die zu einem anderen Bestimmungsort, einem anderen Lager fuhren. Wir waren alle am Ende unserer Kräfte. Und dennoch befand sich unter uns ein junger *Lama* aus Phangbo, der noch immer eine grenzenlose Naivität an den Tag legte. Ich glaube, die Chinesen hatten es bemerkt und ihm weisgemacht, er führe nach China, um dort zu stu-

dieren. Im Zug saß er neben mir und versicherte mir, er werde nicht nach Tibet zurückkehren, solange er sein Studium nicht beendet habe. Ich wagte nicht, ihn über das wahrscheinliche Schicksal aufzuklären, das uns am Ende dieser Eisenbahnfahrt bevorstand. Später, in Jiuzhen, neckten ihn einige:

– Na, bleibst du noch ein bißchen bei uns, um zu studieren?

Da wandte er sich ab, um seine Verlegenheit zu verbergen.

Eine sehr lange Nacht ging zu Ende. Der Zug fuhr weiter nach Peking, bis dort war es noch ein ganzer Tag. Für uns jedoch endete die Reise in den Vororten von Jiuzhen. Die Ladeklappe des Güterwagens sprang auf. In schroffem Befehlston wurden wir angewiesen, den Waggon zu verlassen. Lastwagen brachten uns ins Lager.

Jiuzhen war von riesigen Feldern umgeben, sie waren mit Stacheldraht vom Gefängnis abgegrenzt. Drei weitere Gefängnisse in der Umgebung waren ebenfalls diesem Lager zugeordnet. Der Haupteingang befand sich im Osten. Entlang der Mauer verlief eine erste Reihe von fünf Zellen links und rechts vom Tor. Zwischen zwei weiteren Reihen mit jeweils zehn Zellen, parallel zum Eingang, lag ein weitläufiger Gefängnishof. Hinten befand sich der Küchentrakt, und zu beiden Seiten Holzbaracken für die Abortgruben. Die Soldaten waren an verschiedenen Stellen im Lager postiert, sie bewohnten ein einstöckiges Gebäude außerhalb des Lagers. Jegliche Flucht von hier galt als unmöglich. In der Vergangenheit hatte es wohl einige Versuche von den Gruben aus gegeben, die auf die Rückseite des Lagers hinausgingen. Doch seitdem paßten die Wachen auf.

Jeweils fünf Gefangene waren in einer Zelle untergebracht, manchmal auch mehr. Die Überbelegung löste häufig furchtbare Schlägereien aus. Die Zellentüren waren aus massivem Holz, die »Betten« eine Mischung aus Stroh und Sägespänen.

Matratzen gab es nicht. Ersatzweise benutzten wir Stoffetzen. Jeder markierte sein Territorium, indem er Linien in den Boden ritzte. Wehe dem, der sie überschritt. Es gab jedoch auch Zellen, die bis zu fünfundzwanzig Gefangene aufnehmen konnten.

In Jiuzhen wurden etwa achthundert Häftlinge gefangengehalten, darunter auch chinesische Oppositionelle, ehemalige Angehörige der Kuomintang und Antikommunisten. Weitere Chinesen, solche katholischen und muslimischen Glaubens, saßen hier ein, weil sie das Verbot der Religionsausübung nicht eingehalten hatten. Es waren auch sieben Frauen da, die gemeinsam eine etwas abseits gelegene Zelle belegten. Dreihundert Tibeter, die meisten aus der Region Amdo, waren bereits vorher in dieses Lager gebracht worden. Bei unserer Ankunft gab es nur noch zwei von ihnen, die überlebt hatten. Alle anderen waren an Entkräftung oder an den Folgen der Folter gestorben. Aki Lama war ein junger *Tulku*. Als ich ihn zum ersten Mal sah, mochte er gerade achtzehn Jahre alt sein. Sein Schicksalsgefährte war ein Laie aus Amdo, etwa dreißig Jahre alt. Beide waren in einem bedauernswerten Zustand. Aki Lama konnte nur mit Mühe stehen.

Die Neuankömmlinge mußten sich im Hof versammeln. Der Lagerkommandant ließ die Lagerordnung verlesen. Die Wachen waren mehrheitlich Chinesen, aber es gab unter ihnen auch einige Tibeter, »bekehrte« ehemalige Gefangene oder Kollaborateure der ersten Stunde, die einen unerbittlichen Haß gegen uns hegten. Die zweiundsiebzig Gefangenen wurden in drei Gruppen eingeteilt und zu den Zellen geführt.

Erster Tag in Jiuzhen. Um sieben Uhr mußten wir aufstehen. Eine Stunde später erklärte uns ein Tibeter die Arbeit, die wir verrichten sollten. Die Wachen brüllten ihre Befehle in Lautsprecher, die man bis in jeden Winkel des Lagers hören konnte. Dabei stellte ich fest, daß die Kollaborateure un-

ter den Häftlingen eine spezielle Baracke bewohnten, die in der Nähe der Baracke ihrer Vorgesetzten lag.

Mit leerem Magen wurden wir zu einem weit entfernten Feld geführt. Dort mußten wir Säcke mit Sand füllen und sie an einen anderen Ort tragen, dreißig Säcke am Tag. Wer das Soll nicht erfüllte, erhielt automatisch keine Mahlzeit. Vom ersten Tag an bekamen einige meiner Kameraden, die die Fahrt von Lhasa nach Jiuzhen noch mehr geschwächt hatte, nichts zu essen. Die anderen erhielten ihre Portion Reis am Mittag. Wir durften uns auch eine Stunde ausruhen und schlafen, eine Gunst, die wir sehr schnell zu schätzen lernten. Danach ging es wieder aufs Feld, bis zum Abendessen, das um sechs Uhr abends ausgeteilt wurde.

Der Winter in Jiuzhen war furchtbar. Ein Wirbelwind fegte über die Ebene, und die Arbeit auf den Feldern wurde dadurch noch mühsamer. Es wurden Helme und Handschuhe verteilt, die wir mit Baumwolle ausstopften. Am Abend, in der Zelle, wickelten wir unsere Füße in schwarze Lumpen, die wir ebenfalls mit Baumwolle ausstopften.

Zu essen gab es so gut wie nichts. Unsere monatliche Ration bestand aus vier Kilo Reis und Trockengemüse, was nicht einmal die geringsten Nahrungsbedürfnisse befriedigen konnte, die ein Mensch haben kann. Wir hatten ständig Hunger. Ich persönlich war nicht bei guter Gesundheit, als ich in Jiuzhen ankam. Nach einigen Tagen Schwerstarbeit verlor ich noch mehr an Gewicht und war in kurzer Zeit bis auf die Knochen abgemagert. Trotzdem war ich nicht der Bedauernswerteste von allen. Chinesische und tibetische Gefangene befanden sich in der gleichen Lage. Wir gingen so langsam, daß wir mehrere Sekunden brauchten, um ein Bein zu heben; noch ein paar Sekunden länger, um einen Schritt zu tun. Um aufzustehen, mußten manche sich an der Wand festhalten. Niemand durfte ihnen helfen, und man verschwendete keinen Gedanken daran, sie ärztlich zu behandeln. Es gab zwar ein Gebäude, das sie Krankenhaus nann-

ten, aber das war nur eine Attrappe. Unser Leben in Jiuzhen war elend. Unsere Körper waren aufgequollen, wie aufgeblasene Schläuche, und unsere Haare fielen in Büscheln aus. Allen Gefangenen erging es so. Das weckte viele Fragen in mir. Ich stellte einige Vermutungen an, doch ich fand keine Bestätigung für den Verdacht, den ich hegte. Zumindest am Anfang. Sie so leiden zu sehen, verstärkte nur mein eigenes Leid.

Abends mußten wir regelmäßig eine ganz spezielle Versammlung zum Zweck der »Umerziehung« über uns ergehen lassen. Dabei warf man den hartnäckigsten Gefangenen vor, sie seien keine echten Patrioten und deshalb eine Schande für das Land. Erst bezichtigten uns die Gefängniswärter, dann mißhandelten sie uns wegen unserer Haltung in der Vergangenheit.

– Ihr seid Reaktionäre. Wir werden euch noch in die Knie zwingen: Entweder ihr sterbt, oder ihr gebt eure Verfehlungen zu.

Und sie schlugen uns, bis wir bluteten. Wer weiterhin Widerstand leistete, kam in Einzelhaft, eine Strafe, die wir alle fürchteten, denn dann bekamen wir überhaupt nichts zu essen und mußten die schlimmsten Beschimpfungen ertragen. Am Sonntag wurden uns die Grundlagen des Marxismus beigebracht. Zu diesem Zweck las ein Offizier aus Maos Schriften vor, als handelte es sich dabei um heilige Texte. Die Methoden, die in Jiuzhen angewandt wurden, ähnelten denen von Chonjuk, wie denen aller *Laogais* in China und Tibet. Aber im Gegensatz zu Chonjuk, auch wenn sie in Jiuzhen ebenfalls die Gefangenen gegeneinander aufhetzten, schreckten die Chinesen hier niemals davor zurück, uns auch eigenhändig zu schlagen und zu foltern. Sie bewiesen sogar soviel Erfahrung, daß sie es fertigbrachten, genau in dem Augenblick damit aufzuhören, bevor das Herz ihres Opfers versagte. Viel lieber richteten sie es durch Zwangsarbeit zugrunde.

Nach einigen Wochen Haft in Jiuzhen litten wir alle an Unterernährung. Viele von uns aßen alles mögliche, Leder, Baumwolle, Stücke unserer Kleider. Einige chinesische Gefangene gingen sogar so weit, in den Gruben nach Würmern zu suchen. Ein Diener der Familie Yabshi, der damals mit mir im Lager war, fand eine Jacke auf dem Boden. Er kochte sie und schlang sie hinunter. So etwas kam immer häufiger vor.

Wenn wir von den Feldern zurückkehrten, wurden wir systematisch verprügelt. Unsere tibetischen Gefängniswärter warfen uns unter anderem vor, daß wir nicht mit genügendem Einsatz für das Mutterland gearbeitet hätten. Und ihre chinesischen Komplizen beschuldigten uns der barbarischsten Handlungen; dabei begingen sie sie selbst:

– Ihr habt die Arbeitermassen unterdrückt, ihnen das Blut ausgesaugt und ihr Fleisch gegessen.

Dies stimmte weder im konkreten noch im übertragenen Sinne. Wir Tibeter haben niemals Fälle von Kannibalismus gekannt, ganz im Gegensatz zu China. In welchem Zustand wir auch sein mochten, die Wachen kümmerten sich nicht darum. Im Gegenteil, je schwächer wir wurden, desto mehr mißhandelten sie uns. Unser Leben verbrauchte sich zwischen Feldarbeit, Folter und Umerziehung.

Ein Mönch aus dem Norden Tibets, der im Gebetssaal seines Klosters von Soldaten dabei überrascht worden war, wie er die Gottheiten anrief, um sie sich gewogen zu stimmen, war vor langer Zeit festgenommen worden. Die Chinesen hatten ihm damals angeboten, in China zu arbeiten, was er mit Freuden akzeptierte. Er bedankte sich sogar bei den Soldaten, daß sie ihm einen so liebenswürdigen Vorschlag gemacht hätten. Einige Tage später fand sich dieser Mönch in Jiuzhen wieder. Nun war er voller Reue. Die Chinesen benutzten ihn als regelrechten Lastesel und zwangen ihn, die mühseligsten Arbeiten zu verrichten. Der arme Mönch, der mehrmals in der Woche gefoltert wurde, wurde zusehends schwächer und erlag bald den Folgen seiner Mißhandlungen.

Ich gehörte jetzt zu einer anderen Gruppe von Gefangenen. Jeder von uns bekam die Aufgabe, einen Morgen Land von Gestrüpp zu säubern und anschließend zu bestellen. Der Boden war gefroren, und wir mußten die Erde tief umgraben, damit wir Saatkörner hineinstreuen konnten. An unseren Händen klaffte das rohe Fleisch, unsere Füße waren völlig zerschunden. Die ältesten unter uns ertrugen dieses Leben nicht. Sie wurden sehr schnell krank und starben. Der Gesundheitszustand von Aki Lama verschlimmerte sich ebenfalls. Er nannte uns alle *»Aku«*, Onkel, und dann zeichnete sich ein leichtes Lächeln auf seinen Lippen ab, wenn wir ihm unauffällig dabei helfen konnten, in seine Zelle zurückzukehren. Ein Tibeter, der gemeinsame Sache mit den Chinesen machte, hatte sogar Mitleid mit ihm bekommen. Jeden Tag versuchte er, ihm ein bißchen Kraft zurückzugeben, indem er ihm mit Gemüsebrühe vermengtes Mehl in den Mund stopfte, doch es war bereits zu spät. Innerhalb kurzer Zeit holte Aki Lama der Tod.

Auf dem Feld fand ich wildwachsende Pflanzen, die medizinische Eigenschaften hatten. Ich verteilte sie an meine Kameraden. Aber ein Aufseher bemerkte es und drohte mir mit einem *Thamzing*.

Ein neues Jahr begann. Es war im Jahre 1960, im Eisen-Maus-Jahr, und die Chinesen wußten, daß wir gerne *Losar*, das tibetische Neujahr, gefeiert hätten. Zur Abendessenszeit gingen Offiziere durch die Zellen.

– Früher habt ihr euch vom Blut und vom Schweiß des tibetischen Volkes genährt. Trotz allem freuen sich die Kommunisten heute, euch als Zeichen ihrer Fürsorge dieses Öl zu schenken, damit ihr das neue Jahr feiern könnt. Wir hoffen, daß ihr eure Haltung zum Mutterland ändert und eure Fehler bekennt.

Die ausgehungerten Gefangenen verlangten nach etwas mehr Öl.

– Ihr seid zu Zeiten eurer Freiheit zu privilegiert gewesen. Ihr verdient es zwar nicht, aber ausnahmsweise ...

Der Mann goß noch ein wenig Öl in jeden Napf. Nur: Das Gemüse, das man uns zu der Handvoll Reis serviert hatte, war verdorben.

Am nächsten Morgen mußte einer unserer Kameraden, Lobsang Thondup, zusammen mit einer Gruppe von Gefangenen Mist holen und ihn auf den Feldern verteilen. Auch ich war bei dieser Plackerei dabei. Plötzlich winkte er mir.

– Sieh mal! Tote Ferkel, flüsterte er mir zu.

– Rühr sie nicht an. Du bekommst Schwierigkeiten, sagte ich zu ihm.

Lobsang Thondup hörte nicht auf mich. Er sammelte weiter Mist ein. Die Ferkel verströmten einen starken Pestgeruch, und eines wies eine breite Schnittwunde auf. Er zog ein Ferkel aus dem Erdloch und versteckte es.

– Tu das nicht. Du wirst krank und handelst dir ernsthafte Probleme ein.

Es gelang mir nicht, ihn zur Vernunft zu bringen.

– Ich muß unbedingt essen. Was auch immer geschieht, ich muß essen. Ich kann nicht mehr.

Als er sich anschickte, das Tier in seine Zelle zu schmuggeln, wurde er erwischt. Die Wachen konfiszierten den Kadaver, und Lobsang Thondup wurde die ganze Nacht verprügelt. Seine Schreie waren überall im Lager zu hören und gingen uns durch Mark und Bein. Am frühen Morgen brachte man ihn ins Krankenhaus, wo er den Folgen der erlittenen Mißhandlungen erlag.

Ich könnte noch viele Beispiele für die Unterernährung geben, die in Jiuzhen herrschte. Eines Tages bemerkte ein anderer meiner Kameraden, Nyepama Tenzin, daß die Chinesen Suppe auf dem Boden verschüttet hatten. Sie war bis zum Kanaldeckel geflossen, wo, vermischt mit der Suppe, jegliche Art von Abfall schwamm. Alle, die in die Küche gingen, waren hineingetreten. Entgegen meinem Rat stürzte sich Nye-

pama Tenzin auf die Stelle und füllte seinen Napf mit dieser furchtbaren Mixtur.

– Diese Suppe ist mit Maultierfleisch gekocht, sagte er zu mir mit bebender Stimme.

Wieder andere aßen Ratten, brieten sie auf einem bloßgelegten Stromkabel. Aber das war gar nichts im Vergleich zu dem, was uns noch bevorstand. Damals war die Hungersnot in China selbst so groß, daß Jugendliche zu allen erdenklichen extremen Handlungen getrieben wurden. Einer der Gefangenen im Lager hatte seine Mutter getötet, um ihr vier Kilo Reis zu stehlen, und war zu siebzehn Jahren Arbeitslager verurteilt worden; ein anderer hatte einen Säugling umgebracht, um sich von ihm zu ernähren. Wir hatten ihm den Spitznamen »Geier« gegeben, denn in Tibet überlassen wir die Leichen den Vögeln.

Der Frühling brachte uns endlich mildere Tage. Das heiterte mich auf, obwohl auch ich völlig entkräftet war. Um mich hinzulegen, machte ich es wie alle meine Kameraden. Zuerst legte ich den Kopf auf das Lager, dann ließ ich mich hingleiten, bis mein Körper vollkommen ausgestreckt war. Anderen gelang es nicht einmal mehr, den Kopf zu heben. Jede Bewegung tat mir weh, und heftige Schmerzen durchbohrten meinen Rücken. Vor dem Aufstehen graute mir ebenfalls, und ich brauchte eine Ewigkeit dazu. Ich klammerte mich an der Wand fest und richtete ganz allmählich meinen geschundenen Körper auf. Wir hatten nicht einmal mehr die nötige Energie, um unsere Ausscheidungen zu kontrollieren. Wir machten in die Hose. Anfänglich gelang es mir noch, meine Bedürfnisse in meinen Napf zu verrichten. Später konnte ich sie nicht einmal mehr zurückhalten.

In Jiuzhen glaubte ich oft, ich müsse sterben. Den meisten meiner Kameraden erging es so. Meine unmittelbaren Nachbarn in der Zelle hießen Kirey Choephel und Dodrung Tsewang Rabgyal. Eines Nachts, es war zwei Uhr in der Frühe, bemerkte ich, daß Choephel gestorben war. Wir beschlossen

sogleich, seinen Tod vor unseren Wächtern geheimzuhalten, bis wir seine Portion Suppe bekommen hätten. Gierig teilten wir uns seine Schale. An diesem Morgen hatte der Koch, ein starker und kräftiger Tibeter, ein bißchen Suppe in einer leeren Zelle versteckt. Ich bemerkte es, nahm die Suppe mit und teilte sie mit meinen Freunden. Als der Mann wiederkam, konnte er seine Wut nicht zurückhalten. Das war aber nicht weiter schlimm, denn ich fand, im Gegensatz zu uns allen konnte er sich bestens sattessen.

Choepels Leiche blieb an diesem Morgen noch eine Zeitlang in der Zelle, dann brachten wir sie zu der Stelle neben den Toiletten, wo alle Toten übereinandergestapelt lagen. Es kamen mehrere pro Tag hinzu, und die Gefangenen mußten sich abwechselnd um ihre Bestattung kümmern. Manchmal blieben die Leichen tagelang liegen, bevor sie aus dem Lager entfernt und auf ein speziell dafür vorgesehenes Feld gebracht wurden. Die Chinesen ließen den Namen des Toten an der Stelle anbringen, an der er begraben war.

Ich überlebte trotz allem, sicherlich ein wenig besser als die anderen, denn ich wußte die Hilfsmittel zu nutzen, die uns die Natur zu bieten hatte. Wenn ich welche fand, ernährte ich mich von Pflanzen und Wurzeln, aus denen ich eine Melasse herstellte, die ich, wann immer ich konnte, mit anderen teilte. Trinley Namgyal entging auf diese Weise dem sicheren Tod. Dank dieser Mixtur, die ich ihm einflößte, wurde sein Verstand wieder ein wenig klarer. Wir aßen auch eine Art Rettich, der *Tang* genannt wird.

Nach wie vor mußten wir abends lange »Umerziehungs«-Sitzungen über uns ergehen lassen. Noch immer mußten wir uns Passagen aus Mao Tsetungs Werken und später aus dem Roten Buch anhören. Regelmäßig sprachen die chinesischen Offiziere anhand vieler Beispiele über die verschiedenen Regierungsformen. Ihre hauptsächliche Zielscheibe: Amerikaner, Briten, Inder und Franzosen, die alle als Imperialisten

abqualifiziert wurden. Wir wußten, wenn wir gegen ihre Argumente protestierten, galten wir als Verräter und wurden beschuldigt, eine antikommunistische Propaganda im Lager zu verbreiten. Die Neuen tappten oft in die Falle. Wir dagegen hörten zu und stimmten allem zu, was sie uns erzählten.

Wir mußten auch eine *Thamzing*-Sitzung pro Woche über uns ergehen lassen, während der wir Selbstkritik üben sollten. Wer sich weigerte, sich vor den anderen zu erniedrigen, wurde beschuldigt, er wolle seine Verfehlungen vertuschen, und man steckte ihn in Einzelhaft, wo er die ganze Nacht gefoltert wurde. So erzählten wir schließlich unseren Peinigern alle möglichen Lügen, damit sie glaubten, die »Umerziehung« sei geglückt.

1961, im Eisen-Stier-Jahr, kam häufig eine Chinesin ins Gefängniskrankenhaus. Sie verteilte Zigaretten und ein wenig Nahrung, die sie gegen verschiedene Dinge eintauschte. Ich besaß nichts. Doch eines Tages hielt ich es nicht mehr aus und gab ihr meine *Chuba* für zwanzig *Momos* und einen mit Fleisch und Gemüse gefüllten, im Wasserdampf gegarten Kuchen. Dank dieses Tauschs konnte ich einen ganzen Tag ohne Hungerqualen verbringen. Diese Frau wurde schließlich von den Offizieren ertappt, die sie jedoch nicht allzu streng bestraften; die Nachricht von ihrer Verhaftung aber stimmte uns traurig und lastete so manchem auf der Seele.

Ein anderes Mal sahen wir, wie der Koch eine große Portion *Momos* mitbrachte. Wir stürzten uns auf ihn und rissen sie ihm aus den Händen. Gegen Abend, vor dem Abendessen, wurden wir im Hof zusammengetrieben. Alle, die von den *Momos* gegessen hatten, wurden aneinandergebunden. Wenn an dem Seil gezogen wurde, war der Schmerz so heftig, daß wir anfingen zu schreien und Wasser oder Stuhl zu lassen, ohne uns beherrschen zu können. Für diese absonderliche Aufgabe bedienten sich die Chinesen der eifrigsten tibetischen Gefangenen, die für sie arbeiteten.

Die chinesischen Häftlinge und wir teilten ein und das-

selbe Los. Eines Tages fanden zwei ehemalige Führungsmitglieder der Kuomintang einen Eselskopf auf einem Feld. Da das Gehirn unversehrt war, aßen sie es auf. Als die Wachen Wind von der Sache bekamen, beriefen sie im Hof eine Versammlung ein. Die beiden Männer mußten sich kritisieren. Die Lagerkommandanten sahen gleichgültig dabei zu, wie sie von den anderen gefoltert wurden.

Unter anderen Vorfällen, einer schrecklicher als der andere, entdeckten wir, daß ein chinesischer Gefangener in die Abortgrube gefallen war. War er von einem Wachsoldaten dort hineingestoßen worden? Niemand konnte es sagen. Ein unerträglicher Geruch ging von ihm aus. Weißer Schaum trat aus seinem Mund. Ein Soldat kam herbeigelaufen und versetzte ihm einen Fußtritt in den Leib, zwang ihn aufzustehen und führte ihn zu dem Feld, wo er normalerweise hätte arbeiten sollen. Dort starb er dann.

Natürlich kam es mir in Jiuzhen enorm zugute, daß ich medizinische Kenntnisse besaß. Meine Kameraden starben einer nach dem anderen. Von den zweiundsiebzig Tibetern, die mit mir angekommen waren, waren bald nur noch fünfzig, dann vierzig, dann dreißig am Leben. Von Tag zu Tag wurden mehr Häftlinge zusehends schwächer. In den ersten Wochen meiner Haft betete ich darum, Hunger und Leiden mögen ein Ende haben. Ich war nicht der einzige, der sich so verhielt. Es gelang mir, Schläge, Folter und Hunger zu ertragen und so in Augenblicken äußerster körperlicher Schwäche ein wenig Klarheit im Geist zu bewahren. Dazu rief ich mir die Lehren des Buddha in Erinnerung, wie zum Beispiel diese:

> Keine negativen Taten begehen,
> Sich um tugendhaftes Handeln bemühen,
> Sich anstrengen, den eigenen Geist vollständig
>   zu beherrschen,
> Das ist die Lehre des Buddha.

Die Lehre, die ich am häufigsten rezitierte, war das *Jampelyang Sherab Tönpa*. In Chonjuk hatte ich das *Kyabdro* und *Nechung Sung* aufgesagt. In Jiuzhen kam es häufig vor, daß ich Broschüren mit Mao-Zitaten in Gegenwart der Wachen aufschlug, während ich in Wirklichkeit Gebete, meine Gebete, sprach. Um all das zu überstehen, was ich in diesem »Todeslager« erleiden mußte, bediente ich mich auch der Meditation, insbesondere einer speziellen Form, die *Tugu Bardza* genannt wird. Sie macht es möglich, daß man für ein paar Tage ohne allzu große Schwierigkeiten ohne Nahrung auskommt, und hat keinerlei Nebenwirkungen. Sie erzeugt eine ganz bestimmte Wärme, und diese Empfindung stillt den Hunger.

Ich habe nicht die Befugnis, diese Lehre weiterzugeben, die man nur von einem großen *Lama* empfangen kann. Der verstorbene Kham Rinpoche gab sie bei seiner Ankunft in Lhoka an mich weiter. Diese Meditation wird vor allem dann ausgeübt, wenn man sich aus dem weltlichen Leben zurückzieht, und ist sehr gebräuchlich bei tibetischen Eremiten an manchen entlegenen Orten Ladakhs. Ich kann jedoch von meiner persönlichen Erfahrung während der Zeit in Jiuzhen sprechen.

Wenn kein Licht mehr in der Zelle war, hielt ich mich abseits von den übrigen Gefangenen. Beim Ausüben von *Tugu Bardza* ist es unnötig zu beten. Man muß nur still sitzen und schweigen. Um mich herum redeten meine Kameraden oder riefen Gottheiten an. Andere stöhnten vor Schmerz. Ich hingegen blieb ruhig und schwieg, vollkommen auf meine Meditation gerichtet. Diese Technik erzeugt eine Wärme im Magen, die sich anschließend im ganzen Körper ausbreitet. Sie hilft beim Transport der Nährstoffe; daher ist es besser, Nahrung zu sich zu nehmen, bevor man meditiert. Mit leerem Magen ist die Wirkung schwächer. Die erzeugte Wärme fördert außerdem die Verdauung.

In Jiuzhen stellte ich fest, daß die erlittenen Qualen bei

manchen Gefangenen, die überlebten, zu einem seltsamen und äußerst labilen Sozialverhalten führten. Zwar gelang es ehemaligen Gefangenen dieser chinesischen Lager, wieder ins normale Leben zurückzukehren, doch glichen sie wandelnden Leichen, die am Rande der Gesellschaft dahinvegetierten. Sie wurden für immer verfolgt von der Erinnerung an die jahrelange Gefangenschaft und Folter und hatten häufig etwas Furchteinflößendes an sich. Daß nicht mehr von uns verrückt geworden sind, hängt, denke ich, mit dem Rückhalt, den die Religion uns gab, mit unserem Umgang mit dem *Dharma* zusammen. Selbstmordfälle gab es zwar, doch sie blieben selten. Als Mensch geboren zu sein ist für uns Buddhisten ein Privileg, das mit den Taten zusammenhängt, die wir in unseren früheren Leben begangen haben. Verabschiedet man sich bewußt von diesem Leben, so ist das ein Akt, der erbärmliche Lebensbedingungen und sehr großes Leid in künftigen Leben zur Folge hat. Ich kann allerdings niemanden verurteilen, der in den chinesischen Lagern zusammengebrochen ist. Die Qualen dieser Menschen waren unvorstellbar. Manche forderten gar den Tod von ihren Folterknechten, schrieben es mit ihrem eigenen Blut an die Wände ihrer Zelle.

Ende 1961 verbesserte sich indes unsere Lage. Eines Tages mußten wir uns im Hof versammeln. Von den zweiundsiebzig tibetischen Gefangenen, die zusammen mit mir im Oktober 1959 angekommen waren, waren nur noch einundzwanzig am Leben.

– Eure »Umerziehung« geht zu Ende, sagte uns ein Offizier. In ein paar Wochen kehrt ihr nach Tibet zurück.

An diesem Tag ertrugen wir den eisigen »mongolischen Wind« besser, der häufig zwanzig Minuten lang ununterbrochen wehte. Wenn er losbrach, kündigten die Wachen ihn über Lautsprecher an. Dann war es zwingend notwendig, sich vor dem Wind zu schützen, und wir rannten los und

flüchteten uns in die Schutzgräben, die wir eigens zu diesem Zweck ausgehoben hatten.

Zwei Wochen später wieder eine Versammlung. Man kündigte uns an, daß unsere Essensrationen von vier auf zwanzig Kilo Getreide pro Monat angehoben würden. Wir mußten wieder auf die Beine kommen, bevor wir die Rückreise antraten. Keiner von uns hätte eine zwölftägige Fahrt im offenen Lastwagen überstanden. Keine Feldarbeiten mehr, die Schwächsten durften sogar liegenbleiben; die anderen blieben in ihrer Zelle oder setzten sich draußen hin. Noch immer mußten wir harte *Thamzing*-Sitzungen über uns ergehen lassen, aber allmählich nahmen unsere Kräfte wieder zu. Wir konnten den Kopf leichter heben, wenn auch das Hinlegen und Aufstehen eine gefährliche Übung war.

Bei der Beschreibung des *Bodhisattva*-Ideals weisen unsere Texte darauf hin, daß es gut ist, wenn wir unseren Freunden wie auch unseren Feinden helfen und dabei sogar so weit gehen, letztere wie unsere liebsten Verwandten zu betrachten. Dies in die Tat umzusetzen ist sehr schwierig, vor allem unter den Umständen, unter denen wir lebten. In Chonjuk wie auch in Jiuzhen habe ich trotz allem stets versucht, die Worte des Buddha zu respektieren, obwohl ich einen geheimen Groll gegen die Chinesen und Tibeter hegte, die uns folterten. Aber es gelang mir, dieses Gefühl der Wut durch Meditation, Gebete und die Achtung vor den Lehren des *Dharma* abzulegen.

Um uns zum Praktizieren des Buddhismus zu ermutigen, hielten uns einige zutiefst spirituelle Wesen dazu an, unserem Unglück die Stirn zu bieten, ohne dabei böse Absichten gegenüber den Menschen zu hegen, die uns diese Leiden zufügten. Der große Meister Atisha sagt in »Das Licht des Weges«:

> Wer durch das Verstehen seiner eigenen Leiden
> Den Wunsch entwickelt, andere zu befreien

Von jeglicher Form des Leidens,
Kann als höheres Wesen gelten.

Es gibt sicher Tibeter, Chinesen und andere Menschen, die unter viel erbärmlicheren Bedingungen gelebt haben als wir. In schwersten Zeiten sprachen große *Lamas* manchmal mit uns über das beispielhafte Leben tibetischer spiritueller Meister, die uns als Vorbild dienen und uns auf diese Weise helfen sollten, unser eigenes Leben zu ertragen. Einer dieser am häufigsten zitierten Meister war der große Yogi und Dichter Milarepa. Er führte ein asketisches Leben in völliger Mittellosigkeit und ernährte sich ausschließlich von Brennesseln, die er im Gebirge pflückte. Angesichts solcher Entbehrungen mußten wir uns eingestehen, daß wir letztendlich in einer viel besseren Lage waren, auch wenn wir die *Thamzing*-Sitzungen und die Grausamkeiten unserer Gefängniswärter ertragen mußten. Nachdem ich über das Leben Milarepas nachgedacht hatte, sagte ich mir, daß ich schließlich nicht unter den allerhärtesten Bedingungen lebte und daß es andere Menschen gab, für die sie noch viel schlimmer waren.

In den Lagern begegnete ich *Tulkus*, die fähig waren, Toleranz zu üben, obwohl sie dort zu Tode geprügelt wurden. Sie strahlten eine eigenartige Gelassenheit aus. Mich jedoch packte die Wut, sobald es Schläge hagelte. Aber schließlich gelang es mir, meine Wut zu beherrschen und sogar den bloßen Gedanken daran aus meinem Geist zu streichen. Mir stand jedoch noch viel Arbeit bevor, um eine solche Gelassenheit gegenüber all den – guten oder schlechten – Prüfungen des Lebens zu erreichen.

Ich habe in Jiuzhen katholische Frauen und Muslime gesehen, die ihr Leid mit der gleichen Duldsamkeit ertrugen wie manche *Lamas*. Ich wandte die Lehren des *Dharma* täglich und unter allen Umständen an, denn ich habe immer einen unerschütterlichen Glauben an den Buddhismus gehabt. Es stellte sich jedoch heraus, daß einige berühmte *Lamas* in den

Lagern weniger Skrupel hatten. Der Hunger trieb sie dazu, alle Tiere niederzumetzeln, die ihnen in die Hände fielen. Über die religiöse Praxis machten sie nur noch Witze. Obwohl sie allen Lebewesen Respekt schuldeten, töteten sie bewußt Schweine, Ratten, Hunde, zogen Affen bei lebendigem Leib das Fell ab, alles unter dem schallenden Gelächter der Chinesen. Schlimmer noch, manche dienten als Henkersknechte und prügelten eigene Landsleute zu Tode, die ihnen zuvor so große Verehrung entgegengebracht hatten.

Ich habe zwar Wut auf die chinesischen Kommunisten empfunden, aber mehr noch auf diejenigen Tibeter, ob Mönche oder Laien, die mit der Besatzungsmacht gemeinsame Sache machten. Nun, wenn man wütend ist, verliert man jeglichen Bezug zur Realität. Wut wirkt zerstörerisch, erzeugt negative Gedanken, wie das Verlangen, dem anderen im Gegenzug noch mehr Leid zuzufügen. Durch Beharrlichkeit und Geduld gelangt man dahin, diese negativen Kräfte zu beherrschen. Wenn Chinesen oder Tibeter mich folterten, konnte ich jegliche Fähigkeit, vernünftig zu denken, verlieren, bloß, weil das Gefühl der Wut mich beherrschte. Langsam beruhigte ich mich, und schließlich gelang es mir, meine Gedanken und den physischen Schmerz unter Kontrolle zu bringen. Mit Hilfe der Meditation, vor allem der geheimen Übungen, die wir *Tumo* nennen, und des Rezitierens von *Mantras* gelang es mir, die Schläge und die Folter mit elektrischen Viehtreibstöcken auszuhalten.

Am Ende meines Aufenthalts in Jiuzhen arbeitete ich im Garten, der sich außerhalb des Gefängnisses erstreckte. Ich war wieder etwas zu Kräften gekommen und ging jeden Tag mit einigen meiner Kameraden dorthin. Eines Morgens begegneten wir am Straßenrand einer Frau mit zwei Kindern. Unser Aufseher, der ein sehr gütiger Chinese war, fragte sie, was sie dort mache. Da sie nach ein wenig Nahrung suchte, gab er ihr etwas Gemüse. Sie kam danach jeden Tag wieder.

Kurze Zeit später sagte uns der Aufseher traurig, die Frau und die Kinder seien gestorben...

Kurz bevor wir Jiuzhen verließen, sangen die Tibeter folgendes Lied:

> Aku, Aku!
> Wir haben die Hölle erlebt.
> Befreie uns jetzt,
> Befreie uns!

Dieses Lied wurde später in Lhasa erneut angestimmt: Die Reaktion der Chinesen war brutal.

Bevor ich von unserer Abreise aus China berichte, muß ich noch an einen chinesischen Gefangenen denken. Wir alle sind Menschen, und es ist wichtig, ja wesentlich, daß wir uns umeinander kümmern. Der Mann litt an einer schweren Krankheit. Seine gangränösen Oberschenkel wimmelten von weißen Würmern. Er stöhnte ununterbrochen. Mehrmals am Tag kam eine christliche chinesische Krankenschwester, um ihn zu pflegen, und bedeckte die Wunden an seinem After und an seinen Schenkeln mit Asche. Diese Behandlung schien seine Schmerzen zu lindern, aber er starb sehr schnell. »Das zyklische Dasein ist die Wiege, in der Leid entsteht und gedeiht«, sagte der Große Fünfte.

Eines Morgens mußten alle einundzwanzig Gefangenen in Reih und Glied im Hof antreten. Der Offizier kündigte uns unsere Abreise an. Acht Tage später traf das Begleitkommando ein, unter dem Oberbefehl eines chinesischen Offiziers und zweier tibetischer Gehilfen. Man gab jedem von uns etwas Proviant für die Reise, vor allem geröstetes Weizenmehl, das man in einem Tiegel zubereitet hatte. Da wir keinen Behälter hatten, um es aufzubewahren, zerrissen wir unsere Hosen und machten kleine Beutel daraus, indem wir ein Ende verknoteten. Das Mehl war zum Teil nicht genug

geröstet, aber da wir Hunger hatten, aßen wir es so. Man hatte uns gesagt, wir sollten nichts mitnehmen, denn die Chinesen würden uns alles geben, was wir in Drapchi bräuchten. Dieses Mal trauten wir ihnen jedoch nicht und nahmen das Wenige mit, was wir besaßen.

Während dieser letzten Woche in Jiuzhen kamen einige von uns ins Gefängniskrankenhaus. Der Arzt gab ihnen Sauerstoffmasken und bewilligte ihnen ein paar Tage Ruhe. Unter ihnen war auch Jigme Tenzin. Er litt an Tuberkulose und konnte sich nur sehr mühsam bewegen. Am ersten Tag auf der Fahrt vertraute er mir seine Ängste und Fragen an. Bevor man ihn nach Jiuzhen gebracht hatte, war Jigme Tenzin in einer Vision der heilige See Lhamo-Latso erschienen, wo Hinweise auf die Reinkarnation des dreizehnten Dalai Lama »wahrgenommen« worden waren. Jigme Tenzin hatte sich im Gefängnis gesehen, dann hatte er die oberen Etagen des Potala und seine Familie erkennen können. Ich sagte ihm, dies sei ein gutes Zeichen, und er werde seine Angehörigen bald wiedersehen. Doch er behauptete, sein Ende stehe kurz bevor, und er mache sich vor allem Sorgen um sie. Ich versuchte, ihn zu trösten, und versprach ihm, mich um seine Familie zu kümmern, wenn er nicht mehr da sei. So seltsam es klingen mag: Seine Visionen wurden Wirklichkeit. Als man uns zum Gefängnis von Drapchi in Lhasa fuhr, erblickte er tatsächlich den Potala. Leider verschlimmerte sich sein Gesundheitszustand, und er mußte ins Krankenhaus gebracht werden, wo er wirklich ein letztes Mal seine Familie wiedersah, bevor er starb.

Von den zweiundsiebzig Tibetern, die mit mir ins Lager von Jiuzhen geschickt worden waren, sind heute nur noch drei am Leben. Da ich der Arzt des Dalai Lama war, waren die anderen überzeugt, daß ich noch lange leben würde, und vertrauten mir ihren letzten Willen an, bevor sie ihre körperliche Hülle verließen. Das war eine schwere Aufgabe, die ich erst viele Jahre später erfüllen konnte.

13
Das Todeslager Drapchi

Die Rückkehr nach Tibet war besonders mühselig, weil wir immer noch so schwach waren. Wir kamen gegen Abend in Nagchu an und verbrachten die Nacht im Gefängnis, das eigens für die tibetischen Gefangenen errichtet worden war, die im Straßenbau arbeiteten. In aller Eile war eine Zelle geräumt worden, wo man uns rücksichtslos zusammenpferchte. Der Raum war sehr düster. Sicher hatte jemand vor kurzem dort ein Feuer entfacht. Ziegenmist und Baumwollfetzen, getränkt mit einer fettähnlichen weißen Masse, lagen überall auf dem Boden verstreut. Um Feuer zu machen, mußten wir die Baumwolle sehr fest an einem Stein oder an Zement reiben. Mit viel Geduld erhielten wir schließlich Rauch, dann eine Flamme, die wir anschließend mit Mist oder getrockneten Exkrementen schürten.

Wir befanden uns erst seit wenigen Augenblicken in der Zelle, als Legdub, für gewöhnlich ein sehr diskreter Mensch, ein seltsames Manöver veranstaltete: Vorsichtig kratzte er die Wand mit seinen Fingernägeln ab, dann setzte er sich, packte sein Bündel aus, öffnete seinen Beutel mit *Tsampa*, vermengte die *Tsampa* mit seiner kostbaren Ernte und aß gierig alles auf.

– Es riecht nach Yak, bemerkte ein anderer Gefangener.

Erst in diesem Augenblick begriffen wir: Legdub war aufgefallen, daß Yakbutter an der Wand klebte. Unsere Vorgänger hatten sie wahrscheinlich dort verteilt, um sie vor den Aufsehern zu verbergen.

An diesem Abend blieben alle unsere Sinne wach. Wir entdeckten Gerüche wieder, die wir seit 1959, als wir Lhasa verlassen mußten, nicht mehr gekannt hatten und die uns zuvor so vertraut gewesen waren. In den Zellen nebenan brieten Gefangene sogar Fleisch und tranken tibetischen Tee.

Am nächsten Morgen, bei Tagesanbruch, brachen wir nach

Lhasa auf, wo wir gegen zehn Uhr abends am achtzehnten Tag des zehnten Monats des Wasser-Tiger-Jahres (1962) eintrafen. Wir wurden nach Drapchi, in das Gefängnis Nr. 1, gebracht und sofort auf mehrere Zellen verteilt. Das erste, was ich in diesem »Todeslager« hörte, war der unmenschliche Schrei eines Gefangenen, der gefoltert wurde. Ich schloß die Augen, mich schauderte. Am Morgen erfüllte der Duft von Tee mit Milch das Gefängnis. Am Anfang gab man den Neuankömmlingen schwarzen Tee, während alle anderen Gefangenen tibetischen Tee tranken. Nachdem ich den Tee getrunken hatte, bekam ich furchtbare Magenschmerzen und unkontrollierbaren Durchfall.

Sehr bald verkündeten mir die chinesischen Behörden, daß sie in meiner Sache noch keine Entscheidung getroffen hätten. Ich war nach wie vor der Spionage angeklagt, aber ich war noch immer nicht verurteilt worden. Meine Familie wurde über meine Ankunft in Drapchi informiert. So konnte ein Onkel mich etwa zehn Minuten lang besuchen. Er erzählte von meinem Vater und von *Mola* und schenkte mir ein wenig Butter und getrocknetes Yakfleisch. Obwohl ich zum Skelett abgemagert war, bemühte ich mich nach Kräften, meine Angehörigen zu beruhigen. Bei diesem kurzen Austausch von Neuigkeiten wurde allerdings eines offenkundig: Auch sie machten die schlimmsten Entbehrungen durch.

In Drapchi wurden wir morgens um sieben Uhr geweckt. Eines Tages rief man alle einundzwanzig Gefangenen von Jiuzhen in einer großen Halle zusammen. Ein Offizier forderte uns auf, einen Bericht über die drei Jahre vorzubereiten, die wir in China verbracht hatten.

– Einige von euch wollen die Werte des Kommunismus einfach nicht anerkennen. Ihr werdet das aber tun müssen, oder ihr sterbt hier.

An diesem Tag blieb uns eine *Thamzing*-Sitzung erspart. Doch vom nächsten Tag an änderten sich die Dinge. Mehr als je zuvor galt ich als unbelehrbarer Dickschädel, und man ließ

mir eine besondere Behandlung zuteil werden. Stehend, in Ketten, wurde ich gezwungen, auf sehr scharfkantigen Steinen niederzuknien. Dadurch waren meine Knie bald nur noch eine einzige nässende Wunde. Vor den anderen Gefangenen mußte ich meine Verfehlungen eingestehen und mich entschuldigen, während die Aufseher auf ihren Holzstühlen saßen und sich einen Spaß daraus machten, mich zu demütigen. Doch ich weigerte mich noch immer, den Dalai Lama und seine Familie zu verurteilen. Wenn sie wollten, daß die Sitzung andauerte, gingen die Chinesen so weit, daß sie die Gefangenen anstachelten, über mich herzufallen. Es hagelte Schläge auf meinen Körper. Es kam vor, daß ein *Thamzing* ein böses Ende nahm. Dann aber durfte das Opfer auf keinen Fall den Folgen seiner im Gefängnis erlittenen Folterungen erliegen und wurde nach Lhasa ins Krankenhaus gebracht. Die Behörden behaupteten, unter sich seien die Tibeter sehr kriegerische Naturen, und man müsse regelmäßig einschreiten, um sie auseinanderzubringen. Einmal in der Woche wurden die Gefangenen auf dem Hof zu einer Anklagerunde zusammengetrieben, und die Chinesen verlasen die Namen derjenigen, die ihre »Verbrechen« gestanden hatten.

Eine der widerwärtigsten Aufgaben, die man den Widerspenstigen zuwies, bestand darin, die Fliegen in den Abortgruben zu töten. Mit einem dünnen Bambusstengel gewappnet, an dessen Ende ein dickes Stück Papier befestigt war, erwischten einige Gefangene angeblich mehr als tausend Fliegen am Tag. Sobald sich die Fliegen auf den Exkrementen niederließen, schlugen sie mit ihrer behelfsmäßigen Fliegenklatsche auf sie ein.

Jede Woche zwang man uns, Propagandazeitungen zu lesen, in denen die Tugenden des chinesischen Wirtschaftssystems gerühmt wurden. Dort war zu lesen, daß die Tibeter fortan glücklich und zufrieden lebten und ihre Felder sogar gerne bei Nacht bestellten. Es hieß auch, die Lebensmittelproduktion sei größer als die Wassermenge der Flüsse Machu

(Huangho) und Drichu (Yangtse) zusammen. All das war natürlich schlichtweg gelogen. In Wirklichkeit beschlagnahmten die Chinesen das Getreide für ihre Truppen, und das tibetische Volk verhungerte allmählich.

In Drapchi entschied ich mich schnell für eine ganz andere Haltung als in Jiuzhen: Ich schwieg und verhielt mich so, daß ich mir nicht mehr die Wutausbrüche der Wachen zuzog. Ich wurde weniger geschlagen als in Chonjuk oder in Jiuzhen. Da das Essen im Vergleich zu den anderen Gefängnissen nahrhafter war, kam ich schließlich wieder ein wenig zu Kräften, und meine Haare wuchsen wieder. Ich war jetzt in einer Zelle untergebracht, in deren Nähe zwei tibetische Aufseher wohnten: Nyima, autoritär und grausam, ein ehemaliger Mönch aus dem Kloster von Drepung, und Tsamla, eine junge Frau, die erheblich mehr Verständnis zeigte. Mit mir in der Zelle waren ehemalige Mitgefangene aus Chonjuk. Die beiden, Nyima und Tsamla, standen unter der Aufsicht der Chinesen und hatten den Auftrag, uns zu überwachen. Morgens, wenn ich zur Grube ging, konnte ich ein paar Worte mit meinen alten Kameraden wechseln. Trotzdem mußten wir äußerst vorsichtig sein, denn es gab noch immer ein paar beflissene Gefangene unter uns, die nicht davor zurückschreckten, uns zu denunzieren.

Zu jener Zeit lernte ich einen *Lama* aus Drepung kennen. 1959 war er nach China gegangen, um zu studieren, und hatte seine klösterlichen Gelübde niedergelegt, um mit dem Dienstmädchen einer Frau zusammenzuleben, die in der Nähe des Klosters Butter verkaufte. Lange Zeit schien das Paar mit der Besatzungsmacht zu kollaborieren. Eines Tages jedoch äußerte die Ehefrau den Wunsch, dem Dalai Lama nach Indien zu folgen. Der *Lama* freute sich über diese Initiative. Das Ehepaar und sein Kind verließen Lhasa in aller Heimlichkeit, um zunächst einmal nach Gyantse zu gelangen, wo sie einen Verwandten hatten. Von dort aus planten

sie, nach Bhutan weiterzureisen. Leider wurden sie kurz nach ihrer Flucht von Soldaten verhaftet und nach Drapchi gebracht, wo der *Lama* von seiner Familie getrennt wurde. Er war für mich eine wichtige Informationsquelle über die Lage in Tibet.

So berichtete er mir, daß die Chinesen die wilden Tiere niedermetzelten, die in unserem Land sehr zahlreich und artenreich waren. Dazu installierten sie schwere Maschinengewehre auf der Plattform von Lastwagen und feuerten ganze Salven ab. Anfänglich ließen sich die Tiere, die wir Tibeter niemals gejagt haben, meistens überraschen. Tausende von Wildeseln wurden abgeschossen. Da die Tiere die Chinesen schließlich an ihren Uniformen erkannten, schickten diese an ihrer Stelle Tibeter auf die Jagd, bewaffnet mit alten Gewehren, die die tibetische Armee auf der Flucht zurückgelassen hatte. Der *Lama* erklärte mir, die früher so reichhaltige Fauna drohe vollkommen zu verschwinden. Unsere Besatzer hetzten Kleinwild, besonders Hasen, von denen es unzählige in den Bergen gibt, indem sie Sprengstoffstäbe explodieren ließen. In wilder Panik rannten die Tiere den entgegengesetzten Berghang zur Ebene hinunter, wo sie sich zu Hunderten in den Netzen verfingen, die die Chinesen eigens zu diesem Zweck gespannt hatten. Früher gab es auch viele wilde Yaks. Nun sah man nur noch hier und da ein paar männliche Tiere; alle anderen waren mit Maschinengewehren abgeschossen, an Ort und Stelle zerlegt und auf Lastwagen verladen worden, die das Fleisch zu den Garnisonen brachten. Von dort wurde es anschließend nach China transportiert. Auf Fischotter machten die Soldaten ebenfalls Jagd. Man zog ihnen das Fell ab und ließ ihre enthäuteten Leichen an den Flußufern verwesen. Der Lama erzählte mir auch, daß in der Nähe des Berges Kailash zur Paarungszeit ein regelrechtes Blutbad unter den Steinböcken angerichtet wurde. Ihre Felle, die in Lhasa und anderen Städten für tausend Yuan pro Kilo verkauft wurden, verarbeitete man zu warmer Kleidung für be-

sonders kälteempfindliche Chinesen. Teiche, Seen und Bäche waren rot von ihrem Blut und mit Exkrementen verdreckt. Da der *Lama* die Gegend bestens kannte, benutzten die Soldaten ihn als Führer für zahlreiche Expeditionen. Auf diese Weise bekam er die zahllosen in den Tälern liegengebliebenen Tierschädel und Hörner zu sehen.

Diese Berichte empörten mich. Mehrere Jahre später gab man mir die Erlaubnis, nach Potangmo zu fahren, wo ich unter chinesischer Kontrolle tibetische Ärzte darin unterrichten sollte, wie Juwelenpillen herstellt werden. Dort sah ich viele Plakate, die den Schutz der Tier- und Pflanzenwelt rühmten. Eine reine Lüge! Heute dient ein Teil unseres weiten Landes als Mülldeponie für radioaktive Abfälle; Flora und Fauna sind zerstört. Das ist sehr schlimm, denn alles, worauf das tibetische Volk stolz sein konnte, alles, was zum außerordentlichen Reichtum unseres Landes beitrug, alles, was seine – einzigartige – Kultur ausmachte, gerät zunehmend in Vergessenheit. Entsprechend unserer religiösen Überzeugung ließen wir früher die meisten Tiere in Freiheit leben. Während meiner Reisen erfuhr ich dagegen, daß die Chinesen selbst Jungvögel aus ihren Nestern holten und sie grillten, angeblich, weil es kein zarteres Fleisch gab als dieses. Eines Tages sah ich Affen, die Soldaten gerade gefangen hatten. Um sie zu schnappen, hatten die Jäger ihre Hunde losgelassen, die sie in die Enge treiben sollten. Die armen Tiere wurden anschließend bei lebendigem Leib zerstückelt. Man hatte gar den Eindruck, als streckten die Affen ihren Henkern einen Daumen entgegen und bäten sie flehentlich, sie zu verschonen.[5] Und die Chinesen brachen in schallendes Gelächter aus. Außerdem sägten sie ihre Schädel auf, um von ihrem Gehirn zu »kosten«, dem sie eine besonders aphrodisierende Wirkung zuschrieben.

5 Gebräuchliche Geste in Tibet, mit erhobenem Daumen und den Worten »Kutschi, Kutschi« um etwas zu bitten.

Drapchi war ein wahres Vorzimmer des Todes. Einwohner von Taktser, dem Heimatdorf Seiner Heiligkeit des Dalai Lama, waren hier inhaftiert. Tag und Nacht brüllten sie wie die Tiere. Niemand beachtete ihre Schreie, und eines Tages hörte ich sie nicht mehr. Hatte man sie umgebracht? Waren sie verlegt, ins Krankenhaus gebracht worden? Niemand hat es jemals erfahren.

Alles war möglich in Drapchi. In einer Zelle neben der meinen versuchte ein Gefangener aus Nyemo auszubrechen. Es dürfte vier Uhr morgens gewesen sein. Man hörte Schreie, Maschinengewehrsalven und dann das dumpfe Geräusch eines fallenden Körpers. Der Mann wurde ins Krankenhaus gebracht, wo er an den Folgen seiner Verletzungen starb. In einer anderen Zelle erhängte sich ein Gefangener. Er hatte seine Decke zerrissen und ein Seil daraus gedreht. Man fand ihn am frühen Morgen. Eine erstaunliche Sache in Drapchi: Der Tod wurde vertuscht.

Nachts wurden meine Gebete häufig unterbrochen von den Schreien tibetischer Frauen, die gefoltert wurden. Sie mußten all diese Greueltaten über sich ergehen lassen, manchmal bloß, weil sie Gemüse aus einem Garten gestohlen hatten. Weil sie Hunger hatten, weil ihre Kinder dahinsiechten, gingen sie das Risiko ein, in Drapchi zu sterben. Aber der Tod mußte ihnen geradezu süß erscheinen, denn zuvor wurden sie vergewaltigt und verprügelt. Ich hatte davon gehört, daß eine der tibetischen Aufseherinnen besonders grausam zu ihren Schwestern war. Warum nur? Ich konnte es mir nicht erklären. Ich litt mit diesen Frauen und betete, für sie, für uns alle.

Was wurde aus den Leichen der Gefangenen? Hartnäckige Gerüchte kursierten in Drapchi und den anderen Lagern in Lhasa. Häufig weigerten sich Gefangene, sich im Krankenhaus operieren zu lassen. Es dauerte lange, bis wir verstanden, warum. Mir wurde alles klar, als ich von einem kleinen Mädchen erfuhr, das gekommen war, um seinen Vater zu besuchen, der aus der Region Ratö Labrang stammte, und ihm

einen Beutel *Tsampa* mitbrachte. Die Aufseher erzählten dem Mädchen, sein Vater sei schwer krank und müsse sich einem chirurgischen Eingriff unterziehen. Es hieß nämlich, der Mann leide an einem als unheilbar geltenden Magentumor. Er wurde ins chinesische Krankenhaus von Lhasa gebracht und starb dort ein paar Tage später unter entsetzlichen Qualen. Seine Familie glaubte, die Chinesen hätten alles getan, um ihm zu helfen. In Wirklichkeit hatten sie ganz einfach die Organe des Mannes entnommen, um sie weiterzuverkaufen. Solche Beispiele häuften sich in der Folgezeit, und Angst machte sich breit in Drapchi und anderswo. Man erzählte sich damals, Ärzte kämen speziell aus China, um Tibeter zu operieren, die erstaunlicherweise dazu neigten, unvermittelt krank zu werden und sogleich zu sterben. Zur selben Zeit bestätigte man mir die Durchführung von Zwangsabtreibungen, von denen ich schon vor 1959 von den Leuten aus den besetzten Regionen Kham und Amdo gehört hatte.

Drei Jahre vergingen. Eines Tages befahl mir ein tibetischer Aufseher, meine Sachen zusammenzusuchen und mein Gepäck bereitzuhalten. Zusammen mit einigen anderen wurde ich per Lastwagen ins Lager Sangyip nach Taksung Khang gebracht, um dort meine »Umerziehung« fortzusetzen. Das war im Mai 1965, im Holz-Schlange-Jahr nach dem tibetischen Kalender. In diesem Jahr wurde die Tibetfrage auf Verlangen Thailands, der Philippinen, Maltas, Irlands, Malaysias, Nicaraguas und El Salvadors erneut bei den Vereinten Nationen diskutiert, Länder, von denen ich nie zuvor gehört hatte. Die indische Vertretung stimmte ebenfalls für die Resolution. Aber davon erfuhren wir im Gefängnis nichts. Die einzigen Nachrichten aus Dharamsala, wo unsere Exilregierung saß und wo der Dalai Lama lebte, erreichten uns über die Neuankömmlinge. Auf diese Weise erfuhr ich, daß Seine Heiligkeit sein Möglichstes tat, um der Welt die Augen zu öffnen über das Schicksal des tibetischen Volkes.

Taksung Khang, das waren drei Hügel, in deren Mitte Sangyip lag. Im Lauf der Wochen stellte ich fest, daß die meisten Gefangenen in derselben Lage waren wie ich. Keiner von ihnen war regulär verurteilt worden. Zum ersten Mal traf ich tibetische Widerstandskämpfer, die in Arizona von der CIA ausgebildet worden und dann mit dem Fallschirm über Tibet abgesprungen waren. Nur wenige jedoch hatten sich lebend schnappen lassen. Diese Männer, die beispielhaften Mut bewiesen, wollten lieber sterben als in Gefangenschaft geraten und schreckten nicht davor zurück, auf eine Zyankalikapsel zu beißen, die sie bei sich trugen.

Ich verstand sehr schnell die Gründe für meine plötzliche Verlegung. Für die chinesischen Behörden war meine Lage keineswegs eindeutig. Ich weigerte mich noch immer, den Dalai Lama und seine Familie zu verunglimpfen. Die *Thamzing*-Sitzungen fanden nun wieder täglich statt. Dieses Mal ging es darum, das Ansehen Seiner Heiligkeit in den Schmutz zu ziehen. Da sie in bezug auf mich nicht locker ließen, sagte ich ihnen schließlich:

– Ich habe mir Ihrem Land gegenüber nichts zuschulden kommen lassen; ich bin niemals Spion gewesen. Wenn Sie glauben, daß ich falsch gehandelt habe, dann richten Sie mich hin. Ich habe keine Angst, und ich mache mir keine Sorgen, was aus mir wird.

Ich war in Zelle 5 untergebracht. Jeden Tag erhielt ich Besuch von einem Tibeter, der mich nach den Gründen für meine Verlegung nach Taksung Khang fragte. Ich war mit Recht mißtrauisch. Dieser Mann war ein Kollaborateur, und er war nur dazu da, mir Auskünfte über mein Leben in der Vergangenheit bei der Familie Yabshi zu entlocken. Er wollte unbedingt, daß ich ihm verriet, wie ich es angestellt hatte, meine Informationen Gyalo Thondup, dem Bruder des Dalai Lama, zukommen zu lassen, der sich damals in Kalimpong aufhielt.

Die Nachmittage blieben der obligatorischen Lektüre der

Propagandazeitungen vorbehalten. Da ich wußte, daß ich über die veröffentlichten Texte befragt würde, merkte ich mir ein paar Grundgedanken und widmete den Rest meiner Zeit dem Rezitieren von *Mantras*. Dennoch spürte ich, wie der Druck immer stärker wurde. Die Gefangenen wurden jetzt regelmäßig von einem Lager ins andere verlegt. Die Überwachung war strenger geworden, und es wurde zusehends schwieriger, zu irgend jemandem Kontakt aufzunehmen. Nur wenn ich zur Grube ging, um meine Notdurft zu verrichten, konnte ich ein paar kurze Worte wechseln.

1966, im Feuer-Pferd-Jahr, tauchten die Roten Garden in Lhasa auf. China geriet in den Strudel der Kulturrevolution. Und die Lage in unserem Land verschlimmerte sich noch weiter. Indessen lebte der Widerstand wieder auf, und Unterdrückung, Morde und Plünderungen waren erneut an der Tagesordnung.

In Taksung Khang traf ich Lobsang, der mir von seiner Reise nach Indien berichtete und mir von jenen zwei Krähen erzählte, die von Tibet nach Indien geflogen sein sollen. Für uns Tibeter sind Krähen Emanationen von Mahakala, einer der wichtigsten Schutzgottheiten – in fast allen Tempeln ist ihm ein Altarraum gewidmet. Ich weiß nicht, ob seine Geschichte wahr war. Jedenfalls empfand ich tiefe Freude. Lobsang sprach auch von der Hilfe, die den tibetischen Flüchtlingen und der Exilregierung zuteil wurde, und dann erzählte er mir von dem umfangreichen Programm, das die Chinesen in unserem Land durchgeführt hatten. Im Gefängnis redete man uns ständig ein, die Tibeter seien ins moderne Zeitalter eingetreten. In Wirklichkeit geschah folgendes ...

Gehen wir ein paar Jahre zurück. Nach dem Aufbruch des Dalai Lama ins Exil führten die chinesischen Behörden sogenannte »demokratische Reformen« durch. Sie beschlagnahmten Ländereien und Vermögen, angeblich, um sie an die unterprivilegierten Klassen – in ihrer Sprache die Mittelklasse und die Klasse der Armen – zu verteilen. Gleichzeitig

nahmen sie kurzerhand Angehörige der Klassen fest, die sie »Volksfeinde« nannten – Grundbesitzer, Reiche und sogenannte Reaktionäre, die sie nach und nach in den Lagern verschwinden ließen oder die ganz einfach an Ort und Stelle hingerichtet wurden. Eine weitere Phase bestand darin, Volkskommunen und landwirtschaftliche Kooperativen zu gründen. Aber die Ziele, denen einige meiner Landsleute nicht immer abgeneigt waren, konnten niemals erreicht werden. Eines Tages kam eine Redensart auf, die sich im ganzen Land verbreitete: »Erst bringen uns die Chinesen zum Lachen, dann zum Weinen...« 1962 wurden landwirtschaftliche Versuchszentren in Lhasa, Shigatse und Lhoka eingerichtet, unterstützt von einer Propaganda, die ihre Vorzüge pries. Die Behörden ließen den Bauern der Mittelklasse und den armen Bauern gegenüber durchblicken, sie hätten die Möglichkeit, endlich ihre mittelmäßige Situation zu überwinden, allerdings natürlich nur unter der Bedingung, daß sie die »Reaktionäre« denunzierten. In diesen Kommunen bildeten die Chinesen »Anführer« aus, die anschließend in andere Regionen Tibets geschickt wurden, um dort neue Kommunen aufzubauen. Die Chinesen waren jedoch unzufrieden mit den Ergebnissen ihrer »demokratischen Reformen« und zwangen den Bauern eine Lebensmittelrationierung auf: dreißig *Gyama* (ungefähr fünfzehn Kilo) Nahrung pro Person und pro Monat. Bei diesen Mengenangaben war der Anteil der alten Leute und der Arbeitsunfähigen natürlich nicht berücksichtigt. Im Vergleich dazu hatten die tibetischen Landwirte vor 1959 ausreichend Butter, Gemüse und Fleisch zur Verfügung, um für die Bedürfnisse aller Familienmitglieder aufzukommen, ob jung oder alt.

Dann wurden die Nomaden, die große Mehrheit der tibetischen Bevölkerung, zur Seßhaftigkeit gezwungen. Die Yaks gingen zugrunde, eine Hungersnot machte sich breit. Lobsang erzählte mir, den Kindern bliebe nun nichts anderes übrig, als die Mülltonnen der Hauptstadt zu durchwühlen, um

zu überleben. Die Greueltaten der Roten Garden waren so schlimm, daß vielen tibetischen Frauen als letzter Ausweg blieb, ihr eigenes Blut zu verkaufen, um ihre Kinder zu ernähren. Andere Zeugen berichteten mir, daß Jugendliche Essensreste aßen, die die Soldaten den Schweinen gaben.

Mit der Kulturrevolution wurde unser Alltag drastisch härter. Aufstehen mußten wir um sechs Uhr. Zunächst standen wir Schlange an der Abortgrube, die wir nach Gebrauch putzen mußten. Dann bekamen wir eine Schale Tee und ein wenig *Tsampa*. Die Rationen waren wieder kleiner geworden, und der Hunger quälte uns unaufhörlich. Eines Tages erfuhr ich, daß Dayul, eine meiner Informationsquellen, hingerichtet worden war. Er hatte ein Ei gegessen und aus Unachtsamkeit die Schalen unter seiner dünnen Matratze versteckt. Während einer Durchsuchung entdeckte sie ein Aufseher. Dayul wurde lange gefoltert, bevor er erschossen wurde. Das ist kaum zu glauben! Und dennoch ...

In Taksung Khang lernte ich einen Gefangenen kennen, der 1964 gegen die Verhaftung des zehnten Panchen Lama protestiert hatte. Er weinte Tag und Nacht, aber niemand kümmerte sich um ihn. Die Gefängniswärter gaben ihm nicht das Geringste zu essen. Bevor er starb, trat Eiter aus seinen Ohren und seiner Nase. Zusammen mit einem anderen Gefangenen sollte ich seine Leiche begraben. Bevor wir sie mit Erde bedeckten, riefen uns die Wärter unter schallendem Gelächter zu:

– Seht ihn euch gut an. Bald werdet ihr aussehen wie er, wenn ihr weiterhin so starrköpfig bleibt.

Ein anderer Kamerad hatte den Panchen Rinpoche gut gekannt. Ihn ereilte dasselbe Schicksal wie den gerade erwähnten Häftling. Da er keine einzige Mahlzeit mehr bekam, verrichtete er seine Notdurft in seiner Zelle, formte kleine Kugeln aus seinen Exkrementen und schluckte sie hinunter. Es verging nicht eine Woche, in der man ihn nicht übel zugerichtet auf seiner Matratze liegen ließ: Sein Körper war über-

sät mit Wunden und blauen Flecken, so furchtbar war er gefoltert worden.

– Das beste Mittel, um einen Verrückten zu heilen, ist, ihn zu verprügeln, sagten unsere chinesischen wie auch unsere tibetischen Gefängniswärter.

Man verteilte jetzt Broschüren, in denen die Verdienste der Kulturrevolution und der neuen Politik von Präsident Mao gepriesen wurden. Mittlerweile war den Tibetern das Ausmaß des Unglücks voll bewußt geworden, das über ihr Land hereingebrochen war. Die religiösen Texte wurden verbrannt, Bildnisse und Statuen, die nicht nach China geschafft wurden, in die Flüsse geworfen. Die kommunistische Propaganda schlich sich überall ein, brüstete sich mit der Schaffung einer anderen Gesellschaftsform, die auf eine neue Ideologie, auf neue Werte, eine neue Kultur und andere Traditionen gegründet war, Traditionen, die von unseren eigenen Traditionen wie auch von unseren Bedürfnissen jedenfalls weit entfernt waren.

Im Gefängnis setzten die Roten Garden so manches Gerücht in Umlauf: Die Verräter hätten sich den Volksbehörden ergeben; Buttertee sei ein Privileg gewesen, das nun der Vergangenheit angehöre, und künftig müßten sich die Tibeter mit schwarzem, gesalzenem Tee zufrieden geben. Damals wurde Anweisung gegeben, daß die Häftlinge vollkommen von der Außenwelt abgeschnitten wurden. Besuch zu empfangen war nunmehr ausgeschlossen. Nachrichten erreichten uns nur noch sporadisch. Weil man einen Volksaufstand befürchtete, waren Barrikaden mit Stacheldraht um die Gefängnisse errichtet worden. Als sich die Lage einige Monate später etwas stabilisiert hatte, gehörte ich zu denen, die sie wieder abmontierten. Ich erfuhr, daß so gut wie alle der wenigen noch unversehrt gebliebenen Klöster Tibets nun von den Roten Garden geplündert, verwüstet und dem Erdboden gleichgemacht worden waren.

An diesem Abend dachte ich an die Mönche von Chöde. Ich hatte große Mühe, Schlaf zu finden. Als er mich schließlich übermannte, hatte ich einen seltsamen Traum. Ich war Novize und ließ, über dem Durchgang zum Garten sitzend, die Beine ins Leere baumeln. Dabei sah ich meinem Tutor zu, wie er behutsam Aprikosen pflückte. Plötzlich tauchte am Horizont ein Adler auf. Er näherte sich Chöde, kreiste lange über dem Garten und stürzte schließlich auf ein Beutetier herab, eine Schlange, die gerade meinen Tutor angreifen wollte. Seine Krallen packten das Tier, zermalmten seinen Schädel, dann erhob er sich mit einem majestätischen Flügelschlag wieder in die Lüfte und trug seine zerstückelte Beute davon. Auch das Bild *Amalas* tauchte auf, die mir zulächelte. In jener Nacht ertappte ich mich dabei, daß ich weinte. Seit vielen Jahren war mir meine Mutter nicht mehr erschienen. Ich hielt diese Vision für ein gutes Zeichen.

Ebenfalls zu jener Zeit erfuhr ich, daß tibetische Kinder in eine Art Erziehungszentren geschickt wurden, wo man ihnen das Gedankengut Mao Tsetungs beibrachte und wo sie lernen sollten, leichte Waffen wie Lanzen und Beile herzustellen. Diese Waffen teilten die Roten Garden dann an die Kinder aus, damit diese jungen Tibeter ihnen dabei halfen, die Überreste der eigenen Vergangenheit zu zerstören. Wehe den Erwachsenen, die versuchten einzugreifen oder sich diesen Übergriffen zu widersetzen. Eines Tages weigerte sich ein zehnjähriger Junge, eine Tara-Statue zu zerstören. Am Abend erzählte er seiner Mutter von seiner mutigen Tat. Diese freute sich darüber und gratulierte ihm dazu. Doch die Chinesen erfuhren vom Verhalten des Kindes. Die Mutter wurde öffentlich gedemütigt.

Während die Chinesen in der Umgebung von Lhasa fast alle Klöster zerstörten, hatten manche Kinder versucht, Statuetten und Bildnisse zu verstecken. Rote Garden ertappten sie dabei. Sie wurden verhört und gezwungen, ihre Verwand-

ten zu beschuldigen, die ihrerseits die schlimmsten Demütigungen ertragen mußten.

Während der Kulturrevolution wurden viele Einwohner der Region Nyemo ins Gefängnis geworfen. Nyemo Trinley Chödon – um eine Person zu kennzeichnen, fügen die Tibeter ihrem Namen den Namen des Heimatortes hinzu, denn viele tragen denselben Namen – war bereits hingerichtet worden. In Taksung Khang waren es ungefähr dreißig, leicht erkennbar an ihrer weißen *Chuba*. In Zelle 3, der Zelle neben der meinen, war eine Frau namens Pema Tsewang untergebracht. Eines Tages erblickte ich einen flachköpfigen Vogel mit gelben Augen, der genau an der Stelle Unterschlupf suchte, wo sich meine Landsleute aus Nyemo befanden. Das Besondere an diesem Vogel war, daß er alle möglichen Laute ausstieß. Dies war ein sehr schlechtes Omen.

Am nächsten Morgen herrschte lärmendes Durcheinander. In schroffem Befehlston hatten bewaffnete Soldaten den Platz umstellt. Türen flogen auf. Der Lärm drang aus den Zellen, in denen die Leute aus Nyemo untergebracht waren. Man legte ihnen Handschellen an und führte sie nach draußen, wo ein Lastwagen auf sie wartete. Am selben Abend erfuhr ich von Tibetern, die in der Küche arbeiteten, daß zweiunddreißig Landsleute in der Nähe von Drapchi erschossen worden waren. Unterwegs hatten sie Parolen skandiert: »Es lebe das freie Tibet!«, »Lang lebe *Kundun*!«, »Freiheit für Tibet!« An der Stelle, wo sie hingerichtet werden sollten, ließen die Soldaten zunächst von den Häftlingen eine Grube ausheben, dann mußten sie sich an deren Rand in einer Reihe aufstellen und niederknien. Und die Chinesen drückten ab. Jeder erhielt eine Kugel ins Genick. Ihre Leichen wurden in aller Eile mit Erde bedeckt, und man kümmerte sich nicht einmal darum, ob vielleicht einer von ihnen noch am Leben war.

In der darauffolgenden Woche las ich in der Zeitung, die im Gefängnis verteilt wurde, es seien Konterrevolutionäre

hingerichtet worden. Die Zeitung veröffentlichte Fotos von mehreren zerstörten Klöstern. Ich erfuhr damals auch, daß Rote Garden Tibeter umgebracht hatten, indem sie ihnen mit Hammerschlägen Nägel in den Kopf getrieben hatten.

Eines Tages wurde ich aus meiner Zelle gezerrt. Man sagte mir, ich solle mit eigenen Augen die Veränderungen sehen, die in der tibetischen Gesellschaft geschehen seien. So wurde ich zusammen mit sechzehn weiteren Gefangenen in einen Lastwagen verfrachtet und zu einem Ort gefahren, der drei Autostunden von Lhasa entfernt lag. Ich erinnere mich noch genau an eine Tibeterin, die eine Lobrede auf das kommunistische System hielt. Sie wies auf einen riesigen Weizenvorrat, der unweit von dem Podest aufgeschüttet war, auf dem wir uns befanden, und sprach von einem Überfluß an Getreide. Ich spürte sofort, daß dies alles nicht natürlich klang. Die Sache mußte von den Chinesen inszeniert worden sein. Die Frau schockierte mich vor allem, als sie die Regierung des Dalai Lama und das alte Feudalsystem kritisierte, das sie als ungerechte, unlautere Gesellschaft bezeichnete, wo Ausbeutung und Grausamkeit an der Tagesordnung gewesen seien. Anschließend führte uns die Tibeterin in einen Gemüsegarten und sprach von der entsetzlichen Lage, die vor 1959 in diesem Land geherrscht hätte. Sie zeigte uns ein Haus, das einer reichen Adelsfamilie gehört hatte und das, wie sie sagte, in eine Schule umgewandelt worden war. In der Tat sah ich ein paar Kinder, die dort herumsaßen, aber sie trugen nur Lumpen am Leib. Lernten sie etwas, oder taten sie nur so? Vermutlich letzteres, denn die Täuschung war allzu plump.

Bei unserer Rückkehr nach Taksung Khang fragten uns die Chinesen, ob wir die positiven Entwicklungen im Leben der Tibeter hätten beobachten können.

– Habt ihr bemerkt, wie hochgebildet Männer und Frauen inzwischen sind und wie gut sie über das Mutterland Bescheid wissen? Nicht wie ihr halsstarrigen Kerle, die ihr nicht aufhört, mit dem Kopf gegen die Wand zu rennen.

Am nächsten Tag wurden wir zu einer Foto- und Skulpturenausstellung gefahren. Sie sollte die Rückständigkeit und Barbarei der tibetischen Gesellschaft vor 1959 veranschaulichen. In dem Pavillon sah ich eine kleine Tonfigur, die einen Mönch darstellen sollte, der einem Kleinkind die Augen auskratzte. Auf einem Foto peitschte ein tibetischer Offizier einen seiner Soldaten aus. Da stand auch das Modell eines tibetischen Gefängnisses, mit Skorpionen im Inneren, und abgehackten Händen. Die Chinesen behaupteten, der zehnte Panchen Lama habe unzählige Hände abhacken lassen, bevor er selbst verhaftet wurde. Am Abend betete ich zu den Gottheiten, sie mögen dem Panchen Rinpoche beistehen.

14
Überleben in Yitritu

1971, im Eisen-Schwein-Jahr, Zuchthaus von Taksung Khang. Eines Morgens wurde ich in einen Raum gebracht, um endlich offiziell verurteilt zu werden. 1959 war ich verhaftet worden, zwölf furchtbare Jahre waren vergangen. Noch weitere Gefangene waren dort. Ich erinnere mich insbesondere an Wangchen Gyatok, Wangdul und Nampo Pola, denen schwere Strafen auferlegt wurden. Wangdul wurde zur Abteilung für Zimmerhandwerk ins Gefängnis von Yitritu geschickt, Wangchen Gyatok zur Abteilung für Mechanik, Nampo Pola in den Steinbruch, sicher der härteste und gefürchtetste Bestimmungsort. Als ich an der Reihe war, las mir ein Offizier einen Brief vor, der die Beschuldigungen gegen mich aufzählte: meine Reise nach Kalimpong, meine Beziehungen zu Gyalo Thondup, dem Bruder des Dalai Lama, und natürlich zu Seiner Heiligkeit selbst. Man gab dort auch an, daß ich 1959 an einer breiten Unterschriftenkampagne gegen die militärische Präsenz Chinas in Tibet teilgenommen hatte. Dann wurde das Urteil gefällt.

– Siebzehn Jahre Zuchthaus!

Die Worte des Chinesen drangen wie aus weiter Ferne zu mir. Das *Mantra Om Mani Padme Hum* hallte in meinem Kopf wider. Siebzehn Jahre! Zwölf Jahre hatte ich bereits überlebt. Und jetzt blieben noch fünf Jahre! Ein paar Tage später wurde ich nach Yitritu verlegt, wo ich Nampo Pola wiedersehen sollte. Zu alt, um Steine zu klopfen, wurde er schließlich zum Kehren der Küche und zum Gemüseputzen eingeteilt, aber er wurde gefoltert, sobald er in seine Zelle zurückkehrte. Er versuchte zunächst, sich umzubringen, indem er sich den Penis abschnitt. In Ketten, mit Stockschlägen und elektrischen Viehtreibstöcken mißhandelt, starb er kurze Zeit später.

In Yitritu gab es viele Zellen, und wir waren abteilungsweise untergebracht. Die schwierigste war natürlich die Abteilung Steinbruch. Die Häftlinge waren ausgemergelt und erinnerten mich an jene aus dem Lager von Jiuzhen, in China. Dort waren in drei Jahren siebenhundert von achthundert Gefangenen an Entkräftung gestorben.

Um zu verhindern, daß die Gefangenen sich zusammenschlossen, einen Block bildeten, zwangen die Chinesen sie, häufig reihum die Zellen zu wechseln. Wir waren im allgemeinen zu siebt, manchmal auch mehr, in einem engen Raum mit wenig Licht. Wir hatten Weisung, uns gegenseitig zu befragen, um dann Bericht erstatten und unsere Kameraden während der *Thamzing*-Sitzungen anklagen zu können, die nach wie vor von barbarischer Grausamkeit waren. Abends wickelten manche ihren Kopf in eine Decke, um zu beten. Spitzel näherten sich ihnen unbemerkt, um ihre Gebete zu belauschen und sie denunzieren zu können. Wenn wir hinausgingen, durften wir niemals einen anderen Gefangenen ansehen und uns erst recht keine vertrauliche Geste, kein Lächeln, kein Augenzwinkern erlauben. Sonst wurden wir augenblicklich beschuldigt, wir sympathisierten mit den Reaktionären im Dienste des Dalai Lama, dieses Abtrünnigen.

Nur morgens, wenn wir um Tee Schlange standen, konnten wir ein paar Worte in das Ohr unseres Vordermannes flüstern, in der Hoffnung, daß er unsere Worte nicht an die Aufseher weitergab.

In Yitritu waren auch reguläre Gefangene untergebracht, die eine mildere Behandlung genossen. Sie arbeiteten im allgemeinen innerhalb des Gefängnisses, in den Abteilungen für Tischlerei – Türen, Fensterrahmen, Betten – oder Mechanik – Reparatur von Militärfahrzeugen. Soldaten bewachten sie innerhalb einer Einfriedung aus Stacheldraht. Wenn die Einwohner von Lhasa Arbeiter brauchten, wandten sie sich an die Lagerkommandantur. Dann verließen abwechselnd ausgewählte Schreiner und Zimmerleute in kleinen Gruppen das Gefängnis und wohnten, solange die Arbeiten andauerten – manchmal vier bis fünf Monate – in der Nähe der Baustelle, in Zelten, um die spitze Gitterzäune und Stacheldraht gezogen waren.

Obwohl ich nun offiziell verurteilt war, blieben die Chinesen mir gegenüber noch immer argwöhnisch. Das war sicher der Grund, warum sie mich für den Steinbruch einteilten. In Ketten liefen wir im Gänsemarsch bis zum Fuße des Berges. Zehn bis fünfzehn Minuten anstrengenden Marsches benötigten wir, um zu diesem »Arbeitsplatz« im Steinbruch zu gelangen. Wir alle trugen einen schweren Sack mit Werkzeugen, der uns den Rücken wundscheuerte. Nur Tibeter verrichteten diese Art von Zwangsarbeit. Die wenigen chinesischen Gefangenen wurden anderen Abteilungen zugewiesen. Hier in Yitritu waren die Überlebenschancen der Zwangsarbeiter im Steinbruch verschwindend gering.

Die Verhöre fanden täglich statt. Nach einigen Tagen war ich nur noch ein Roboter; das erinnerte mich an das Lager von Jiuzhen. Aber dieses Mal konnte ich mir nicht vorstellen, lebend wieder herauszukommen. Die Steine, die wir behauten, wurden anschließend von Häftlingen nach Lhasa befördert und dienten der Errichtung neuer chinesischer

Gebäude, die wie Pilze aus dem Erdboden schossen. Der Steinbruch lag eingekeilt in einem Tal und war von rauhen Bergen umgeben. Den ganzen Tag über hörten wir Dynamitsprengungen und dann das Bersten der Felsen. Ein Gebirge, dem man wie einem wehrlosen Tier bei lebendigem Leib das Fell abzog. Das war Yitritu und Umgebung.

Wir waren in Sechsergruppen eingeteilt. Zwei von uns legten die Steinblöcke frei, zwei weitere zerteilten sie, und die letzten beiden bearbeiteten sie weiter. Neunzig Steine pro Tag konnten wir nur schaffen, wenn jeder einzelne seinen Teil dazu beitrug. Am Ende eines jeden Monats zählten die Chinesen die Steine ab. Wenn das monatliche Soll überschritten war, gab es keine Probleme; erreichten wir es jedoch nicht, wurden wir verprügelt, denn dann galten wir als schlechte Kommunisten. Wir nannten diese Behandlung »den Teufelskreis von Tod und Wiedergeburt«, aus einem einfachen Grund: Starben wir nicht in der Nacht, mußten wir am nächsten Morgen wieder hinaus zum Steineklopfen.

Nach ein paar Tagen solcher Tortur hingen unsere Kleider nur noch in Fetzen an uns herunter. Wir hatten kein Seil und nichts, um unseren Rücken zu schützen. Nachts, in der Zelle, fertigten wir uns so etwas wie Kissen an, die wir uns auf die Schulterblätter legten. Wenn Kunden des Lagers abgefahrene Reifen brachten, stürzten wir uns darauf. In quadratische Stücke geschnitten, diente uns der Gummi als Schutz; und aus dem Schlauch, wenn noch einer im Reifen war, konnten wir Handschuhe machen, indem wir zwei Stücke zusammennähten. Gelegentlich schnitten wir auch breite Streifen aus, die wir uns auf den Rücken legten, wenn wir die Steine transportierten. Einer der sechs Gefangenen wurde zum Gruppenführer ernannt, mit der Aufgabe, das Schrittempo der anderen zu überwachen und sie anzutreiben, wenn sie langsamer wurden. Am Monatsende wurde im Lager die Liste der Gruppen ausgehängt, in der Reihenfolge der Arbeitsleistung, die sie erbracht hatten. Die letzten wurden öffentlich gedemütigt.

Die ersten sechs Monate waren sehr mühselig. Meine Hände waren nur noch eine einzige Wunde. Die Blasen bluteten ständig, die Haut platzte auf und bildete äußerst schmerzhafte Fleischwucherungen. Der Gummi schützte uns, aber er ließ auch keinen Schweiß durch. Bis zum Sommer waren unsere Kleider und unsere Schuhe so dünn geworden, daß wir schließlich barfuß liefen, und die Lumpen, die wir trugen, waren so schmutzig, daß sie Infektionen auf unserem wunden Körper verursachten. Nach und nach hatten wir gelernt, die Werkzeuge richtig zu gebrauchen. Aber sobald sich von neuem der Winter ankündigte, mußten wir noch dazu die starken Temperaturstürze, Frost und heftige Schneefälle aushalten. Ich gewöhnte mich dennoch daran. Die Gefangenen, die am längsten da waren, hatten mir eine Technik beigebracht, wie man riesige Nägel in die Rillen des Felsens schlägt. Wenn wir unsere Schläge falsch plazierten, prallte der Hammer mit der Wucht eines Geschosses zurück, und es bestand die Gefahr, daß Splitter sich in unsere Haut bohrten. Wenn es die Knie traf, bedeutete das unser Ende.

Der Arbeitsrhythmus im Steinbruch war so extrem, daß die meisten Häftlinge Herzprobleme bekamen. Die Unterernährung, die ständige Anstrengung verursachten eine unübersehbare Anzahl von Anfällen. Abends, nach dem *Thamzing*, mußten wir unseren Kameraden beim Hinlegen und beim Atmen helfen und aufpassen, daß sie dabei ihre Zunge nicht verschluckten. Unsere Beine schwollen so sehr an, daß manche sie nicht einmal mehr beugen konnten. Manche starben an Ort und Stelle im Steinbruch. Der Körper erstickte unter der schweren Last, und das Herz versagte. Weil die Häftlinge wie die Fliegen umfielen, hatten die Aufseher beschlossen, uns von den anderen Gefangenen zu trennen, unter dem Vorwand, wir hätten eine ansteckende Krankheit.

Abends mußten wir uns heftigen Verhören unterziehen. Sogar diejenigen, die schließlich zugaben, daß sie sich geändert hätten, wurden weiterhin verprügelt und gefoltert. Un-

sere Gefängniswärter schlugen uns mit elektrischen Viehtreibstöcken, rammten sie uns in den Mund, in den After, oder hielten sie gegen die Geschlechtsteile. Am Ende hatten wir nicht einmal mehr die Kraft zu schreien. In einem permanenten Dämmerzustand nahmen wir jedoch noch immer das Gelächter der Aufseher wahr, die sich unaufhörlich über uns lustig machten.

Viele Häftlinge, die im Steinbruch von Yitritu schuften mußten, gestanden alle möglichen Verfehlungen, einschließlich derer, die sie niemals begangen hatten. Doch die Wärter schlugen sie weiter, weil sie angeblich logen, um ihre Strafe erträglicher zu machen. Diejenigen, die die ständigen Beschuldigungen zurückwiesen, die man gegen sie vorbrachte, wurden so verprügelt, daß sie schließlich in einem komaähnlichen Zustand ins Krankenhaus verlegt werden mußten. Sobald sie wieder zu sich kamen, wurden sie von den Ärzten zurechtgewiesen und ins Lager zurückgeschickt, und die entsetzliche Qual begann von neuem. Die Wärter sagten ihnen:

– Die chinesischen Ärzte sind Spezialisten, die man nicht täuscht. Ihr seid Heuchler. Ihr lügt, weil ihr nicht für das Mutterland arbeiten wollt.

Von neuem hagelte es Schläge, manchmal fast den ganzen Tag oder die ganze Nacht lang. Wenn Männer unter den Folterungen zusammenbrachen und starben, wurden ihre Leichen hastig ins Krankenhaus gebracht. Auf Verlangen der Lagerkommandantur kamen regelmäßig chinesische Ärzte, um die Leichen zu untersuchen und alle möglichen Versuche durchzuführen. Sie sezierten, trennten Köpfe und Arme ab, öffneten den Brustkorb, um Herz und Gehirn der Tibeter zu untersuchen. Anschließend verfaßten sie einen Bericht, um die wahrscheinliche Todesursache anzugeben: Niemand in Yitritu starb an den Folgen der Folter; dort starb man grundsätzlich an einer Krankheit.

Wenn ich betete, dachte ich immer häufiger an meinen gezwungenermaßen nahen Tod. Wie sollte ich in einem solchen Lager überleben? Auch mit Hilfe der Meditation konnte ich mich nur schwer regenerieren. Ich wurde zusehends schwächer und war wie in Jiuzhen nur noch Haut und Knochen. Wenn einer von uns starb, teilten die anderen seine Kleider untereinander auf. Manche hatten jedoch nicht einmal die Zeit, sie überzustreifen, so schnell verschwanden auch sie. Die Toten wurden unweit des Klosters Sera oder in der Nähe von Drapchi in Gräben verscharrt.

Sonntags verteilten die Gefängniswärter Nadel und Faden, damit wir unsere Lumpen flicken konnten. Das hauptsächliche Kleidungsstück war im allgemeinen schwarz, aber wir nähten alle möglichen Stücke daran, roten oder gelben Stoff, Gummi, Reifen und sogar Schuhsohlen. Wenn wir nicht genügend Zwirn hatten, holten wir die abgetragenen Handschuhe der Gefängniswärter und trennten sie geduldig auf, Faden für Faden.

Jeden weiteren Tag, den die Kulturrevolution andauerte, mußten wir uns, bevor wir in die Zelle zurückkehrten, gegenüber unseren Wärtern in einer Reihe aufstellen, die Eisenkiste mit unseren Werkzeugen auf dem Rücken. Man gab uns eine Schale Tee. Dann, eine, zwei, oft drei Stunden lang, priesen wir die Vorzüge des Vorsitzenden Mao. Wir sangen auch:

– Unser Führer ist das kommunistische China. Wir lernen und studieren die Ideologie gemäß den Wünschen von Mao Tsetung.

Eines Abends, nachdem er eine Bastonade erhalten hatte, mußte ein Mönch mit uns singen. Er konnte sich kaum auf den Beinen halten. Plötzlich, als ein Lastwagen über das Zuchthausgelände fuhr, sprang er Hals über Kopf aus der Reihe und warf sich unter die Räder. Er war auf der Stelle tot. Solche Selbstmorde waren an der Tagesordnung. Dasselbe geschah auch draußen. Ich hatte von Tibetern, von Männern und Frauen gehört, die sich dreimal vor dem Potala zu Boden

geworfen und anschließend in den Kyichu-Fluß gestürzt hatten.

Eines Tages im Jahre 1972, im Wasser-Maus-Jahr, ging die Tür meiner Zelle auf, und ein außergewöhnlicher Mönch trat ein. Er hieß Palden Gyatso und hatte schon sehr viele Jahre in chinesischen Gefängnissen und Lagern zugebracht. Er war lange Zeit in Zelle 4 untergebracht gewesen, während ich mich in Zelle 1 befand. Es war uns gelungen, ein paar Worte zu wechseln, aber erst in der Folgezeit lernten wir uns kennen und schätzen. Wir hatten beide noch immer größtes Vertrauen in unser Oberhaupt, den vierzehnten Dalai Lama. An den Abenden nach seiner Ankunft weckte Palden Gyatso meine Neugier, als er mir erzählte, was er während seines zwanzigmonatigen Krankenhausaufenthalts aufgrund von Herzproblemen erlebt hatte. Wenn ein Patient starb, öffnete man die Leiche, um die Todesursache festzustellen und vor allem, um zu sehen, ob Organe wie Herz, Leber und Nieren unbeschädigt waren. War dies der Fall, wurden sie entnommen und nach China geschickt, wo man sie weiterverkaufte. Dazu benutzten die Chinesen hermetisch verschlossene Boxen, die mehrere Glasbehälter enthielten, in denen sie die Organe aufbewahrten. Wenn der Tote zu übel zugerichtet war, wurde er seziert und diente zur Unterweisung der jungen Ärzte. Palden Gyatso erinnerte sich besonders an einen jungen Mann, Trinley, der an den Folgen seiner Herzbeschwerden gestorben war. Er wurde von einer Chinesin seziert, die ihm das Herz entnahm. Die Fälle in den Lagern und in den chinesischen Krankenhäusern häuften sich derart, daß die Tibeter zögerten, zum Arzt zu gehen, wenn sie bestimmte Beschwerden hatten. Wenn sie Patienten heilten, konnten sich die Ärzte mit ihrer hervorragenden Behandlung brüsten. Wenn sie Organe brauchten, zählte ein Menschenleben dagegen herzlich wenig. Auch ein toter Körper war immer noch von Nutzen und rentabel für sie.

Palden Gyatso und ich standen uns gegenseitig bei. Wenn er litt, versuchte ich sofort, ihm zu Hilfe zu kommen. Wenn mein seelischer Zustand angegriffen war, oder später, als ich einmal schwerverletzt war, war er es, der mir zu Hilfe eilte. Er wußte, daß ich *Kunduns* Leibarzt war. Sooft wir konnten, bat er mich, zusammen mit ihm die Schutzgottheiten anzurufen.

Eines Tages wurden wir dazu bestimmt, einen Stromgenerator in den Bergen oberhalb von Lhasa zu bauen. Wir lebten im Zelt, und tagsüber hatten wir eine kurze Ruhepause, in der wir unsere Kleider waschen konnten. Er habe keine Seife, sagte Palden Gyatso.

– Machen Sie sich nichts daraus. Ich bereite welche zu.

– Aber wie wollen Sie das anstellen?

– Wir müßten Asche aus dem Feuer sammeln und Wasser vom Bach holen.

Als Palden Gyatso wiederkam, bat ich ihn, die Asche mit dem Wasser zu vermischen, eine ziemlich feste Paste daraus zu machen und sie ruhen zu lassen.

– Jetzt können Sie Ihre Kleider waschen. Sie werden noch sauberer sein, als wenn sie neu wären.

Palden Gyatso traute seinen Augen nicht. Von nun an wandte er diese Methode häufig an. Ich brachte ihm auch bei, wie man bestimmte Wurzeln und manche Pflanzen benutzt, um widerstandsfähiger gegen Infektionen zu werden.

Immer, wenn die Überwachung etwas lockerer wurde, tauschten wir unsere Erfahrungen im Gefängnis aus. Wir sprachen auch über die Umwälzungen, die die tibetische Gesellschaft erschüttert hatten. Die Chinesen wiederholten unaufhörlich, sie hätten unseren Landsleuten Glück gebracht. Wenn wir jedoch in die Gesichter der Männer und Frauen sahen, denen wir gelegentlich begegneten, wußten wir, daß dies nichts als Propaganda war und die Wirklichkeit ganz anders aussah. Abends beteten wir darum, unsere Gottheiten mögen Seine Heiligkeit und seine Familie beschützen. Allerlei

Nachrichten drangen zu uns durch, und manchmal füllten sich unsere Herzen mit Hoffnung. Doch am nächsten Tag, im Steinbruch, brachen wir wieder unter der Last zusammen und sagten uns, daß wir diese Hölle niemals lebend verlassen würden.

Damals hätte ich nie gedacht, daß ich einmal einem Mönch begegnen würde, dem ich all meine Leiden mitteilen konnte. Ich glaube, es muß ihm wohl ebenso ergangen sein. Wir fanden Zuflucht im *Dharma*, was uns half, die Folter, die seelischen und körperlichen Verletzungen sowie den Hunger zu ertragen. Jeder Augenblick, in dem wir ein paar Worte, Sätze, ein Gebet austauschen konnten, machte uns deutlich, daß das zyklische Dasein einem glühenden Krater gleicht. In den Lagern in China und in Tibet, die ich durchlebt hatte, in den Gefängnissen, die Palden Gyatso kennengelernt hatte, waren die Leiden der Krankheit und des Todes, die schlimmsten Qualen über uns hereingebrochen wie ein Gewitterregen. Wir mußten überleben, um Zeugnis abzulegen. Wir mußten weiterkämpfen gegen das Unrecht und das Grauen, das Tibet seit der Invasion durch das kommunistische China peinigte.

Palden Gyatso und ich standen uns sehr nahe. Sobald wir fühlten, daß dem anderen Gefahr drohte, waren all unsere Sinne alarmbereit.

Eines Morgens, im Steinbruch, fühlte ich mich nicht wohl. Am Abend zuvor hatten wir eine lange *Thamzing*-Sitzung durchgemacht. Palden Gyatso war furchtbar geschlagen worden. Ich etwas weniger, aber in den Nachbarzellen waren Tibeter gestorben, und ihre Leichen waren sofort von den Wärtern abtransportiert worden. Ich bearbeitete gerade einen riesigen Stein, als dieser in zwei Teile zersprang. Von Panik ergriffen, machte ich einen plötzlichen Satz, aber ein Splitter bohrte sich mir in den Fuß. Auf der Stelle verspürte ich einen heftigen Schmerz. Das Blut spritzte stoßweise heraus. Mein Herz klopfte zum Zerspringen. Ich bekam es mit

der Angst zu tun, denn seit einiger Zeit schon hatte ich Herzrhythmusstörungen. Sie waren weniger schlimm als bei anderen Gefangenen; trotzdem konnte bei dieser Verletzung alles passieren. Häftlinge standen um mich herum. Palden Gyatso half dabei, mich auf einen Karren zu heben, dann verlor ich die Besinnung. Als ich wieder zu mir kam, war ich in meiner Zelle, und man hatte meine Wunde verbunden.

Am nächsten Tag arbeitete ich schon wieder im Steinbruch. Mein Herz hatte den Schock ausgehalten, aber ich hatte viel Blut verloren. Ich fand Wurzeln, mit denen ich mich behandeln konnte. Eines Abends bat ich einen tibetischen Wächter namens Tempa um Erlaubnis, mir eine *Moxibustion* zu machen, was er genehmigte. Blasen hatten sich an meinem Fuß gebildet, und die *Moxibustion* sollte die Flüssigkeit aufsaugen. Unfähig, mit dem Fuß aufzutreten, hatte ich den ganzen Tag über sehr gelitten. Ich fühlte zunächst meinen Puls, um zu prüfen, ob ich Fieber hatte. Wäre das der Fall gewesen, hätte ich nicht auf diese Weise eingegriffen. Da ich nicht über die erforderlichen Instrumente verfügte, benutzte ich, was ich finden konnte. Ich nahm eine Art sehr grobes Papier von schlechter Qualität, das, wie es hieß, aus Pferdeäpfeln hergestellt wurde. Ich rollte ein Blatt zusammen. Dann machte ich Feuer und stach die erhitzten Nadeln – jene, mit denen wir unsere Lumpen flickten – in vier bestimmte Punkte um die Verletzung herum ein. Ich legte das zusammengerollte, mit Knoblauch getränkte Papier auf meinen Fuß, wo es durch den Knoblauch haften blieb. Kurze Zeit später schloß sich die Wunde wieder, und ich konnte wieder normal gehen.

Um im Gefängniskrankenhaus einen Arzt aufzusuchen, mußten Verletzte und Kranke in einer langen Schlange warten, bis sie an der Reihe waren. Wer drinnen keinen Sitzplatz hatte, konnte sich draußen auf Bänke setzen. Dort warteten wir, bis wir von dem Arzthelfer, einem Tibeter, der gemeinsame Sache mit den Chinesen machte, aufgerufen wurden.

Eines Tages kommentierten zwei Gefangene die jüngsten Ereignisse in Lhasa. Sie hatten davon in der Zeitung gelesen, die in den Zellen ausgeteilt wurde. Der Arzthelfer überraschte sie bei ihrer Unterhaltung und berichtete es den Wächtern. Sie wurden in Ketten gelegt und gezwungen, ihre Verfehlungen zu bekennen, insbesondere, daß sie gewagt hatten, die chinesische Politik in Tibet zu kritisieren. Andere Häftlinge wurden gefoltert, und in den Tagen nach diesem Zwischenfall begingen vier Tibeter Selbstmord, indem sie sich die Kehle mit einem ihrer Werkzeuge durchschnitten.

Die Kulturrevolution wütete noch immer auf dem Dach der Welt. Die Roten Garden zerstörten, plünderten, verwüsteten alles, was im engeren oder auch nur im weitesten Sinne mit tibetischer Kultur zu tun hatte. Zehntausende von Tibetern waren in den Lagern verschwunden. Gedemütigt, zermürbt, entkräftet, bedankten sich manche angesichts der ständigen Bedrohung am Ende sogar bei ihren Folterern. Waren sie erst einmal frei, dann sagten sie, sie seien ihnen dankbar für die Grausamkeiten und Erniedrigungen, die sie erlitten hätten. Draußen in den Städten und Dörfern mußten meine Landsleute ständige Kontrollen und Mißhandlungen über sich ergehen lassen: Hausdurchsuchungen, Schwangerschaftsregistrierungen, Zwangsverhütung. Die Politik der Geburtenkontrolle wird übrigens noch heute fortgesetzt, und aus Berichten geht hervor, daß seit 1960 junge zwangssterilisierte Mädchen und schwangere Frauen als Versuchskaninchen für skrupellose chinesische »Wissenschaftler« dienten. Dadurch, daß sie sich den Forderungen der chinesischen Verwaltung unterwerfen mußte, verlor die tibetische Frau all ihre Rechte, einschließlich des Rechts, über ihren Körper selbst zu bestimmen. Vom Augenblick der Zeugung an unterlag das tibetische Kind denselben Bedingungen wie die Mutter. Der chinesische Staat machte es sich zu eigen und behielt sich zuerst das Recht an seiner Geburt und dann an seinem Leben vor, indem er ihm eine Geburtsurkunde,

gleichsam eine Eigentumsbescheinigung, ausstellte. Tagtäglich nahmen die Behörden sich das Recht heraus, Kinder und Frauen zu töten, deren einziges Verbrechen es war, ohne Erlaubnis der Besatzungsbehörden geboren zu werden oder zu entbinden.

Viele Gründe – und derer gab es schon genug – für das tibetische Volk aufzubegehren. Die Behörden schickten Spezialeinheiten in die eifrigsten Regionen und schlugen die Aufstände brutal nieder. Die chinesischen Kommunisten wollten unsere Kultur vollkommen auslöschen. Dazu war ihnen jedes Mittel recht. Die Beispiele sind allzu zahlreich, und ich kann nur einen verschwindend kleinen Teil erwähnen, manche Tatsachen sprechen jedoch für sich. Ich erfuhr mehr und mehr davon, als es mir möglich wurde, mich ein wenig innerhalb der Einfriedung des Lagers zu bewegen. So wurden Mönchsroben zu *Chubas* für Frauen umgearbeitet, die Hauben der Mönche in Stücke gerissen, aus denen man Schuhe herstellte. Türkise, sofern sie nicht mitgenommen wurden, zermalmte man vor den Augen der begüterten Familien und streute sie in den Wind. Wenn die Chinesen Adelsfamilien beschuldigten, zwangen sie die Männer zu *Thamzing-Sitzungen*, während denen man ihnen eine glühende Eisenstange auf die Schultern legte. Um diesen Folterungen zu entgehen, so wurde mir erneut bestätigt, ertränkten sich viele Tibeter im Fluß. In Yitritu waren die Wärter völlig vernarrt in eine ganz besondere Foltermethode: Sie banden den Gefangenen Behälter um den Hals, die Urin und menschliche Exkremente enthielten. Die Gefangenen mußten dann den Kopf nach vorne senken und stundenlang so verharren, mit dem Gesicht in der Scheiße.

Trotz der Durchsuchungen gelang es manchen Tibetern dennoch, Statuen und Bildnisse des Buddha zu verstecken, manchmal auch Edelsteine. Eines Tages, im Steinbruch, als ich mich daranmachte, einen riesigen Steinblock zu behauen, bemerkte ich einen, der deutlich kleiner als die anderen war

und die Form eines Würfels hatte. Es war keine Wache in meiner Nähe. Ich nahm den Stein auf und stellte fest, daß er bereits behauen war. Als ich ihn entzweischlug, fand ich ein Päckchen, das eine Kette mit einem Silberamulett enthielt, verziert mit falschen Türkisen und einer falschen Koralle. Diese Gegenstände hatten keinerlei materiellen Wert und müssen wohl einer sehr armen Frau gehört haben. Von Panik ergriffen, hatte sie vielleicht die wenigen Habseligkeiten hier versteckt, die sie noch besaß.

Unser Volk versuchte, den *Dharma* anzuwenden, und zog sich daher den Zorn der Besatzungsmacht zu. »Der *Dharma* ist unsere Heimat«, sagten wir uns immer wieder. »Wir gehen unserem Untergang entgegen, wenn schwarze Schlangen über den Boden schleichen.« Die schwarze Schlange erinnerte sehr an den langen Konvoi chinesischer Lastwagen, der sich über die gewundenen Straßen der tibetischen Hochebene schob. Trotz aller Repressalien bekräftigten die Tibeter immer wieder: »Jeder von uns sollte in einer Hand eine Gebetskette, eine *Mala,* tragen, in der anderen eine Gebetsmühle, und jeder Mund sollte das *Mantra Om Mani Padme Hum* rezitieren, denn wir alle sind Kinder von Chenresi.« Ich hörte damals von tibetischen Frauen, die allem Anschein nach sehr entgegenkommend zu den Soldaten waren, ihnen Tee und einen Imbiß servierten, doch häufig taten sie das nur, damit sie ihnen besser mit der Axt den Schädel einschlagen konnten, sobald sich die Gelegenheit bot. Dann wurden sie sofort in Drapchi eingesperrt, und die meisten von ihnen starben dort.

Ende 1972 wurden alle gesunden Häftlinge von Yitritu zusammengerufen und nach Drapchi gefahren, wo mehr als fünfhundert Gefangene einem speziellen *Thamzing* beiwohnten. Aus diesem Anlaß hatte man uns aufgefordert, Maos Rotes Buch um den Hals zu tragen, und am Abend zuvor hatten wir unsere Lumpen waschen müssen. In aller Eile war ein Podest errichtet worden. Plakate denunzierten die

separatistischen Aktivitäten einiger Häftlinge. Die Soldaten bewachten uns, postiert hinter schweren Maschinengewehren, die ständig auf uns gerichtet waren. Ein Offizier ergriff das Wort. Er bestand auf der Notwendigkeit, Tibet von allen Konterrevolutionären im Dienste des Dalai Lama zu säubern. Er verkündete auch, zwei Häftlinge hätten versucht auszubrechen, und sie hätten im Verlauf des Verhörs ihre Verfehlungen zugegeben. Eine reine Lüge! Die beiden Männer hatten keines der Verbrechen gestanden, die ihnen zur Last gelegt wurden. An das Podest angekettet, die Körper aufgequollen infolge der Schläge, mußten sie sich ihr Urteil anhören: Sie sollten sterben, weil sie die Volksregierung beleidigt hatten. Die Chinesen hatten eigens ein Lied für sie komponiert. Ich erinnere mich nicht mehr sehr genau an die Worte, aber sie lauteten in etwa so:

> Tötet man einen Separatisten,
> so ist es ja nur einer.
> Tötet man zwei,
> so sind es ja nur zwei.
> Tötet man drei,
> so sind es ja nur drei ...
> Erst wenn man alle Separatisten beseitigt,
> dann wird man dauerhafte Genugtuung erlangen.

Die Häftlinge wurden gezwungen, dieses Lied anzustimmen, als die beiden Männer in einen Lastwagen verfrachtet wurden, der sich sofort in Bewegung setzte. Ein paar Minuten später, vor der Abortgrube hinter Drapchi, wurden sie per Genickschuß getötet. Anschließend jagten ihnen die Soldaten noch drei weitere Kugeln in den Leib.

Die offensichtlich gescheiterte Kulturrevolution zwang Mao dazu, Zhou Enlai das Feld zu überlassen. Die Parteilinie wurde trotz allem noch immer geprägt von Männern, die den

radikalsten Thesen völlig ergeben waren. In Tibet änderte sich die Lage keineswegs. Anfang 1973, im Wasser-Stier-Jahr, wurden tibetische Gefängniswärter dazu gebracht, ihrerseits Selbstkritik gegenüber den Gefangenen zu üben, die angesichts dieser plötzlichen Umkehrung der Lage überrascht waren. Man ernannte neue »Führer«. Die Lager wurden deswegen jedoch nicht leerer, und die Folterungen gingen weiter.

Ich erhielt jetzt in meiner Zelle Besuch von mehreren chinesischen Offizieren, die mich konsultieren wollten, um sich von mir untersuchen oder behandeln zu lassen. Der erste war Kommandant einer Artillerieeinheit. Ich fragte ihn nach dem Grund für dieses plötzliche Interesse an der tibetischen Medizin. Er erklärte mir, alle anderen Behandlungen, die er ausprobiert habe, seien bislang gescheitert. Dies sei gewissermaßen seine letzte Hoffnung. Ich fühlte seinen Puls und verschrieb ihm ein Medikament, das er sich im Mentsikhang besorgen konnte. Erst viel später sah ich ihn wieder. Offenbar war meine Diagnose richtig gewesen. Dann kam ein Soldat, der an epileptischen Anfällen litt. Ich verschrieb ihm *Moxibustionen*, und er erholte sich nach wenigen Wochen. Eines Tages war es ein tibetischer Häftling, Nyima Tashi, der die Erlaubnis erhielt, zu mir in die Sprechstunde zu kommen. Er sollte Bäume fällen. Ich riet ihm davon ab, aber es war ihm nicht möglich, meinen Rat zu befolgen. Zusammen mit seiner Arbeitseinheit wurde er auf einen Lastwagen verfrachtet. Später erzählte man mir, die Passagiere des Lastwagens hätten das Grunzen eines Yaks gehört. Dabei weidete keine einzige Herde in der unmittelbaren Umgebung. Es handelte sich in der Tat um ein sehr schlechtes Omen. Der Lastwagen stürzte um, die Passagiere wurden verletzt. Nyima Tashi fiel ein Rad auf den Kopf; im Krankenhaus starb er dann.

Die Monate gingen vorüber. Wenn ich den Chinesen Glauben schenken konnte, war ich fast am Ende meiner Haftstrafe angelangt. Siebzehn Jahre in Zuchthäusern und

Lagern hatten meine Hoffnung, eines Tages den Dalai Lama und seine Familie wiederzusehen, nicht geschmälert. Ich hätte normalerweise im März 1976, im Feuer-Drachen-Jahr, freigelassen werden sollen. Im Holz-Tiger-Jahr (1974) arbeitete ich nach wie vor in den Steinbrüchen der Umgebung von Yitritu, und abends empfing ich von Zeit zu Zeit Besuch in meiner Zelle. Eines Tages bat die Frau eines Funktionärs aus Taksung Khang, der sich zur Zeit in China aufhielt, um eine Konsultation. Als ich ihren Puls fühlte, stellte ich fest, daß ihr Gesundheitszustand äußerst kritisch war und sie wahrscheinlich nur noch zwei oder drei Monate zu leben hatte. Ich riet ihr, sofort ihren Mann anzurufen und ins Militärkrankenhaus von Sera zu gehen, wo chinesische Ärzte sich unverzüglich um sie kümmern würden. Tatsächlich wurde an dieser Frau ein chirurgischer Eingriff vorgenommen. Sie lebte danach noch einen Monat lang. Die Chirurgen, die sie operieren sollten, erfuhren von ihrem Besuch in Yitritu, aber gleichzeitig erhielten sie eine vollkommen abwegige Information über meine Diagnose. Sie seien im Glauben gewesen, so gestanden sie mir später, daß ich geschätzt hatte, sie hätte noch drei oder vier Jahre zu leben, und sie wäre wahrscheinlich noch am Leben, wenn sie meine Meinung berücksichtigt hätten.

Eines Tages kam der Artilleriekommandant wieder. Dieses Mal kam er in Begleitung des Chefarztes der Sozialstation von Yitritu. Der Mann nahm mir gegenüber noch immer eine zynische Haltung ein. Ich nahm an, daß er gekommen war, um mich auf die Probe zu stellen. Ich erörterte ihm meine Diagnose. Der Arzt an seiner Seite sagte kein einziges Wort. Dann nahm er den Platz des Offiziers ein und hielt mir seinen Arm hin. Ich fühlte seinen Puls und eröffnete ihm nach einigen Augenblicken, er leide an einer schweren Leberstörung, aber es gebe in der tibetischen Medizin eine ausgezeichnete Behandlung für diese Krankheit. Er bestätigte mir die Richtigkeit meiner Diagnose und gestand mir, daß es kei-

nem chinesischen Arzt gelungen war, ihn zu heilen, und daß man behauptet hatte, sein Leiden sei chronisch. Da ich noch immer den Status eines Gefangenen hatte, schrieb ich ihm ein Rezept auf ein einfaches Blatt Papier. Obwohl man ihn für unheilbar krank hielt, brachte die Behandlung rasch positive Ergebnisse. Zunächst ging es dem Mann besser, dann wurde er wieder völlig gesund.

Als ich den Artilleriekommandanten behandeln sollte, vergaß ich darüber nicht meinen Rang als Gefangener. Ich verspürte in mir eine sehr starke Eingebung, wie ein Zeichen: Ich mußte diesen Mann unbedingt heilen. Ich glaube schon, daß ich an diesem Tag meine Arbeit ergeben und aufrichtig einem Kranken gegenüber getan habe. Aber mir war auch vollkommen bewußt, daß die Chinesen mich auf die Probe stellten, und wenn sie zufrieden waren, konnte ich vielleicht die Leiden vieler Gefangener lindern. Eine der Eigenschaften, die ein Arzt haben muß, besteht darin, von dem Wunsch beseelt zu sein, anderen zu helfen. Die Tatsache, daß wir uns vom Wohlergehen anderer – aller anderen – betroffen fühlen, kann man auch Mitgefühl nennen. Es wird ohne Voreingenommenheit vergeben, überwindet alle Hindernisse und kennt keine Grenzen. Ob man einen Freund oder einen Feind behandelt: Es kommt darauf an, daß man keine Vorurteile hat. Ob Freund oder Feind, der Arzt muß alle Patienten genau gleich behandeln: Es sind Menschen, die leiden. Ebenso kann er seine Liebe und sein freundliches Wesen auf seinen Feind ausdehnen. Von der Empfindung dieses Mitgefühls, von diesem Verantwortungsbewußtsein für andere beseelt, können wir die Natur der Dinge und unserer Taten wirklich verändern.

So begann ich, in Yitritu Patienten zu behandeln. Sechzehn Jahre hatte ich bereits in den chinesischen Gefängnissen zugebracht, und ich hatte es geschafft zu überleben.

Dritter Teil
1975-1998

15
Arzt für die Feinde

Das Ende des Holz-Hase-Jahres (1975) stand vor der Tür. Seit mehreren Wochen schon arbeitete ich nicht mehr im Steinbruch. Die chinesischen Behörden hatten mich gebeten, meine Tätigkeit als Arzt innerhalb des Lagers fortzusetzen. Hochrangige Militärs suchten mich weiterhin auf, bekannte Persönlichkeiten der Autonomen Region ebenfalls. Die Wachen hatten es sich zur Gewohnheit gemacht, zu mir ins Krankenhaus zu kommen, wo chinesische Krankenschwestern mich überwachten. Ich durfte Dr. Li, dem Leiter des Krankenhauses, dabei helfen, die Leiden der Gefangenen zu lindern. Bei ihrem Anblick fühlte ich mich traurig und ohnmächtig, denn meist waren es schwere Fälle. Unterstützt von Söpa, einem Tibeter, mit dem ich meine letzten Jahre im Gefängnis teilen sollte, konnte ich nicht viel für sie tun, ich konnte nur versuchen, sie bis zu ihrem Ende zu begleiten.

Sieben Monate später, am 22. März 1976, im Feuer-Drachen-Jahr unseres Kalenders, wurde ich auf Ersuchen von Dr. Li nach Utritu verlegt. Theoretisch war meine Strafe verbüßt, aber niemand zog die Möglichkeit meiner Freilassung in Erwägung. Ich sprach darüber mit Li, der mir nahelegte, Geduld zu haben, man denke ernsthaft an die Eröffnung eines Zentrums für tibetische Medizin, und ich würde dort meinen Platz haben.

Dieser rechteckig angelegte Teil des Gefängnisses war einige Monate vorher von den Gefangenen von Yitritu gebaut worden. Im allgemeinen brachte man hier die Freigänger und die Häftlinge, die vor ihrer Entlassung standen, unter. Utritu lag nicht weit vom Küchentrakt. Der Eingang, von Stachel-

draht umgeben, lag an der Westseite des Lagers, nur wenige Meter vom Krankenhaus entfernt. Auf der anderen Seite befanden sich die Schreiner- und Maschinenwerkstätten. Links vom Eingang waren vier Gebäude, wo die Wachen und das Sicherheitspersonal wohnten. Das Hospital bestand aus einigen Krankenzimmern, einer Aufnahme und einem heruntergekommenen Raum für Injektionen.

Jeden Morgen ging ich dorthin, um Patienten zu empfangen. In dem kleinen Zimmer, das mir zugewiesen war, zogen sechzig bis achtzig Personen an mir vorbei: Gefangene, Wachen, chinesische Militärs und sogar Kranke aus der Umgebung. Letztere zahlten einen Yuan für die Konsultation. Da ich keinen Zugang zu Arzneimitteln hatte, gab ich ihnen nur ein Rezept, mit dem sie sich die Arzneien im Mentsikhang besorgen konnten, wobei man ihnen dort natürlich auch die Ausgabe hätte verweigern können.

Eines Tages besuchte mich Li. Er strahlte förmlich vor Freude. Ich erfuhr von seiner Genesung, was mich besonders freute. Er erging sich dann in Lob und beglückwünschte mich zu meiner Aufrichtigkeit und Ehrlichkeit. Er versprach mir, ein Gesuch einzureichen, um dadurch meine Freilassung zu beschleunigen und zu erreichen, daß ich in Lhasa als Arzt praktizieren dürfe. Ich antwortete ihm, daß ich alle Patienten so gut behandele, wie es mir möglich sei. Im Gefängnis hatte ich gelernt, meine Fähigkeit zur Vergebung zu entwickeln. Ich sagte ihm auch:

– Nur mit Liebe und Mitgefühl kann man seinen ärgsten Feind dazu bringen, sein Denken zu ändern.

Durch das Verhalten von Li und von einigen chinesischen Offizieren, die ich behandelt hatte, bekam ich schon einen kleinen Vorgeschmack auf die Freiheit. Doch als ich zum ersten Mal durch das Tor von Yitritu nach draußen trat, spürte ich unendliche Erleichterung. Eine Fülle von Fragen stieg in mir auf, und ich machte meine ersten Schritte als fast freier Mann, ohne ein konkretes Ziel zu haben. Ich hatte nicht ver-

gessen, daß das tibetische Volk mit Mut und Entschlossenheit seinen Widerstand gegen Versklavung und Kolonisierung fortsetzte. Ich meinerseits sehnte mich vor allem nach Würde und Achtung. Der Mensch kann nur in einer freundlichen Umgebung wirklich glücklich sein. Umgekehrt ist das Glück aller beeinträchtigt, wenn auch nur einige leiden. Die Tibeter strebten nach Glück, doch dieses Glück war zerstört worden und schien nun in unerreichbare Ferne gerückt. Als Arzt kann ich bestätigen, daß es bei Patienten ähnlich ist. Ein Mensch, der in geistigem Frieden lebt, fühlt sich wohl, und sein Körper ist ausgeglichen. Im Gegensatz dazu erlebt ein Mensch mit geistigen Störungen, wie sich seine Gesundheit verschlechtert. Mein Leben war überreich an Schwierigkeiten. Dennoch strebe auch ich nach Glück, und ich weiß, daß dies auch mit Freiheit zu tun hat. Als freier Mensch könnte ich den Dalai Lama und die Familie Yabshi wiedertreffen. Als freier Mensch könnte ich in mein Heimatdorf, nahe bei Nyemo, und ins Kloster von Chöde zurückkehren. In ihrer Eroberungs- und Herrschsucht sind die Chinesen tückische und grausame Wege gegangen. Hätten sie sich uns gegenüber anders verhalten, dann hätten wir ihnen vielleicht folgen können und, warum eigentlich nicht, mit ihnen einige wirtschaftliche und soziale, sogar politische Ansätze teilen können. Der ursprüngliche Marxismus als ein Ideal hat viele gute Seiten; doch dazu gehört sicherlich nicht der Totalitarismus, nicht die korrumpierte Form des Kommunismus, die man in China findet. Dagegen müssen wir, so glaube ich, unbedingt weiter ankämpfen.

Das *Losar*-Fest des Feuer-Drachen-Jahres (1976) war gerade zu Ende gegangen, als mich Li über die neuen Absichten der chinesischen Behörden informierte: Sie planten die Eröffnung eines modernen Krankenhauses in Yitritu. Man würde mir sogar gestatten, draußen Heilpflanzen zu pflücken, und ich würde elektrische Maschinen erhalten, um sie zu filtern

und zu pulverisieren. Ich erinnerte ihn daran, daß meine Strafe abgelaufen war und daß es mir nach siebzehn Jahren Zwangsarbeit darum gehe, nicht nur meine völlige Freiheit, sondern auch meinen Status als Arzt wiederzuerlangen. Ich erinnerte ihn auch daran, daß es für bestimmte Heilmittel notwendig sei, Pflanzen aus Indien, Nepal oder China zu importieren. Es fehlte uns in Yitritu an Arzneimitteln. Li setzte sich dafür ein, daß ich bei meinem ersten Ausgang zum Mentsikhang gehen konnte.

Als ich nach siebzehn Jahren Haft am zweiundzwanzigsten Tag des dritten Monats des Feuer-Drachen-Jahres das Gefängnis verließ, hätte ich mich sicherlich darüber gefreut, wenn draußen die Tibeter glücklich gewesen wären und ihr Leben sich wirklich verändert hätte, wie die kommunistische Propaganda behauptete. Doch dies war nicht der Fall.

Die Bewohner von Lhasa liefen verstört umher, den Blick auf den Boden geheftet. Ihr legendäres Lächeln war verschwunden, und als sie mich sahen, blickten sie weg. Man muß dazu sagen, daß ich eine Kopfbedeckung trug, die meinen Gefangenenstatus erkennen ließ und sich nachteilig auf Begegnungen auswirken konnte. Es gab zwei Arten davon: die eine für nichtpolitische Häftlinge, die andere für solche, die sich den Besatzern widersetzt hatten. Die Menschen hatten Angst, das war ihrem Blick, ihrer Haltung anzusehen. Ich respektierte das, indem ich ganz bewußt vermied, sie in Gefahr zu bringen. Eine einfache Geste hätte ausgereicht, um ihren Alltag völlig ins Wanken zu bringen!

Ich sah auch Kinder von sechs, sieben Jahren Schweinetröge durchsuchen. Ich vermißte den Geruch von Räucherwerk. Unentschlossenen Schrittes ging ich zum Mentsikhang. Mein Meister, Khyenrab Norbu, hatte seine leibliche Hülle im Wasser-Tiger-Jahr (1962) verlassen. Die Räumlichkeiten, die ich vorfand, boten keine Überraschung. Die Anzahl der Gebäude hatte sich kaum erhöht, noch hatte sich das Institut weiterentwickelt. Offensichtlich waren die

Nachbarhäuser des Mentsikhang verwüstet worden; sie wurden gerade wieder aufgebaut. Allerdings traf ich keinen ihrer ursprünglichen Bewohner mehr an. Selbstverständlich sah ich einige Menschen, die ich kannte. Sie wichen mir aus, zögerten, und wenn sie schließlich mit mir sprachen, warnten sie mich vor den Chinesen! In Lhasa hatte man mir chinesischen Gerüchten zufolge den Beinamen »Dissidentenarzt« gegeben. Diejenigen, die mich wirklich kannten, waren darüber empört, denn dies konnte auch heißen, daß ich mich auf Kosten meiner Landsleute bereichert hätte. Dasselbe wollte man auch vom Dalai Lama und seinen Angehörigen glauben machen. All dies war absurd. Freunde sagten mir:

– Das ist ungerecht. Sie sind nicht so einer, Sie sind immer noch *Lhamenpa*, und Sie sind integer geblieben.

– Sie haben vollkommen recht, antwortete ich ihnen. Ich habe nie irgendein Gesetz übertreten. Mein einziges Unrecht in den Augen der Chinesen ist, Arzt von *Kundun* und von seiner Mutter gewesen zu sein. Den Begriff der Dissidenz haben die Chinesen eingeführt, aber wir Tibeter haben keinen Grund, ihn zu verwenden.

Am Mentsikhang wurde ich mit ausgemachtem Mißtrauen empfangen. Ich war der »Spion im Freigang«, und die Studenten, die dort waren, verdankten ihren Aufenthalt am Mentsikhang wahrscheinlich zu einem großen Teil den chinesischen Kommunisten.

Ich wandte mich an einen Lehrer. Plötzlich tauchte das Bild von Khyenrab Norbu in mir auf. Es geht mir hier nicht darum, auch nur den entferntesten Vergleich zu ziehen. Weder Zeitpunkt noch Stunde waren dazu geeignet; ich wollte ganz einfach einen Medizintext ausleihen.

– Sie können ihn hier einsehen, aber ihn mitzunehmen ist ausgeschlossen.

Ich sah nur junge Ärzte. Keiner meiner Professoren war noch am Leben. Ich empfand große Traurigkeit darüber,

wohl auch ein wenig Auflehnung, doch ich schwieg: Ich war ein »Dissident«.

Da ich draußen bemerkt hatte, daß man gerade dabei war, einige Mauern zu bauen, sagte ich mir, daß die Zukunft vielleicht besser sein würde. Eines tröstete mich: Es waren kaum Chinesen zu sehen. In der Vergangenheit meinten die Chinesen, die tibetische Medizin sei reine Illusion und habe keinerlei Heilwirkung. Da die Besatzungsmacht über eine medizinische Ausstattung verfügte, die für die damalige Zeit relativ hochentwickelt war und im allgemeinen aus dem Ausland stammte, hatte sie in den wichtigsten Städten Tibets eine medizinische Versorgung aufgebaut; aber die war natürlich den Chinesen vorbehalten, und die Tibeter waren davon ausgeschlossen, außer bei ganz besonderen Eingriffen.

Dennoch konsultierte man mich im Gefängnis, und einige Chinesen kämpften darum, daß unsere Medizin und unser gesamtes therapeutisches Arsenal nicht verloren ging. Dr. Li gehörte sicher zu ihnen. Damals waren die Juwelenpillen vor allem bei hohen kommunistischen Würdenträgern sehr begehrt. Wenn man sie auch als »chinesische Medikamente« bezeichnete, so blieb ihre Konzeption und die Art ihrer Herstellung nichtsdestoweniger rein tibetisch. Peking ging jedoch in seiner medizinischen Propaganda sehr weit: Die Kommunisten verfaßten einen später ins Tibetische übersetzten Text, in dem behauptet wurde, daß diese Verfahren ursprünglich aus China stammten. Man wollte weismachen, diese Pillen seien im »Großen Heiligtum der chinesischen Medizin« hergestellt worden und hätten aufgrund ihrer ganz besonderen Qualitäten anschließend auch in Tibet Verbreitung gefunden. In Wirklichkeit wurden unsere wichtigsten Medizintexte von den Roten Garden verbrannt, und beinahe hätte China für immer zerstört, was es jetzt vorgab, selbst geschaffen zu haben.

Eines Tages, als ich einige Arzneien für die Behandlung meiner eigenen Patienten erworben hatte, begegneten mir auf

dem Rückweg zwei oder drei Tibeter, die mit mir zusammen am Mentsikhang studiert hatten. Keiner von ihnen lud mich zum Tee ein. Zunächst war ich darüber bekümmert, doch wenig später konnte ich ihre Haltung verstehen. Mißtrauen regierte in unserer Stadt. Das war unendlich traurig, erbärmlich und doch so normal. Indessen hatte ich siebzehn Jahre Zuchthaus hinter mir, und ich brauchte lange, um mir das einzugestehen. Im übrigen hoffte ich immer noch, die Dinge würden sich mit der Zeit bessern.

Trotz der damit verbundenen Risiken zögerten einige meiner alten Patienten nicht, mich einzuladen. Ich behandelte sie heimlich, aber regelmäßig wurde ich beschattet, das Haus, das ich gerade verlassen hatte, durchsucht und die Familie bedroht. Eines Tages machten Soldaten mir massive Vorhaltungen, ich sei viel zu viel in Lhasa unterwegs. Am nächsten Tag mußte ich ein *Thamzing* über mich ergehen lassen. Dr. Li konnte nichts für mich tun.

Bei diesen Besuchen erzählten mir meine Landsleute, wie ihr Alltag aussah, seit *Kundun* ins Exil gegangen war. Wenn eine Familie über ein bißchen Butter verfügte, bereitete sie Tee und achtete darauf, daß der Nachbar davon nichts mitbekam. Wenn man sie dabei überraschte, konnte man ihnen vorwerfen, ein extravagantes, bourgeoises Leben zu führen und die überlebten Sitten und Traditionen der Vergangenheit noch nicht abgelegt zu haben. Die Tibeter lebten in einer Atmosphäre des Argwohns. Nicht einmal nach dem Tod von Mao Tsetung am 9. September 1976 bemerkte ich eine Veränderung. Meine Landsleute waren gezeichnet von den Ausschreitungen der Roten Garden, und die Kulturrevolution mit ihren wahnsinnigen Exzessen prägte immmer noch das Denken. Jede Nacht machten Soldaten die Runde, auf der Suche nach möglichen Widerstandskämpfern. Jeder Bewohner war registriert. Sobald ein Fremder in ein Haus kam, rückten Soldaten aus, durchsuchten, verhörten, erkundigten sich nicht nur nach den Personalien des Besuchers, sondern

auch nach seinen Ansichten. Ich bemerkte auch, daß die Tibeter auf dem Feld hart arbeiteten, das Getreide dann allerdings von der Armee beschlagnahmt wurde. Kein Wunder, daß meine Landsleute an Hunger starben, die in »Freiheit« ebenso wie die in den Gefängnissen. Es war die Hölle!

Immer mehr Patienten suchten mich in Utritu auf, aber es fehlte uns an Arzneimitteln. Der Mentsikhang war außerstande, uns damit zu versorgen, und wir hatten dafür nur ein Jahresbudget von fünfhundert Yuan. Das war zu wenig! Ich sprach daher Dr. Li darauf an:

– Wenn Sie wissen, wo die Pflanzen und Steine zu finden sind, dann werden wir sie suchen.

Li bekam alle Befugnisse, um etwa sechzig Häftlinge mitzunehmen, die kurz vor ihrer Entlassung standen. Sie waren nach ihrem körperlichen Zustand ausgesucht. Wir verließen unter strengem Geleitschutz gegen ein Uhr morgens das Lager und erreichten bei Tagesanbruch das Gebirge. Es zählte nicht die Kälte, die uns ins Gesicht schlug, es zählten auch nicht die heftigen Windstöße, die Hosen und *Chubas* gegen unsere Beine drückten. Unsere Kopfbedeckung tief ins Gesicht gezogen, marschierten wir gebückt im Gänsemarsch voran. Unmöglich, sich unterzustellen. In dieser Höhe gab es kaum Bäume, die einen natürlichen Schutz hätten bieten können.

Ich kam nur unter großen Schwierigkeiten voran. Der Leiter der Gruppe, ein Chinese, ging rechts von mir; Söpa, der Arzt in Chamdo war, links. Als Söpa sah, daß ich schwankte, nahm er meinen Arm, um mich zu stützen. Er war sich meiner extremen Schwäche bewußt, aber er brauchte mich für das Sammeln der Pflanzen und ganz bestimmter Steine.

Als plötzlich der Wind nachließ, hörte der Regen ebenfalls auf, und ein doppelter Regenbogen zeichnete die Umrisse des Berges nach. Das war ein gutes Omen, und ich machte Söpa darauf aufmerksam, der mir zulächelte. Als ich auf-

blickte, bemerkte ich, daß auf der anderen Seite eines Bachs das Ufer anstieg und eine kleine Böschung bildete. Ich ging voran und durchquerte das eiskalte Wasser. Es war so gut, sich an frühere Empfindungen zu erinnern. Das war ein starkes Erlebnis, das ich leider mit niemandem teilen konnte. Dr. Söpa beobachtete mich. Auch er war sich der Bedeutung des Augenblicks bewußt.

Die Uferböschung, von der Strömung ausgehöhlt, bildete einen Vorsprung und barg einen Teppich von Wurzeln und Gestrüpp. Ich gab Li ein Zeichen. Die Gruppe hielt an. Die Soldaten, die uns begleiteten, ließen ein Zelt aufschlagen, während ich meine Kameraden bat, das Gepäck abzuladen, das die Maultiere trugen. Wir machten Feuer. Der Winter kündigte sich an, früh und rauh. In der Nacht änderte sich das Wetter wieder. Als ich bei Tagesanbruch aus dem Zelt trat, zeigte die Sonne ihr erstes sanftes Licht. Ich wußte von einer Grotte in der Nähe, wo wir die Steine finden könnten, nach denen wir suchten.

Wir verbrachten mehrere Tage damit, Heilpflanzen und Steine zu sammeln. Der Arzt riet mir davon ab, Säcke zu tragen. Ich weigerte mich, auf ihn zu hören, da ich Wert darauf legte, es meinen Kameraden gleichzutun, die ebenso litten wie ich. Manche trugen bis zu fünfzig Kilo; ich dagegen konnte nur etwa fünfzehn heben.

Nach unserer Rückkehr nach Utritu lud ein Lastwagen die Säcke auf und brachte sie zum Mentsikhang, der uns im Gegenzug Arzneimittel lieferte. Trotz allem konnte ich nicht allen Patienten helfen. Nur die Schwerstkranken erhielten eine Behandlung; die anderen mußten sich gedulden. Das ging nicht ohne Probleme ab. Die Häftlinge vor allem warfen mir vor, die Kranken von außerhalb zu begünstigen, die sie als Kollaborateure ansahen. Meine Erklärungen genügten ihnen nicht. Einige beklagten sich sogar bei der Verwaltung darüber. Dr. Li mußte erneut einschreiten und den lokalen Behörden erklären, daß ich ausschließlich nach dem Gesund-

heitszustand meiner Patienten vorginge, uns jedoch Medikamente fehlten.

Im Feuer-Schlange-Jahr (1977) brachen wir noch mehrere Male auf. Ich stellte fest, daß an einigen Stellen die Pflanzen sehr rar geworden waren, besonders um Lhasa herum. Wir mußten ein weiteres Tal durchqueren und weiter oben im Gebirge unsere Suche fortsetzen. Wir trafen auf Nomaden, die uns ohne Wissen unserer Aufpasser Tee anboten, und ich konnte die Gottheiten anrufen und mit den traditionellen Ritualen Opfer darbringen, so eine *Khata*, die ich in ein Feuer aus Wacholderzweigen warf.

Unterdessen hatte ich weiter an Ansehen gewonnen. Die Tibeter wußten nun, daß sie einen *Amchi* aufsuchen konnten und daß ich der Arzt von *Kundun* gewesen war. Die Chinesen kamen ebenfalls in wachsender Zahl zu mir. Zu der Zeit gewährten sie mir ein Gehalt, eine Summe von dreißig Yuan, die mir erlaubte, meine bescheidenen Ausgaben für Kleidung und Nahrung zu bestreiten. Einer meiner Patienten sagte mir, daß die Juwelenpillen sogar in Peking und in anderen Großstädten Chinas hochgeschätzt seien. Er lobte vor allem meine Diagnosen, meine Kenntnis der tibetischen Medizin und betonte, daß ich das Glück habe, dem Mutterland China zu einem Zeitpunkt zu dienen, wo Tibet ein wohlhabendes Land geworden sei. Doch schnell wechselte er den Ton, um mich daran zu erinnern, in welcher Unwissenheit das Schneeland einst gelebt habe und wie sehr es von einem Renegaten, der sich Dalai Lama nennen ließ, und seiner Clique unterdrückt worden sei. Er warf mir vor, Teil dieser »Banditenbande« gewesen zu sein.

– Damals war ich ein einfacher Mönch, der gerade seine Medizinstudien beendet hatte, antwortete ich ihm mit fester Stimme. Was Sie da sagen, ist ja vielleicht wahr, aber ich weiß nicht, wovon Sie sprechen.

– Ach! rief er aus. Sie verstehen immer noch nicht...

Als ich an diesem Abend wie jeden Tag wieder in meine

Zelle zurückgekehrt war, flehte ich Tara an, mich vor diesem Mann zu schützen, der wahrscheinlich gekommen war, um mich von neuem auszuhorchen und mir zu schaden. Im Gedanken an die Mönche von Chöde schlief ich ein.

Endlich erhielt ich die Erlaubnis, nach Chöde zurückzukehren. Zaghafte Sonnenstrahlen, Vorboten des Frühlings, drangen durch das Laubwerk. Sträucher waren im Unterholz eher selten. Einige Bäume waren umgestürzt, Opfer der starken Schneefälle des letzten Winters, andere gaben gefährlich nach. Der Wald, den ich in diesem Monat April des des Erde-Pferd-Jahres (1978) auf der Straße nach Nyemo durchquerte, war gelichtet. Ich hatte von Häftlingen gehört, daß die Chinesen eine wilde, umfassende Abholzung betrieben. Beweise dafür hatte ich nun vor Augen. Mit Baumstämmen beladene Lastwagen fuhren vor meinen Augen her und wirbelten Staubwolken auf.

Unsicher, welche Richtung ich einschlagen sollte, nahm ich einen Weg, der mich zu einem Durchgang führte. Vom Laufen wurde mir warm, doch am Abend streckte ich mich, erschöpft von der Anstrengung, im Schutz einer Höhle aus. Die kalte Luft ließ mich erzittern. Ich wickelte mich in die Decke, die ich mitgenommen hatte. Ich hatte mir, über alle Hindernisse hinweg, die mir dieses menschliche Leben in den Weg gelegt hatte, einen schwierigen, verschlungenen Weg gebahnt, so wie ich es gerade beim Durchqueren des Waldes getan hatte. Seit einer meiner Onkel mich in Drapchi besucht hatte, war ich ohne jegliche Nachrichten von meiner Familie. Er hatte mir mitgeteilt, daß Paisala gestorben war und zwei weitere Onkel in chinesischen Gefängnissen verschollen waren. Mit weit geöffneten Augen sah ich, wie sich die Dunkelheit um mich herum verdichtete. Ich versuchte, Feuer zu machen, um die Finsternis zurückzudrängen. Die Feuchtigkeit hinderte das Holz daran, Feuer zu fangen. Ich hörte alle Arten von Geräuschen, von Rascheln und wagte kaum, mich zu

bewegen. Ein Tier schnüffelte herum. Ich fühlte, wie mich etwas beschnupperte und sich dann entfernte. Plötzlich hielt ich es nicht mehr aus und gab mich meinem Elend hin. Tiefe Schluchzer schnürten mir die Kehle zu. Mein Körper wurde von Weinkrämpfen geschüttelt. Ich fühlte mich allein, erschöpft, so vieler Leiden müde. Schließlich schlief ich ein in dem Gedanken, übermorgen in Chöde zu sein.

Frühmorgens weckte mich der Durst. Ich hörte das Rauschen von Wasser und weiter weg den unablässigen Sturz eines Wasserfalls. Der Bach, der bald vor mir auftauchte, brachte mir die ersehnte Erleichterung. Am Abend vorher hatte ich mich in dieser Umgebung, die in mir so viele alte Erinnerungen wachrief, verloren gefühlt. Ich trank gierig, um meinen Durst zu löschen. Dann merkte ich, daß mich auch der Hunger quälte, aber ich hatte keine *Tsampa* mehr. Ich machte mich auf die Suche nach ein paar Wurzeln und Blättern. Der zweite Tag war ebenso schmerzlich wie der erste.

Ich begegnete Nonnen, die ungeachtet der damit verbundenen Gefahren beschlossen hatten, zum Kloster Gari zurückzukehren. Sie erzählten mir, daß die Roten Garden ihr Kloster völlig zerstört hätten. Aus diesem Grunde zogen sie durch die Gegend, um Spenden zu sammeln, mit deren Hilfe sie den Wiederaufbau ihres Klosters betreiben könnten. Nur wenige Nonnen waren in Gari Gompa übriggeblieben, und sehr junge Nonnen waren von den Chinesen vergewaltigt worden. Einige waren nach Lhasa geflohen, wo sie an Demonstrationen gegen die Besatzer teilgenommen hatten. Wahrscheinlich waren sie festgenommen worden, jedenfalls hatte man nie wieder von ihnen gehört. Andere hatten es vorgezogen, sich das Leben zu nehmen. Einige gingen nach Indien, dank der Unterstützung durch Bewohner der Region, und fanden Zuflucht in Dharamsala, wo sich *Kundun* mit seiner Exilregierung niedergelassen hatte. Diejenigen, die in Gari Gompa und Umgebung geblieben waren, mußten sich durchschlagen, um an Kleidung und Nahrung zu kommen.

Sie sagten mir auch, daß alle Klöster geplündert, verwüstet und meist dem Erdboden gleichgemacht worden seien. Ich dachte sogleich an Chöde und beschleunigte meine Schritte.

Ich kam nur noch mühsam voran. Ich war erschöpft von so viel Anstrengung. Auch hatte ich Hunger, und dies verursachte einen so quälenden Schmerz, daß ich mich gezwungen sah, anzuhalten und in die Meditation zu gehen. Die Hitze, die nun meinen Körper durchzog, tat mir unendlich wohl und machte es mir leichter. Am Abend fand ich Zuflucht in einem Haus, in dem ich eine alte Frau behandeln konnte, die unter einem sehr starken Fieber litt. Bevor ich am nächsten Tag das Haus verließ, pflückte ich bestimmte Pflanzen, die ihr erlauben würden, ihr Leiden zu besiegen. Nur wenige Stunden trennten mich jetzt noch von Nyemo. In der Nacht glaubte ich, den Schrei eines Uhus zu hören, aber ich war mir dessen nicht ganz sicher. Für uns Tibeter wäre das ein schlechtes Vorzeichen gewesen.

Immer wieder regnete es. Wenn es möglich war, begab ich mich in den Schutz eines Baumes, eines Felsens oder einer Höhle. Es drängte mich, meine Familie wiederzufinden, mein Kloster. Ich beschloß, noch ein Stück weiterzugehen. Schließlich verbrachte ich eine letzte Nacht in der Nähe eines Sees. Hier konnte ich endlich mit Wacholderzweigen Feuer machen. Ich nutzte die Gelegenheit, um etwas Räucherwerk zu verbrennen. In der Ferne hallte das dumpfe Grollen des Donners von den verschneiten Bergen wider.

Chöde ... Lange schaute ich auf das letzte Stück Weges, das noch vor mir lag. Eine starke Erregung drängte mich, meine Schritte zu beschleunigen. Dennoch betrat ich den schmalen Steg, der über den Fluß führte, mit Vorsicht und gab acht, um nicht auszugleiten. Es fehlten Latten. Ich mußte umkehren. Ich fand einen Weg, der in die Schlucht hinabführte, und schlug diesen ein. Der Lärm war beängstigend. Die Fluten, die mit unglaublicher Kraft gegen den Fels schlugen, riefen in mir alle Bilder meiner Jugend wach. Um auf

den Pfad zu gelangen, der auf der anderen Uferseite hinaufführte, blieb mir nichts anderes übrig, als den Fluß zu durchqueren. Das Wasser war eisig, die Strömung heftig. Ich kämpfte, um nicht zu stürzen, um nicht einige hundert Meter weit fortgetragen zu werden. All meinen Mut zusammennehmend, erreichte ich endlich das andere Ufer. Ich stieg den Pfad hinauf, glücklich darüber, daß ich keinen zu langen Umweg hatte machen müssen.

Vor mir, soweit das Auge reichte, gab es nur Schweigen und Einsamkeit. Wildblumen bedeckten die Wiesen, die zum Kloster führten. Die Sonne strahlte jetzt intensiver und blendete mich. Chöde, die Mönche, mein Tutor, das Herz klopfte mir bis zum Halse. War es eine Vision? Die hohe Mauer war von dunklen Öffnungen durchzogen, wie von gewaltigen Rissen, die es früher nicht gegeben hatte. Früher, wie lang war das her ... Schon fünfundzwanzig Jahre. Das war so fern und doch wie gestern. Diese gähnenden Löcher, entstanden durch Explosion von Sprengstoff, nahmen meine ganze Aufmerksamkeit in Anspruch. Und dieser Zaun? Und diese Stille, so erdrückend plötzlich? Panik erfaßte mich. Ich öffnete die schwere Tür des Gebetsraumes. Welch ein Anblick des Grauens und der Verwüstung!

Alles war zerstört, die Statuen, die Reliquien, die Abbildungen. Ich stieg auf einen Speicher. Hier und da waren wohl Restaurierungsarbeiten unternommen worden, doch jetzt schien alles verlassen. Die Darstellung des Buddha in Bronze und Gold, zwei Etagen hoch, war entfernt und durch eine kleinere aus Ton ersetzt worden. Die Wandmalereien, alle in Gold, waren verschwunden.

In diesem Augenblick ließ ich, von Schluchzen geschüttelt, meiner Verzweiflung freien Lauf. Als meine Tränen versiegt waren, verharrte ich lange in Niedergeschlagenheit und bemerkte die verstohlenen Bewegungen um mich herum nicht. Etwa dreißig Mönche waren gekommen. Sie waren ausgemergelt, und ich hatte Mühe, unter ihnen meinen Tutor

zu erkennen. Er bot mir eine *Khata* dar, und man reichte uns Tee. Die Reliquien hatte man weggeschafft, die Bilder andernorts verkauft, und die heiligen Texte waren irgendwo in China.

Vergeblich versuchte ich, die menschliche Natur zu begreifen, in mir tobte Widerstand ebenso wie Zorn. Warum hatte man Chöde, Ganden, Drepung, Sera und mehr als sechstausend andere Tempel und Klöster zerstört? Warum diese massenhafte Umsiedlung chinesischer Bevölkerung nach Tibet? Warum all dieses Leid? Warum diese Zerstörungen? Wo war die von den Herren in Peking gepredigte Toleranz und Weisheit?

Dieser Bericht soll auch ein Gedenken an Chöde sein. Ich denke an meine Mitbrüder, wenn ich dies sage. Mein Kloster ist noch immer zum Teil zerstört. Ich hoffe nur, daß diese wenigen Gedanken all denen helfen können, die dort noch wohnen. Chöde, das ich in meinem Herzen und in meinem Bewußtsein trage und das ich in diesem Leben wohl nie mehr wiedersehen werde...

Ich blieb zwei Tage, um mit den Mönchen zu beten und die Gottheiten um Schutz anzuflehen. Wir sprachen über unsere Hoffnungen und unsere Ängste. Ich wußte nicht, wie meine Zukunft aussehen würde. Ich sehnte mich nur danach, eines Tages *Kundun* wiederzusehen. Hier hoffte man unvermindert auf die Rückkehr Seiner Heiligkeit, trotz aller Hindernisse und aller Fallen, die uns von den chinesischen Kommunisten gestellt wurden.

Vor meiner Abreise suchte ich die ältesten Mönche auf und verschrieb ihnen bestimmte Heilmittel. Wahrscheinlich waren sie insgeheim auch ein bißchen stolz, daß ich einmal einer von ihnen gewesen war.

Eines Morgens dann brach ich sehr früh in mein Dorf auf. Unterwegs machte ich in der Nähe des Klosters Yentsa halt. Es mußte elf Uhr sein. Das riesige Gebäude, das ebenfalls un-

ter den Ausschreitungen der Chinesen gelitten hatte, war von mehreren Häusern umgeben. Eine Herde von etwa zehn Yaks weidete friedlich. Kinder arbeiteten auf dem Feld und rezitierten dabei unablässig *Om Mani Padme Hum*. Ich ging auf einen Erwachsenen zu, der mir sagte, er heiße Thondup. Wir wechselten ein paar Worte. Er verließ vorübergehend seine schwere Arbeit und begleitete mich zum Eingang des Heiligtums, hinter dem ein blühender Garten lag. Ein *Lama* kam mir entgegen; er war in Tashilhunpo *Geshe* gewesen. Er führte mich durch den Gebetsraum und einige andere Räume, alle wie in der Vergangenheit reich geschmückt, und zeigte mir kleine Statuen und Bildnisse, die den Buddha und verschiedene andere Gottheiten darstellten: wahre Wunderwerke ... Butterlampen brannten vor einer Reihe von silbernen Opferschalen. Meine Neugier war geweckt.

– Wie haben Sie all das bewahren können? fragte ich ihn.

– Das ist eine lange Geschichte, antwortete er mir.

Er faßte mich am Arm, und wir gingen in den Garten, wo er mir eine Schale Tee anbot.

Zwei Nonnen und etwa fünfzehn Novizen setzten sich in unsere Nähe. Sie lächelten mir mit unendlicher Anmut zu. Die ältere der beiden Nonnen war bereit, mir ausführlich über die Ereignisse zu berichten, die die nähere Umgebung dieses Klosters erschüttert hatten. Zur Zeit der Kulturrevolution hatte man sie mit der Zerstörung aller heiligen Werke von Yentsa beauftragt. Da ihr nichts anderes übrig blieb, als sich zu unterwerfen, nahm sie an zahlreichen Indoktrinierungsversammlungen teil, wo sie sogar einen gewissen Eifer an den Tag legte. Dadurch beruhigt, bemerkten die Roten Garden nie das seltsame Geschehen, das sich hinter ihrem Rücken in diesem Kloster abspielte. Es gab weiter oben in den Bergen ein kleines vergessenes Heiligtum, eine Einsiedelei, in der noch ein alter Mönch lebte. Wann immer sie konnte, stieg diese Nonne dort hinauf, mal mit einer kleinen Buddha-Statue, mal mit *Thangkas* oder heiligen Texten, die

sie in alte Tücher eingewickelt hatte. Die Zeit sollte sich vielleicht als der beste Verbündete dieser mutigen Nonne erweisen.

Am fünfzehnten und am fünfundzwanzigsten Tag eines jeden Monats – am Tag des vollen Mondes und am zehnten Tag des abnehmenden Mondes – machte sie sich auf den Weg, um in den Familien der Umgebung zu beten und Texte zu rezitieren. Als sie eines Nachmittags ins Kloster zurückkehrte, packte sie die Angst, als das dumpfe Echo eines ununterbrochenen Trommelwirbels zu ihr drang. Das konnte nur ein großes Unheil andeuten. Die Roten Garden hatten tibetische Kinder dazu erzogen, die Traditionen unserer Vorfahren zu verachten und alles zu zerstören, was daran erinnerte. Diese Trommeln kündigten ihr Kommen an. Die Nonne verließ das Kloster und lief so schnell sie konnte zu dem kleinen Heiligtum, bevor die Kinder eintrafen. Sie bat den alten Mönch, die Schutzgottheiten anzurufen, dann eilte sie den Abhang hinunter, den etwa dreißig lärmenden Kindern entgegen.

– Was wollt ihr hier? fragte sie in einem harten, entschlossenen Ton.

– Wir kommen, um diesen Höllenort zu zerstören.

Der Trommelwirbel wurde lauter, drohender. Einige Kinder fanden den Gedanken, alles zu zerstören, überaus lustig.

– Ihr habt hier nichts zu suchen, sagte die Nonne. Ich selbst habe den Auftrag, diese Werke zu zerstören. Es gibt hier nichts mehr, keine Statuen, keine Texte. Seht zu, daß ihr wegkommt! Ich habe anderes zu tun als euch anzuhören.

Von ihrem sicheren Auftreten beeindruckt, machte die Gruppe kehrt und kam nie wieder an diesen Ort. Als wieder Ruhe eingekehrt war, holten die Nonnen nach und nach die sakralen Werke, dann die Texte wieder hervor, und das Leben nahm wieder seinen einigermaßen normalen Lauf.

Ich erfuhr von Thondup, daß sich die Bewohner der Umgebung alle solidarisch mit den Nonnen gezeigt hatten. Kein

einziger hatte sie denunziert. Er erzählte auch, daß er große Probleme mit den Chinesen hatte. Sein Sohn war 1966, im Feuer-Pferd-Jahr unseres Kalenders, festgenommen worden. Er selbst war geschlagen worden, weil er in seinem Haus Butterlampen angezündet hatte. Obwohl Thondup ständig überwacht wurde, setzte er sich dennoch über die Verbote hinweg und versteckte eine Butterlampe in einer Thermosflasche. Leider entdeckten es die Chinesen und schlugen ihn erneut. Um der Wachsamkeit seiner Peiniger zu entkommen, stieg Thondup jeden Morgen vor Tagesanbruch den Hügel hinauf und entzündete die Butterlampen des Klosters. Zurück in Yitritu, stellte ich einige Zeit später Nachforschungen an und fand schließlich die Spur von Thondups Sohn: Er war in Drapchi inhaftiert und war noch am Leben. Ich ließ ihm gleich eine Nachricht zukommen.

Ich blieb noch zwei Tage im Kloster und nahm an den Gebeten mit dem *Geshe* von Tashilhunpo, den Nonnen und Thondup teil. Dann verließ ich sie, um endlich in mein Heimatdorf zurückzukehren. Ich hatte noch eine weite Ebene und einen Paß zu überqueren. Ich ging den Fluß entlang, dessen gewundener Lauf mich unmittelbar an den Fuß des Hügels führen sollte, den Ort all meiner Kindheitsgeheimnisse. Hoch über den verschneiten Gipfeln bemerkte ich Geier, die langsam und schwungvoll ihre Kreise zogen. Irgendwann wandte ich mich vom Fluß ab und ging geradewegs auf die Felswand zu. Ein vager, schemenhafter Gedanke tauchte wieder auf, der Schrei des Uhus. Es war vielleicht nur ein Traum, nicht unbedingt ein schlechtes Vorzeichen. Chöde, die Zerstörung des Klosters, Mönche, die in alle Richtungen rannten, um den Roten Garden zu entkommen, Ströme von Blut, Männer, denen man die Kehle durchschnitt, Frauen, die vergewaltigt wurden ... Kurz vor dem Einfall des kommunistischen Chinas in unser Land, sagt man, hätten die Berge, Hügel und Seen seltsame Klagen von sich gegeben, Kano-

nenschüssen ähnlich. Das war, sagte man damals, die Schlacht, die sich Götter und Dämonen, die Beschützer des *Dharma* und ihre Feinde, lieferten. Diese Schlacht tobte. Wie ein Vorbote des Dramas, das uns heimsuchen sollte. In Lhasa und Umgebung hatte man kurz vor dem 10. März 1959 gesehen, wie sich Krähen ohne zu krächzen auf den Boden setzten und mit dem Schnabel auf die Erde zeigten, bevor sie nach einem kurzen Augenblick wieder davonflogen. Diese Zeichen wurden im allgemeinen als ein schlechtes Omen angesehen. Einige Tage später ging *Kundun* ins Exil, und die Soldaten unserer Armee wurden massakriert.

Doch hier kamen mir die endlosen Berge besonders ruhig vor. Ich dachte nur noch an die Meinen. *Mola* mußte nun eine sehr alte Frau sein. Ich lächelte beim Gedanken an die Geschichten von Aku Tempa, die *Pala* abends beim Feuer erzählt hatte.

Als ich den Hügel erklomm, hörte ich Hundegeheul. Der Uhu in meinem Traum, diese Hunde mitten am Vormittag: all diese Vorboten schlechter Nachrichten! Auf dem Gipfel setzte ich mich einen Augenblick nieder und betrachtete die weite Ebene, die ich durchquert hatte. Mein Blick richtete sich schließlich auf das Haus, in dem ich geboren war. Mein Herz klopfte heftig, sehr heftig ... In der Tür erschien einer meiner Halbbrüder. Er starrte mich einen kurzen Augenblick an, dann warf er sich dreimal nieder und murmelte:

– Lhamenpa! Lhamenpa!

Tränen stömten uns über das Gesicht. Ein paar Sekunden später befand ich mich im Wohnraum, um mich herum meine Familie, zumindest das, was von ihr übriggeblieben war. Es war ein schwerer Schock. All diese Vorzeichen ... Ich erfuhr von *Molas* Tod, vom Verschwinden *Palas* und meiner Onkel.

Ich blieb eine Woche bei meiner Familie. Jeden Tag stieg ich auf den Hügel und verbrachte dort regungslos Stunden damit, Tara anzurufen und *Mola*s Lieblingsgebet zu sprechen. Ich hatte einen Miniaturtempel gebaut und eine Ge-

betsfahne aufgestellt. Eines Abends, während eines schweren Gewitters, wurde das Gebirge von einem Erdbeben erschüttert. Ein leichtes Beben erfaßte das Haus. Als wieder Ruhe einkehrte, zeichnete sich am grauschwarzen Himmel ein doppelter Regenbogen ab. Nun regnete es. Ich war naß bis auf die Haut. Die Kälte, die Dunkelheit, die Farben des Regenbogens, der Regen. Ich hatte Schmerzen. Ich fühlte mich müde. Ich schloß die Augen und dämmerte in halbbewußtem Zustand. *Amala* und *Mola* lächelten mir zu ... Ich wurde von einer Welle von Gefühlen davongetragen, die alles überrollte, erschütterte, auf den Kopf stellte. Auch *Pala* hatte sich mir genähert, nahm meine Hand und führte mich auf einen Weg des Lichts. Als ich wieder zu mir kam, war ich steif vor Kälte. Ein Adler erhob sich in die Lüfte. Der Tod ging um. Ich wußte, daß auch die kleinste Spur eines schlechten *Karmas* mich überallhin verfolgen konnte, wo auch immer ich war.

– Denk daran, Tenzin Choedrak! hörte ich mich laut sagen.

Wir sind zufrieden, wenn wir zu essen, zu trinken und zu arbeiten haben. Und dennoch können sich die Lebensbedingungen, die Gesundheit oder die Nahrung von einem auf den anderen Augenblick verschlechtern. Und plötzlich werden wir uns dessen bewußt, daß wir noch nichts vollbracht haben. Für den Rest meines Lebens mußte ich mich noch konsequenter der wahren Praxis des *Dharma* zuwenden. Dies war die Botschaft meiner Angehörigen. Ich versprach mir, sofort damit zu beginnen, ohne bis morgen zu warten, denn der Tod konnte schon heute abend an die Tür klopfen.

Am nächsten Tag kehrte ich nach Lhasa zurück. Ein Fußmarsch von sechsunddreißig Stunden. Kaum war ich jedoch wieder in Yitritu eingetroffen, da wurde ich nach Drapchi verlegt. Schon wieder! Dr. Li konnte mir gerade noch erklären, es sei wegen des Chinesen, von dem ich vor kurzem Besuch erhalten hatte.

16
Einundzwanzig Jahre später

Seit dem Tod von Mao Tsetung schien es, als wolle China einige Zeichen der Öffnung und des Dialogs setzen. 1977 bedauerte Peking offiziell gewisse Exzesse der Kulturrevolution. Zu der Zeit war Ngabo Ngawang Jigme, der Tibeter, der 1951 das mit einem gefälschten Siegel versehene »Siebzehn-Punkte-Abkommen« mitunterzeichnet hatte, eine der wichtigsten Persönlichkeiten des kommunistischen Regimes in Tibet geworden. In einer Rede hatte er den Wunsch nach der Rückkehr Seiner Heiligkeit und aller tibetischen Flüchtlinge geäußert. Aber wie konnte man einem solchen Menschen glauben? Ein Jahr später, 1978, machten die lokalen Behörden eine vielbeachtete Geste: Sie ließen vierunddreißig in Lhasa inhaftierte Gefangene frei, die als die »letzten großen Rebellenführer« dargestellt wurden, das Ganze natürlich unter lautstarker Propaganda.

Zu dieser Zeit hatte Yeshi Dorje, ein tibetischer Arzt aus Potangmo, zahlreiche Vorstöße bei den chinesischen Behörden unternommen, und schließlich erhielt er die Erlaubnis, mich in Drapchi zu besuchen. Seit einigen Jahren reiste er mit zwei Kollegen, Derge Sonam und Tsultrim Tenzin, kreuz und quer durchs Land auf der Suche nach Texten, die ihnen erlauben würden, wieder bestimmte Juwelenpillen herzustellen, die man heute in Tibet nicht mehr fand.

– Ohne die Texte ist es unmöglich, sie herzustellen. Es wäre zu gefährlich, gab ich ihm zu bedenken.

– Aber wo kann man sie finden? Sogar der Mentsikhang hat sie nicht mehr. Die Roten Garden haben alles verbrannt, antwortete er mir verzweifelt.

– Gehen Sie nach Ganden und fragen Sie in meinem Auftrag nach Sonam Rigzin. Ich glaube, er wird Ihnen helfen können. Danach kommen Sie wieder her.

Yeshi Dorje fand schließlich ein Exemplar des Handbuchs und suchte mich erneut auf, dank Pema Choedrak, einem der tibetischen Verantwortlichen in Drapchi. Er teilte mir mit, daß Derge Sonam ebenfalls ein Handbuch aus Kham mitgebracht habe, doch daß keiner der beiden in der Lage sei, seinen Inhalt zu verstehen.

– *Lhamenpa*, Sie sind heute der einzige Arzt in Tibet, der *Rinchen Rilbu* herstellen kann. Wir müssen alles tun, um diese Tradition zu erhalten. Ich bitte Sie, kommen Sie mit mir nach Potangmo.

– Ich kann Sie nicht begleiten, und im Augenblick würde es auch nichts bringen, sagte ich ihm. Dagegen können Sie meine Anweisungen hier entgegennehmen.

Yeshi Dorje erhielt die Erlaubnis, in Lhasa zu bleiben und jeden Tag nach Drapchi zu kommen. Ich brauchte einen Monat, um ihm einen Überblick über das Lehrwerk zu geben, auf jeden Fall reichte es aus, damit er nach Potangmo zurückgehen und alle Bestandteile sammeln konnte, die für die Herstellung der Pillen notwendig waren. Einige Wochen später bekam ich Besuch von Chögyal-La, dem Verantwortlichen für tibetische Medizin in Potangmo.

– Jetzt brauchen wir Sie, sagte er mir. Haben Sie keine Angst! Ich übernehme alle Verantwortung, falls während Ihres Aufenthaltes bei uns irgend etwas geschieht. Aber bevor ich gehe, muß ich Ihnen noch etwas gestehen, *Lhamenpa*. Als man mir von Ihnen erzählt hat, habe ich mir einen alten Mann vorgestellt.

Er brach in schallendes Gelächter aus, so laut wie das Lachen von *Kundun*. Ich lachte ebenfalls.

– Ich bin sechsundfünfzig Jahre alt, sagte ich ihm, davon habe ich neunzehn im Gefängnis verbracht.

Chögyal-La unternahm alles Notwendige, damit meine Reise möglichst gut verlief. Als ich in Potangmo ankam, wurde ich mit viel Hochachtung empfangen, darunter auch von den chinesischen Ärzten, die das Krankenhaus leiteten.

Man brachte mich nach Dramshu, an einen angenehmen Ort inmitten von Weiden, durch die ein Bach führte. Achtzehn Häftlinge lebten und arbeiteten hier, unter der Aufsicht von Medizinstudenten, die meist aus der Region Kham, vor allem aus Derge kamen. Das Haus war geräumig und angenehm im Vergleich zu allem, was ich vorher gesehen hatte.

Die Leiter des Zentrums hatten meine Ankunft vorbereitet. Ich konnte die vorhandenen Ingredienzien untersuchen: Es waren an die hundert. Ich machte nur kritische Anmerkungen zum Gold, das nicht rein war. Das Metall hatte man sicher den Tibetern weggenommen, dann in Kugeln geschmolzen und gekennzeichnet, um es von anderen Goldqualitäten unterscheiden zu können, die in Barren oder im Rohzustand geführt wurden. Ich schnitt die Frage bei Chögyal-La an, der hier ebenfalls der verantwortliche Tibeter war, aber in Wirklichkeit war er, wie viele meiner Landsleute, direkt der Autorität der Chinesen unterstellt. Alles übrige war nur reine Fassade. Die Antwort erreichte mich nach drei Tagen: Man werde meine Forderung erfüllen. Das Gold werde nun direkt von den Minen kommen.

Es vergingen vier Monate, um etwa zwanzig Kilo Juwelenpillen herzustellen. Wenn man auch meine Arbeit respektierte, so war es doch nicht immer leicht, mit manchen chinesischen Funktionären und Tibetern, die sich ganz dem Kommunismus verschrieben hatten, zusammenzuarbeiten. Da sie hin- und hergerissen waren zwischen einer vermeintlich idealen und innovativen Theorie und einem Aberglauben, der tief in den Traditionen ihrer Vorfahren wurzelte, war ich für diese Tibeter potentiell schuld an allem Unheil, das über sie und die Region hereinbrechen konnte, weil ich kein hochrangiger *Lama* war, der normalerweise allein zur Entgiftung der Metalle und des Quecksilbers berechtigt ist, die für solche Medikamente notwendig sind. Der Spott blieb nicht aus, aber ich weigerte mich, auf ihr dummes Spiel einzugehen und setzte, so gut es ging, meine Arbeit fort. Offen-

sichtlich waren die Gottheiten und die Hüter des *Dharma* auf meiner Seite. Die Medikamente waren zur Zeit der Ernte fertig, die sich im übrigen als hervorragend erwies, sogar sehr viel besser als in den vorangegangenen Jahren. Eine Tibeterin kam und teilte es mir mit. Ich antwortete ihr mit einem vielsagenden Lächeln:

– In den Texten heißt es, daß man, um eine gute Ernte zu erhalten, vorher Quecksilber entgiften muß. Und noch besser ist es, wenn man noch weitere Metalle aufbereitet.

Die Frau ging beruhigt weg, und ich galt von da an in den Augen aller als Weiser und als Experte für übernatürliche Dinge.

Um auf die Entgiftung des Quecksilbers zurückzukommen: Die Arbeitsbedingungen waren nicht ideal, und dies erforderte von denen, die sie durchführten, erheblichen Energieaufwand. Daher achteten die Wachen regelmäßig darauf, jeden mit einem Glas *Chang* zu stärken, ohne dabei zu vergessen, sich ganz nebenbei selbst zu bedienen.

Drei oder vier Stunden Fußmarsch von Dramshu entfernt befanden sich mehrere andere Gefängnisse: Chamdo, Nandak, Tralung, Guchang und Dzongnak, von denen einige als extrem hart galten. Zu dem Zeitpunkt war meine Strafe seit mehr als zwei Jahren abgelaufen, doch ich lebte immer noch unter Aufsicht der chinesischen Strafbehörden. Noch hatte niemand meine Freilassung angesprochen, und ich glaubte nicht mehr allzu sehr daran. Ich mußte mich also regelmäßig im Lager von Dzongnak melden, das von Dramshu am weitesten entfernt lag. Ich ging sehr früh am Morgen los und kam gegen Mittag an.

Chögyal-La hatte mir nahegelegt, Arzneimittel für die Häftlinge und das Lagerpersonal herzustellen. Es war uns unmöglich, ihnen Juwelenpillen zu verschreiben, die hohen Offiziere hätten diese sowieso für sich und ihre Familien an sich genommen. Wir stellten daher eine Substanz her, die

auch Quecksilber enthielt, aber in geringerer Menge. Auf jeder meiner Reisen besuchte ich die Kranken und gab ihnen diese Substanzen, die ihre Schmerzen ein wenig linderten.

Dzongnak war von einem Fluß umgeben. Eine behelfsmäßige Kanalisation durchzog das Lager und erlaubte den Soldaten und dem Lagerpersonal, flußaufwärts ihre Wäsche zu waschen. Flußabwärts floß dieses verbrauchte Wasser durch einen Graben, und eben dieses Wasser wurde von den Gefangenen getrunken. Die Häftlinge, die dieses Wasser zu sich nahmen, wurden unvermeidlich krank. Eines Tages schüttete eine Tibeterin den Graben mit Erde zu, doch die Chinesen merkten es und zwangen ihr ein *Thamzing* auf, bei dem sie ihre Fehler eingestehen mußte, darunter den, Reaktionären geholfen zu haben. Der Graben wurde wieder geöffnet, und die Gefangenen infizierten sich weiter. Als sie sich beim Lagerarzt beschwerten, antwortete man ihnen, daß sie sich doch nur krank stellten, um nicht arbeiten zu müssen.

– Ihr wollt weiter so leben wie in der Vergangenheit!

Fluchtversuche waren selten. Wenn es dazu kam, wurden die betroffenen Männer gedemütigt, gefoltert und an den Rand des benachbarten Steilufers geführt. Von einer Kugel in den Nacken, dann drei Kugeln ins Herz getroffen, wurden die Leichen ins Wasser geworfen. Im Frühjahr trug der Wind den widerwärtigen Geruch bis ins Lager. Oft schwammen Fleischfetzen und Knochen in der Kanalisation. Bei einem meiner Besuche in Nandak erfuhr ich, daß achtzehn Gefangene versucht hatten auszubrechen. Ein Loch von etwa zehn Metern Breite wurde ausgehoben. Die Gefangenen mußten sich am Rand aufgestellen und wurden mit dem Maschinengewehr getötet. Anschließend wurden die anderen Häftlinge des Lagers versammelt und gewarnt, daß jeder, der versuchen würde, aus dem Lager zu entfliehen, mit dem Tod rechnen müsse.

Solche Geschichten gab es reichlich. Ich erinnere mich an

die eines alten Mannes, der sich rühmte, eine Bergziege verspeist zu haben. Zu seinem Pech hörte jemand ihn diese Geschichte erzählen und verstand das entsprechende Wort, das im Tibetischen auch eine Abkürzung für »Chinese« bedeuten konnte, falsch. Da er nun verdächtigt wurde, einen Soldaten gegessen zu haben, blieb er drei lange Jahre in Haft. Ein Wärter unterhielt sich eines Tages mit ihm und fragte ihn aus Neugier:

– Aber was hast du mit seinen Kleidern gemacht?

– Haben Sie schon eine Bergziege Kleider tragen sehen? fragte der gute Mann verblüfft.

Dieser hatte das Glück, freigelassen zu werden. Dagegen gab es viele, die unschuldig starben.

In Dramshu war das Haus, in dem wir untergebracht waren, aus den Steinen eines Klosters gebaut worden. Man konnte dort noch *Mantras* lesen. Der Boden war mit einem Bildnis des Buddha und einem *Mandala* gefliest. Tatsächlich fand man in Tibet immer häufiger öffentliche Toiletten, vor allem Latrinen für Touristen oder für die Armee, die aus den Resten von Heiligtümern oder sakralen Wandmalereien gebaut waren.

Als ich an einem Spätnachmittag zurückkam, begegnete ich einem kleinen Jungen. Er konnte höchstens an die zehn Jahre alt sein. Ich setzte mich kurz neben ihn.

– Sag mir, wann werden wir frei sein? Wann werden die Chinesen weg sein?

Seine Fragen weckten sofort mein Mißtrauen. Ich drehte die Frage um.

– Warum fragst du mich so aus? Warum fragst du mich das?

– *Pala* ist in einem Lager gestorben, und seitdem wird *Amala* jeden Tag von den Leuten im Dorf geschlagen.

– Was wirft man ihr vor?

– Die Frau eines Reaktionärs zu sein, schluchzte er.

Dann erzählte er mir, daß sie geflohen sei und sich das Le-

ben nehmen wolle. Sie habe schon ihr jüngeres Kind in den Fluß geworfen.

– Ich bin der Ältere, und mich sucht sie überall.

Nachdem diese Tibeterin ihren Sohn nicht gefunden hatte, brachte sie sich schließlich um. Ich vertraute den Jungen einem meiner Patienten an, der mir riet, mich vor den Spitzeln in acht zu nehmen, von denen es in der Umgebung viele gab.

Bevor ich Drapchi in Richtung Potangmo verließ, hatte ich den chinesischen Behörden vorgeschlagen, eine Nebenstelle zum Mentsikhang zu eröffnen, um dort die Gefangenen und die Patienten von außerhalb zu behandeln. Als ich nach Lhasa zurückkam, war mein Gesuch bewilligt worden. Ich empfand darüber tiefe Befriedigung, war mir jedoch auch der Tragweite der Aufgabe, die mich erwartete, bewußt. Es fehlte eine Reihe von Heilkräutern. Ich ging mit einer Gruppe von Gefangenen los, darunter Söpa, Domku, Tseten Namgyal, Sonam, Palden, Gelek und etwa dreißig anderen, um Pflanzen in der unmittelbaren Umgebung zu sammeln. Lastwagen erwarteten uns am Fuße des Gebirges. Sobald sie mit den Pflanzen beladen waren, kehrten wir nach Drapchi zurück. Als wir durch die Dörfer fuhren, bemerkte ich, daß Tibeter gegen sehr geringes Entgelt Heilpflanzen an Verkaufsstände von Chinesen verkauften. Hochwertige Kräuter wurden nach China geschickt, die anderen einzeln an Tibeter weiterverkauft. Wenn ich Substanzen brauchte, die nur in Nepal, Indien oder China zu finden waren, mußte ich einen Brief an den Gefängnisdirektor schreiben, der mir dann die Genehmigung erteilte, sie an den chinesischen Ständen von Lhasa zu kaufen.

Mit einer ähnlichen Ausbeutungsabsicht betrieben die Chinesen wie in der Umgebung von Potangmo eine umfangreiche Abholzung von Bäumen. Dies erfolgte durch Sprengungen. Die uralten Bäume waren oft riesig, und es war unmöglich, sie von Hand zu entwurzeln. Die Gefangenen

hoben dann um die Wurzeln herum ein Loch aus, und die Wachen brachten Sprengstoffstäbe an. Der Baum schien einen Augenblick zu erzittern und stürzte schließlich um. Seiner Äste beraubt, rollte der Stamm dann mit ohrenbetäubendem Lärm den Abhang hinunter. So konnte man mitunter Stellen sehen, wo der Wald völlig verschwunden war und mit ihm die Pflanzen, die Blumen, die gesamte Flora und Fauna, die wir Tibeter so achteten. Im Sägewerk wurden die Stämme zersägt; die besten Teile wurden nach China gebracht; die anderen verkauft und vor allem zum Heizen verwendet.

Während dieser Aufenthalte im Gebirge übernachteten wir meist in Zelten, manchmal stiegen wir jedoch ins Tal hinab und waren dann bei den Bewohnern zu Gast. Ich nutzte dies systematisch, um Patienten zu behandeln. Ich begnügte mich damit, sie zu untersuchen und ihnen Arzneimittel zu verschreiben, die sie sich dann beschaffen mußten. Überall sah ich Not. In den Blicken war Angst zu lesen. Alle erzählten mir von den schrecklichen Ausschreitungen, die die Chinesen nach wie vor begingen. Es kam vor, daß Familien *Thangkas*, ein Bildnis von Gottheiten, eine kleine Buddha-Statue aus ihrem Versteck holten, gerade lang genug, um die Gottheiten anzurufen. Ich betete mit ihnen, und sobald wir fertig waren, kamen die sakralen Gegenstände wieder in ihr Versteck. Ich stieß auch auf Nomaden. Einige weideten friedlich ihre Yak-Herden in der unendlichen Weite der Hochebenen. Zelte bildeten die Grenze ihres Lagers. Im ersten Zelt wurden oft Milch, Butter und getrocknetes Fleisch gelagert. All diese Lebensmittel nahmen regelmäßig die Chinesen an sich und ließen meinen Landsleuten nur einen kleinen Teil davon, sie mußten weiter Entbehrungen und Hunger leiden.

Zu dieser Zeit hätte ich daran denken können zu fliehen. Ich tat es nicht, denn nach Indien und zum Dalai Lama zu gehen, hätte für mich bedeutet, meine Landsleute im Stich zu lassen und ihnen die einzige noch verbliebene Chance zu

nehmen, von mir behandelt zu werden. Außerdem, wenn ich einen Fluchtversuch unternahm und auf diese Weise ins Gebirge entkam, würden die anderen Häftlinge darunter zu leiden haben. Und dann achteten die Chinesen immer darauf, einige Spitzel bei uns einzuschleusen, die wir nicht als solche erkennen konnten. Natürlich gab es Fluchtversuche. Einige waren erfolgreich. Aber man muß sich auch klarmachen, daß die Bevölkerung kaum wagen konnte, Häftlingen auf der Flucht zu helfen; überall lauerte Gefahr, selbst auf den Bruder oder den Nachbarn konnte man sich nicht verlassen.

Im Erde-Schaf-Jahr (1979) erfuhr ich, daß die Vereinigten Staaten China offiziell anerkannt hatten. In dem Jahr tauchte der Panchen Rinpoche nach vielen Jahren Haft wieder in Lhasa auf. War dies ein neues Hoffnungszeichen? Wir wußten, daß der Dalai Lama weiter durch die Welt reiste, um die Öffentlichkeit über die dramatische Situation in Tibet zu informieren. Ebenso hatte Seine Heiligkeit Peking gebeten, die Exiltibeter, die ihre Familie wiedersehen wollten, nach Tibet einreisen zu lassen. Und dann erfuhr ich eines Tages, daß eine tibetische Delegation unter der Leitung von Lobsang Samten, einem Bruder des Dalai Lama, Delhi über Peking in Richtung Tibet verlassen hatte. Das war am 2. August 1979.

Die Delegation blieb vier Monate in Tibet. Als sie am 1. Oktober in der Hauptstadt eintraf, versammelte sich eine gewaltige Menge von mehreren zehntausend Menschen um den Norbulingka, den man zu einem riesigen »Park des Volkes« gemacht hatte. Dieser Tag war ein chinesischer Gedenktag, ein Feiertag. Ich hatte Zeit, und so konnte auch ich zur ehemaligen Sommerresidenz des Dalai Lama gehen.

Ich war in Begleitung von Söpa, Phuntsok, Sonam Palden und Dungtuk, einem Vertrauten von Reting Rinpoche, dem Regenten, der während der Minderjährigkeit des Dalai Lama die Geschicke des Landes geleitet hatte. Wir hatten etwas *Chang* und *Tsampa* mitgebracht. Je näher wir dem Norbu-

lingka kamen, desto dichter wurde die Menge. Schreie übertönten die Stimme des Vertreters Seiner Heiligkeit. Frauen weinten, fielen in Ohnmacht. Männer benutzten die Ellbogen, um Lobsang Samten und seine Begleiter zu schützen. Unsere Gruppe brachte ihre ganze Energie auf, um die letzten Meter zurückzulegen, die uns noch von der Delegation trennten. Söpa, Phuntsok, Sonam Palden und Dungtuk trugen mich mehr, als daß sie mich stießen. Und ich sah sie, ich sah ihn.

– Lobsang Samten-La!

– *Lhamenpa! Lhamenpa*! Kommen Sie, kommen Sie schnell!

Ich hatte Lobsang Samten erkannt. Aber etwas hatte sich in seinem Gesicht verändert. Das war es: Er trug jetzt einen Schnurrbart, und sein Haar war dicht. Nach zwanzig Jahren! Es schnürte mir die Kehle zu. Es fiel mir schwer, meine Gefühle zurückzuhalten. Lobsang Samten, Ngari Rinpoche, Thubten Jigme Norbu, Jetsun Pema, *Amala* und ... *Kundun*. Aber nur Lobsang Samten war da. Ich bot ihm eine *Khata* dar.

– Wie froh ich bin, Sie wiederzusehen, *Lhamenpa*. Sie in Lhasa zu wissen, lebend. *Amala*, *Kundun*, alle werden sich über diese wunderbare Neuigkeit freuen, sicherlich die beste unseres Aufenthaltes, denn alles andere war ein einziger Jammer. Wie entsetzlich! Was für eine Schande!

Meine Gefühle hinderten mich daran, auch nur ein Wort zu sagen, und dann drangen Rufe aus der dicht gedrängten Menge:

– Es lebe das freie Tibet! Tibet den Tibetern! Es lebe der Dalai Lama! Lang lebe *Kundun*!

Angesichts des gewaltigen Stroms von Tibetern, die gekommen waren, um dem Bruder – und Abgesandten – Seiner Heiligkeit nahe zu sein, machte einer der chinesischen Regierungsvertreter, der die Delegation begleitete und überwachte, die für die Kommunisten erschütternde Feststellung:

»Ein einziger Tag hat genügt, um die Anstrengungen von zwanzig Jahren zunichte zu machen.« Während wir ein paar Worte wechselten, schützte meine Gruppe die Delegation, indem sie, so gut es ging, die Menschenflut zurückdrängte, die gleichermaßen erschreckend und schön war, auf jeden Fall erfüllt von der Hoffnung eines ganzen Volkes, des unsrigen.

Nachdem wieder Ruhe eingekehrt war, trafen wir uns etwas später wieder, und Lobsang Samten erzählte mir vom Leben der Flüchtlinge, von der Exilregierung, den Reisen Seiner Heiligkeit, vom zunehmend positiven Echo auf unsere Sache in der Öffentlichkeit.

– Und Sie, *Lhamenpa*? Wie haben Sie überlebt?

Diese Frage beantwortete ich nicht. Wir wurden von Chinesen überwacht, doch die tibetischen Spione, die neben uns saßen, waren noch weit gefährlicher. Ich sagte Lobsang Samten nicht die Wahrheit.

– Alles ist gut. Seit das Vaterland mit der Erneuerung Tibets begonnen hat, hat sich vieles verändert. Die Tibeter sind nun weniger unwissend, und wir alle führen ein angenehmes Leben.

Von uns allen schien Phuntsok besonders bewegt. Plötzlich ergriff er die Hand von Lobsang Samten und begann zu erzählen, was seit dem Weggang von *Kundun* und seinen Angehörigen in Tibet wirklich geschehen war. Jemand fotografierte die Szene. Später bekam Phuntsok Schwierigkeiten, konnte sich jedoch schließlich aus der Affäre ziehen.

Lobsang Samten erzählte mir lange von *Amala.* Sie bat darum, ich solle nach Dharamsala kommen.

– Das ist nicht möglich. Ich habe keinen Grund, Tibet zu verlassen. Ich bin meinen Landsleuten nützlich. Aber wenn Sie wirklich wünschen, daß ich nach Indien komme, müssen Sie sich an die chinesischen Behörden wenden, von denen ich seither meine Anweisungen erhalte.

Der Bruder des Dalai Lama sah mir direkt in die Augen,

zuckte mit den Schultern, mit einer Geste der Hilflosigkeit. Unser Dialog offenbarte keineswegs die Wahrheit. Lobsang Samten murmelte ein paar Worte, während Söpa und Phuntsok die Aufmerksamkeit der Spitzel ablenkten. Ein weiteres Treffen wurde vereinbart. Bei Einbruch der Dunkelheit ging ich in das Hotel, in dem die Delegation untergebracht war. Die Chinesen waren zahlreich, doch die Wachen zeigten sich verständnisvoll. Endlich konnte ich ohne Zeugen mit Lobsang Samten sprechen. Ich erzählte ihm alles, was ich gesehen und erlebt hatte.

Die Delegation verließ Lhasa, sie hatte eine unendliche Welle der Hoffnungen und Erwartungen ausgelöst. Die Tibeter sprachen von der Rückkehr des Dalai Lama und vom Ende der Repressionen. Sogar in den Gefängnissen und Lagern konnten die Häftlinge ihre Freude nicht verbergen. Aber leider änderte sich ihre Situation nicht wirklich.

Die chinesischen Behörden ließen einige Tage vergehen und versammelten dann die repräsentativsten Persönlichkeiten der Autonomen Region, beriefen auch chinatreue Tibeter sowie Gefangene ein, die in den verschiedenen Abteilungen arbeiteten. Ich wurde ebenfalls zu dieser Versammlung einbestellt.

Man überschüttete uns mit langen Reden. Schließlich erfuhren wir, daß die kommunistische Führung in Peking die Absicht habe, die Entwicklung Tibets voranzutreiben und von uns Vorschläge, Ideen, auch Kritik erwarte, um mit allen zusammen dem tibetischen Volk eine bessere Zukunft zu bereiten.

Es waren chinesische Ärzte anwesend. Ich vertrat hier die tibetische Ärzteschaft. Man kündigte den Bau eines Krankenhauses westlicher Tradition an, dessen bereits begonnene Arbeiten ich am nächsten Tag in Augenschein nehmen konnte. Dabei teilten mir die Vertreter der chinesischen Regierung ihre Absicht mit, mir die Leitung des Zentrums für

tibetische Medizin zu übertragen. Da ihnen bekannt war, daß während der Kulturrevolution die meisten medizinischen Handbücher verbrannt worden waren, schlugen sie mir vor, ein Werk zu schreiben, das für künftige Generationen nützlich sein würde.

Im Grunde genommen gefiel mir dieser Vorschlag recht gut, ging es doch vor allem darum, die Tradition unserer Vorfahren zu bewahren. Ich wies die anwesenden Regierungsvertreter jedoch auf die Schwierigkeiten hin, die das Schreiben eines solchen Werks mit sich bringen würde, da ich wußte, daß um jeden Preis alle alten Texte zusammengetragen werden mußten, die man hatte retten können. Weiter teilte ich ihnen mit, daß es unbedingt notwendig sei, vor der Eröffnung des Zentrums Heilkräuter zu sammeln, an denen es immer mehr mangele, und der Mentsikhang sei nicht mehr in der Lage, allen Anfragen nachzukommen.

Ich erinnerte daran, daß die Roten Garden Hunderte von Kilo Arzneipulver in die Massengräber geschüttet hätten und daß dies sich nicht wiederholen dürfe. Auch forderte ich Papier und Unterstützung. Ich erhielt alles. Da mein Gehalt von dreißig Yuan nicht mehr ausreichte, wurde es auf sechzig Yuan angehoben. Achtzig Tibeter kamen, um mir bei der Erstellung des Werks zu helfen. So konnte ich innerhalb weniger Wochen einige alte Abhandlungen zusammenstellen.

Ich organisierte auch das Sammeln der Pflanzen. Gruppen, die ausschließlich aus Gefangenen bestanden und von jungen Ärzten begleitet wurden, brachen regelmäßig in verschiedene Gegenden der Region auf. Unterhalb des Mentsikhang wuchs eine Rettichart, deren Wurzeln wir benutzten. Ich nahm davon, um sie mit anderen Substanzen zu vermischen und sie in der Nähe von Drapchi wieder anzupflanzen. Später erfuhr ich, daß diese Pflanze im Überfluß in Spiti, an der Grenze zwischen Indien und Tibet, zu finden war.

Es fehlte uns in Drapchi an Platz. Deshalb erlaubten mir die lokalen chinesischen Behörden, die Pflanzen in den lee-

ren Zellen des Klosters Sera, dessen Fassaden gerade rekonstruiert wurden, zu lagern. Ich konnte an Ort und Stelle arbeiten, um die Prozesse des Trocknens und der Verarbeitung zu verfolgen, unter der Bedingung jedoch, daß ich jeden Abend nach Drapchi zurückkehrte, es sei denn, ich hatte eine Sondererlaubnis. Ich hatte mich damit abgefunden, daß ich immer eine Schachfigur in den Händen der chinesischen Behörden bleiben würde. Normalerweise hätte ich im Feuer-Drachen-Jahr (1976) wieder freigelassen werden müssen. Drei Jahre später, im Erde-Schaf-Jahr (1979), wurde ich immer noch als Gefangener angesehen, selbst wenn ich die Möglichkeit hatte, chinesische und tibetische Patienten zu behandeln.

Da ich regelmäßig nach Drepung ging, hatte ich mir angewöhnt, den Tempel zu umschreiten. Eines Tages hörte ich zwei kleine Mädchen von den Veränderungen sprechen, die hier stattgefunden hatten.

– All unsere Klöster sind nur noch Ruinen, klagte das eine. Die Chinesen erneuern die Fassaden, um die Tibeter und die Touristen anzulocken. Aber drinnen ist es so armselig...

Die Situation war die gleiche in Sera, das zum Teil rekonstruiert war, um den Tourismus anzukurbeln. Aber im Innern waren alle Statuen, Bildnisse und sakralen Gegenstände verschwunden. Zu hören, wie diese kleinen Mädchen über unsere Kultur sprachen, erfüllte mein Herz mit Vertrauen. In neunundzwanzig Jahren Besatzung war es den Chinesen nicht gelungen, uns zu brechen.

Da ich mich nicht ohne besondere Genehmigung aus dem Umkreis von Lhasa entfernen durfte, wußte ich die aus Indien, Nepal und China importierten Substanzen in einem Laden in der Nähe von Drapchi ausfindig zu machen, der von Patienten von mir geführt wurde. Der einzige Kunde dieses Depots war der Mentsikhang. Ich wußte, welche Ingredienzen dort gelagert wurden. Daher hatte ich mir ange-

wöhnt, eine Liste der von mir benötigten Pulver erstellen und sie vom Direktor von Drapchi unterschreiben zu lassen, einem cholerischen Chinesen, der mir eines Tages vorwarf, Handel damit treiben zu wollen. Von da an verweigerte er mir jegliche Unterschrift. Glücklicherweise zeigten sich die Leute vom Depot sehr verständnisvoll und belieferten mich weiter, nicht mehr nach Drapchi, sondern nach Sera.

Das Kloster Sera war früher einmal eine Stadt voller Leben gewesen. Jetzt bestand es nur noch aus Ruinen und war weitgehend verwahrlost. Ein paar Mönche hockten teilnahmslos herum und warteten auf die Ankunft eventueller Touristen. So konnten wir leicht die Pflanzen lagern. Doch zunächst mußten wir die unbewohnten Zellen reinigen und die zerstörten Dächer instandsetzen. Da es uns an Werkzeug fehlte, konnten wir das Pulver nur dadurch gewinnen, daß wir die Pflanzen mit Hilfe größerer Steine auf den Steinbänken des ehemaligen Gartens von Sera zerstießen. Gefangene aus Drapchi halfen mir dabei und kehrten jeden Abend ins Lager zurück.

1980, im Eisen-Affe-Jahr, traf auf Betreiben des Dalai Lama eine weitere Delegation unter der Leitung seiner jüngeren Schwester, Jetsun Pema, in Lhasa ein. Eine vorhergehende – die zweite – *Fact-Finding Mission*, bestehend aus jungen Leuten, war unter dem Vorwand, sie unterstütze den Widerstand, ausgewiesen worden. Während der einhundertfünfzig Tage – vom 1. Juni bis zum 3. Oktober –, die diese Rundreise dauerte, legte die Gruppe dreizehntausend Kilometer zurück. Überall, wo Jetsun Pema und ihre Freunde hinkamen, beschwor man die Fehler der Viererbande, »doch jetzt lief alles sehr gut in dem Tibet, das sie besucht hatten...«, wagten diese Menschen noch zu behaupten.

Als Jetsun Pema in der Hauptstadt angekündigt wurde, versammelte sich erneut eine Menge von mehreren tausend Menschen am Norbulingka, wo sie eine bemerkenswerte Rede hielt und über die Gesundheit Seiner Heiligkeit und die

Bemühungen der Exiltibeter sprach, die wie wir zwei Hauptziele verfolgten: die Rückkehr *Kunduns* und die Befreiung Tibets. Die Erregung war groß, und die chinesischen Behörden waren in Alarmbereitschaft. Entgegen den Behauptungen Pekings war der überwiegende Teil unseres kulturellen und religiösen Erbes zwischen 1956 und 1961 und nicht während der berüchtigten Kulturrevolution (1966-1976) zerstört worden. Von insgesamt mehr als sechstausend Mönchs- und Nonnenklöstern waren im Feuer-Drachen-Jahr (1976) nur noch acht übriggeblieben.

Als ich um vier Uhr morgens Jetsun Pema in ihrem Hotel traf, waren wir beide sehr aufgewühlt. Vom Fenster ihres Zimmers aus konnte sie den Potala sehen, majestätisch wie eh und je. In einem Zimmer der vorletzten Etage flackerte ein kleines Licht.

– Bis auf einen Wachmann, der auf das Gelände aufpassen soll, wohnt dort keiner mehr, vertraute ich ihr mit Bedauern an.

Sie erzählte mir ein wenig von der Reise, von dem, was sie hatte feststellen können, und sagte mir, daß sie sehr darunter leide, die Tibeter praktisch wie Sklaven leben zu sehen. In den Städten waren die meisten von ihnen gezwungen zu betteln, die Schulen waren geschlossen, und im Land herrschte eine Hungersnot.

Jetsun Pema fand eine Stadt vor, die sich sehr von derjenigen unterschied, die sie gekannt hatte. Fast die ganze Altstadt war zerstört worden, und Bauten im chinesischen Stil ersetzten die alten Gebäude. Sie empfand tiefe Traurigkeit, als sie zum *Changseshar* kam. Der Familienwohnsitz war in ein Quartier für Offiziere der chinesischen Armee umgewandelt worden. Die Gitter waren mit einem Vorhängeschloß verschlossen, die Fenster blau gestrichen. Die Abwasserkanäle der Stadt quollen über, und es floß kein Wasser mehr ab. Es gab viele Straßenlaternen und Glühbirnen, aber keinen Strom, denn der stand nur in den von Chinesen bewohnten

Vierteln zur Verfügung. Jetsun Pema wunderte sich darüber, daß die Bewohner von Lhasa immer mit gesenktem Kopf gingen. Ich erklärte ihr, daß sie zur Zeit der Kulturrevolution nicht das Recht hatten, den Blick zu heben, und seither diese Gewohnheit beibehalten hätten. Noch heute lebten sie in ständiger Angst vor Repressalien. Die Delegation fand heraus, daß alle Radiosendungen in chinesischer Sprache ausgestrahlt wurden, während man der Bevölkerung am Abend Indoktrinierungssitzungen, regelrechte Gehirnwäschen aufzwang, die bei Sonnenuntergang begannen und manchmal bis zum frühen Morgen andauerten.

Jetsun Pema sprach mit mir über die schwache Gesundheit von *Amala*, die an Bluthochdruck litt. Sie teilte mir mit, daß man an die chinesischen Behörden ein Gesuch gerichtet hatte, mich für ein paar Monate nach Indien reisen zu lassen, um die Mutter des Dalai Lama zu behandeln. Dem Gesuch wurde stattgegeben, und ich erhielt die Erlaubnis, für drei Monate zu reisen. Ich informierte Jetsun Pema gleich davon und vertraute ihr eine große Tasche mit sehr alten heiligen Texten an, vor allem medizinischen Abhandlungen. Ich wußte, daß die Chinesen sie mich nicht mitnehmen lassen und bei mir eine Leibesvisitation vornehmen würden, während die Delegation sie ohne allzu große Risiken in ihrem Gepäck mitnehmen konnte.

Kurz vor meiner Abreise aus Lhasa im Oktober 1980 kam Pema Choedrak zu mir, ein in der Hauptstadt sehr einflußreicher tibetischer Regierungsangestellter.

– Ich weiß, sagte er mir, daß Sie nicht zurückkommen werden.

– Warum behaupten Sie so etwas? fragte ich.

Ich war furchtbar mißtrauisch, denn dieser Mann ließ sich nichts vormachen. Er wußte, daß ich mich, wenn ich Tibet verließe, dem Dalai Lama und seiner Exilregierung anschließen würde.

– Seit dem Ende der Kulturrevolution hat sich vieles in Ti-

bet verändert. Wir brauchen Leute wie Sie. Wir haben immer noch die Absicht, Ihnen einen wichtigen Posten im Zentrum für tibetische Medizin anzuvertrauen. Warum wollen Sie nach Indien gehen?

– Ich habe Ihnen dazu nichts zu sagen, antwortete ich ihm. Wenn Sie mir aber wirklich helfen wollen, dann leihen Sie mir etwas Geld. In Indien kann ich mir nichts leihen, denn das wäre eine Schande für das Mutterland.

– Wieviel brauchen Sie?

– Ich verdiene nur sechzig Yuan im Monat. Eine solche Reise kann ich nicht bezahlen. Ich brauche tausend Yuan, die ich Ihnen bei meiner Rückkehr wiedergeben werde.

Pema Choedrak willigte schließlich ein, mir diese Summe zu leihen, überzeugt davon, daß er sie nie zurückbekommen würde.

Als ich in den *Jokhang* ging, um die Gottheiten anzurufen, wurde mir plötzlich bewußt, wie sehr die Chinesen unsere Religion in den Schmutz gezogen hatten. Mit Ausnahme von einigen wenigen Statuen und heiligen Texten war alles, was auch nur annähernd mit Buddhismus zu tun hatte, zerstört worden. Ohne diese Gegenstände der Verehrung fühlte sich die Mehrzahl der Tibeter verloren. Einige hatten den Besatzern getrotzt und diese Dinge unter Gefahr für ihr eigenes Leben versteckt.

Nach einundzwanzig Jahren Haft waren diese drei Monate Urlaub ein Zeichen. Ich dachte, daß sich mein Leben jetzt zum Guten wenden würde. »Das *Karma* ist die Ursache aller Dinge,« sagt der Buddha. Die Tatsache, daß ich so viel gelitten habe, hat mich in die Lage versetzt, anderen Menschen näherzukommen, hat mich vielleicht mehr als andere für das furchtbare Tibetproblem sensibilisiert. Trotzdem war ich äußerst vorsichtig, denn niemand weiß, was ihm noch alles passieren kann. Ich konnte nicht all die Jahre vergessen, wo ich so viele meiner Landsleute unter der Folter der chinesischen Gefängiswärter zugrunde gehen sah. Selbst wenn ich

mich gelassen fühlte, so konnte ich nicht sagen, daß ich glücklich war. Mein Volk litt weiter, und seine Leiden haben seit der kommunistischen Invasion von 1949 nie aufgehört. Noch immer überqueren jeden Tag Frauen, sehr alte Frauen manchmal, und Kinder die Bergkette des Himalaya, um Zuflucht und Schutz bei Seiner Heiligkeit dem Dalai Lama zu finden. Mein Urteil fiele vielleicht anders aus, wenn ich wüßte, daß die Tibeter sich nun einer gewissen Freiheit erfreuten. Doch das ist leider absolut nicht der Fall.

Bevor ich die Stadt verließ, besuchte ich ein letztes Mal die wichtigsten Heiligtümer und traf einige mir nahestehende Menschen. Ich sagte ihnen, daß ich ihnen nie aus Dharamsala schreiben würde, damit sie keinen Ärger bekämen. Achtundfünfzig Jahre war ich alt, und ich fühlte mich schon so alt! Für den Rest meines Lebens wünschte ich mir, die Familie Yabshi wiederzusehen, dem Dalai Lama und seiner Regierung nach bestem Vermögen zu dienen, meinen Landsleuten zu helfen, ihre Leiden, wenn möglich, zu überwinden.

Am Morgen meiner Abreise spannte sich ein Regenbogen über den Potala, die ehemalige Residenz *Kunduns*. Ich war tief bewegt. Ich verließ mein Heimatland, vielleicht würde ich es in diesem Leben nie mehr wiedersehen.

Es war vier Uhr, als ich den Kyichu-Fluß überquerte. Um acht Uhr hielt ich an, um Tee zu trinken und etwas *Tsampa* zu essen. Als ich den ersten Paß überschritt, drehte ich mich ein letztes Mal um. Der Potala erstrahlte im tausendfältigen Licht der Sonne. Während des gesamten Weges rezitierte ich einen persönlichen Anruf an die Gottheiten des *Dharma*:

Helft uns, unsere Freiheit bald zurückzugewinnen,
Helft uns, unsere Unabhängigkeit zurückzugewinnen,
Erlaubt uns zurückzukehren,
Lang lebe Kundun!

17
Wieder bei Kundun

Ende Oktober 1980, im Eisen-Affe-Jahr des tibetischen Kalenders, verließ ich Lhasa. Ich empfand ein Gefühl von Glück, und gleichzeitig verfolgte mich der Gedanke, daß meine Landsleute weiterhin die schlimmsten Greuel erlitten, während ich auf dem Weg in die Freiheit war.

In Kathmandu verbrachte ich einige Wochen bei einer Tante mütterlicherseits. Morgens besuchte ich die heiligen Stätten des Buddhismus; nachmittags empfing ich Patienten. Dann nahm ich das Flugzeug nach Neu-Delhi und fuhr von dort hinauf in die Berge nach Dharamsala, wo ich frühmorgens ankam.

Vier Uhr, die ersten Geräusche in der Morgendämmerung: Rascheln von Kleidern, Gemurmel, immer noch leuchtende Augen, gedämpfte Schritte, alte Hände, die eine abgenutzte *Mala* durch die Finger gleiten ließen. Der Tag brach an. Männer und Frauen gingen mit kleinen Schritten und gebeugtem Rücken den *Lingkhor* entlang, den Weg, der um den Tempel und die Residenz Seiner Heiligkeit führt. Ich nahm denselben Weg, ein-, zwei-, dreimal … All meine Gedanken waren auf den Dalai Lama gerichtet, den ich heute oder morgen wiedersehen würde. Auf dem von Bäumen umsäumten kleinen Platz, der sich zum Tsuglagkhang-Tempel hin öffnete, machten schemenhafte Gestalten ihre Niederwerfungen. In einem Überschwang von Inbrunst und Begeisterung tat ich es ihnen gleich. Im Flackern von Butterlampen und in Wolken von Räucherwerk ließ auch ich mich auf den Boden gleiten, kam wieder auf die Knie, erhob mich und warf mich von neuem nieder. Murmeln, Gebete und der Schmerz, der aus meinem Körper wich. An diesem Morgen fühlte ich mich seltsam leicht. Mein Blick verlor sich in den Gebetsfahnen, die im Wind flatterten. Ich blieb vor den *Mani*-Steinen stehen, um mich zu sammeln und unseren Toten die Ehre zu erweisen.

Die Behausungen waren in aller Eile errichtet. Dächer aus Pappe, Platten aus Metall, manchmal aus Holz. Es war einfach, meist ärmlich, als ob die tibetischen Flüchtlinge hier nur in Erwartung ihrer Abreise lebten, in der einzigen Hoffnung auf eine unbewußt schon geplante Rückkehr. Einige lebten seit etwa zwanzig Jahren in Dharamsala, seit sich der Dalai Lama und seine Regierung im Exil eingerichtet hatten. Ich konnte bei meinen Landsleuten immer noch den gleichen religiösen Eifer feststellen. Der Altar war von kleinen Butterlampen erleuchtet und verbreitete ein flackerndes Licht auf einem Topf mit gesalzenem oder gebuttertem Tee oder mit *Thukpa Bakthuk*, der traditionellen Suppe, die in allen Regionen unseres Landes gegessen wird. In einer Ecke bereitete eine Frau *Tsampa* oder backte Brot im Dampf. Ein alter Mann murmelte eindringliche Gesänge, *Om Mani Padme Hum* ... Das Leben hier war bei weitem nicht friedvoll, doch es war von Frömmigkeit und Mitgefühl ganz durchdrungen. In McLeod Ganj, dem hochgelegenen Teil des Ortes, erinnerten Aufschriften auf den Mauern oder Holzbaracken wie »Rettet Tibet!«, »Tibet lebt!« daran, daß die Mehrheit meiner Brüder und Schwestern immer noch unter chinesischer Besatzung lebte. Doch besonders überrascht war ich, zum ersten Mal buddhistischen Mönchen aus dem Westen zu begegnen. Vor einigen Tagen in Nepal hatte ich welche gesehen, aber das war nur ein flüchtiger Eindruck gewesen. Erst in diesem Augenblick verstand ich, daß die Chinesen nie die Söhne des *Dharma* bezwingen würden. Das Werk des Buddha würde fortleben, auch dank der Weisheit unseres Oberhaupts, das unermüdlich seiner Aufgabe nachging, die wertvollen Lehren des Buddha zu verbreiten. Damals stellte sich für mich nicht die Frage, ihn auf seinen Auslandsreisen zu begleiten; *Kundun* wollte mir eine ganz andere Mission anvertrauen. Sie sollte sich als wichtig erweisen.

An diesem Nachmittag bereitete mir *Kundun* einen herzlichen Empfang. Er bat mich, ihm von den Leiden der Unsrigen in den chinesischen Gefängnissen zu erzählen, auch von meinen. Seine Heiligkeit wollte auch, daß ich vor unseren Landsleuten im Exil Bericht erstattete, damit sich alle bewußt machten, welches Drama sich in unserem Land seit 1949 abspielte. Schließlich schlug er mir vor, wieder meinen Platz als Leibarzt an seiner Seite einzunehmen. Ich nahm an mit so großer, so tiefempfundener Freude, daß mir die Tränen kamen. Nach so vielen Jahren voller Leid und Schmerz schien das Leben es nun wieder gut mit mir zu meinen.

Der Dalai Lama hatte sich nicht verändert. Er hatte noch immer das gleiche kosmische Lachen und strahlte diese Präsenz aus, von der eine unbeschreibliche Energie ausging. Der einzige Unterschied war, daß er mit zunehmendem Alter – er war zu der Zeit fünfundvierzig Jahre alt – noch an Ausstrahlung gewonnen hatte. Er gestand mir indessen, daß ihn seine Reisen durch die Welt sehr ermüdeten, aber daß dies nichts sei im Vergleich zu dem, was das tibetische Volk durchmachte. Dann sprachen wir über die schwache Gesundheit von *Amala*.

Wie es die Tradition verlangte, stattete ich gleich im Anschluß an die Audienz bei Seiner Heiligkeit der *Gyalyum** Chenmo – eine Ehrenbezeichnung für die Mutter des Dalai Lama –, die damals im Kashmir Cottage wohnte, meinen Besuch ab. *Amala* war hochbetagt – achtzig Jahre alt –, und ich hatte beschlossen, mich zurückzuhalten, wenn sie Fragen über Tibet stellte. Sie wußte, daß sie in diesem Leben nicht mehr nach Lhasa zurückkehren würde. *Amala* war über die Greueltaten der chinesischen Besatzer informiert; ihr war klar, daß die Schrecken kein Ende genommen hatten. Jetsun Pema mußte ihr alles erzählt haben. Daher überhäufte sie mich bei unserer Begegnung, kaum daß die erste Gemütsbewegung vorüber war, mit einer Fülle von Fragen, vor allem über mein Leben in den verschiedenen Gefängnissen. Je-

mand hatte sie über einen großen Teil meines Schicksals informiert, aber sie wollte es von mir selbst hören.

Amala litt seit langem an Bluthochdruck und hatte einen Schlaganfall gehabt, wonach sie eine gewisse Zeit das Bett hüten mußte. Ihre gesamte linke Seite war jetzt gelähmt. Man mußte sie stützen, um ihr das Gehen zu erleichtern. Aber weit mehr als unter der Krankheit litt sie unter der bedrükkenden Lage des tibetischen Volkes. Das war für sie am schlimmsten. Seit sie Lhasa 1959 verlassen mußte, hatte sie die Hoffnung auf eine Rückkehr in ihre Heimat nie aufgegeben, vor allem nicht die Hoffnung, ihre Tage in Taktser in Amdo beschließen zu können.

Am Ende des Jahres 1980 war der Winter in Dharamsala besonders streng. Es fiel reichlich Schnee, doch trotz der Schwierigkeiten bei der Fortbewegung besuchte ich die verschiedenen Abteilungen der Zentralverwaltung – Gesundheit, Bildung und Erziehung, Finanzen, Sicherheit, Religionsangelegenheiten, Internationale Beziehungen und Information, Innere und Äußere Angelegenheiten, Justiz, zu denen 1988 die Abteilung für Planung hinzukam. Ich wurde vom *Kashag* und von der Abgeordnetenversammlung, dem Parlament, empfangen, das eigens eine Sondersitzung abhielt. Auf diese Weise lernte ich die demokratischen Strukturen kennen, die auf Betreiben des Dalai Lama eingeführt worden waren. Wir hatten eine Exilregierung, die nach dem Muster zahlreicher anderer Länder funktionierte. Unsere Abgeordneten, heute sechsundvierzig an der Zahl, werden für fünf Jahre gewählt und wählen ihrerseits die sieben Mitglieder des *Kashag*, des Ministerrats, und den Präsidenten der Abgeordnetenversammlung. Dieses Bild hat nur einen Makel: Die Exilregierung Tibets ist von keiner anderen Nation anerkannt. Ich mußte mehrere Male von meinen Erfahrungen im Gefängnis berichten. Selbst auf der Straße sprachen mich die Tibeter an, weil auch sie davon hören wollten.

Zu dieser Zeit sah ich Jetsun Pema wieder, die jüngere

Schwester von *Kundun*. Sie war nun Präsidentin des Tibetischen Kinderdorfs (TCV), das sie seit dem Holz-Drachen-Jahr (1964) leitete, dem Todesjahr der ältesten Tochter der Familie, Tsering Dolma, ihrer Vorgängerin in diesem Amt. Jetsun Pema und ihre Mitarbeiter hatten gerade sein zwanzigjähriges Bestehen, wie es sich gehört, in Anwesenheit unseres Oberhaupts feierlich begangen. Ich konnte nun ermessen, welche Arbeit geleistet worden war, seitdem sich unsere Exilregierung 1960, im Eisen-Maus-Jahr, in Dharamsala niedergelassen hatte. Welchen Weg hatte man zurückgelegt, wie viel Leid gelindert, wie viele Hindernisse überwunden! Ich war unermeßlich stolz und tief bewegt, als ich diese Kinder sah. Eine Freude war es, sie so ausgeglichen zu sehen, in der Obhut ihrer Adoptiveltern in »homes«, die unablässig aus dem Boden schossen. Doch wie traurig war es, jeden Tag Neuankömmlinge zu sehen, die vor den chinesischen Greueltaten flohen.

So oft es eben möglich war, besuchte ich *Amala*, die sich nie geschont hatte, wenn es darum ging, ihre Kinder zu unterstützen, vor allem *Kundun* und Jetsun Pema, und allen Flüchtlingen zu helfen, die nach Dharamsala kamen, oft in einem bemitleidenswerten physischen und psychischen Zustand. Ich hatte auch um eine neue Audienz bei Seiner Heiligkeit ersucht, bei der ich mein Amt offiziell wieder antreten sollte. Diese Amtsübernahme fand schließlich in der Würde und Einfachheit statt, die eine solche Zeremonie erfordert. Mit mir wurden zwei junge Ärzte eingeführt, die ich anlernen sollte, damit sie meine Nachfolge antreten könnten, für den Fall, daß mir etwas zustieße. *Kundun* nahm unsere *Khatas* entgegen und verkündete unsere Ernennungen. Nach Beendigung der Audienz ging ich zum Tsuglakhang-Tempel, um die Medizingottheiten anzurufen. Unter anderem sprach ich folgendes Gebet:

Daß es keine Feinde geben möge,
Daß es keine Verwünschungen geben möge,
Daß es keine Krankheiten mehr geben möge,
Daß alle Konflikte beigelegt werden mögen,
Daß Geist und Körper von Glück erfüllt sein mögen,
Daß es Reichtum und Macht geben möge,
Daß es Reichtum in Fülle geben möge wie Getreidekörner,
Daß ich noch lange leben möge,
Daß meine Wünsche sich erfüllen mögen.
Lang lebe Kundun!
Lang lebe die Familie Yabshi!

Einige Wochen später erhielt ich auch meinen Rang (an fünfter Stelle) in der tibetischen Hierarchie zurück, und der Dalai Lama berief mich in die Leitung des Men-Tsee-Khang, auf dessen Neugründung im Eisen-Stier-Jahr (1961) er allen Schwierigkeiten zum Trotz Wert gelegt hatte.

In dieser Zeit verschlechterte sich die Gesundheit von *Amala* drastisch. *Gyalyum* Chenmo verließ ihre leibliche Hülle am 12. Januar 1981, im Eisen-Affe-Jahr des tibetischen Kalenders. Ihr Tod erschütterte unsere kleine Gemeinschaft. Der Kummer war in allen Gesichtern zu lesen. Die Bevölkerung war im Schockzustand und bereitete sich auf den Beginn der neunundvierzigtägigen Trauerzeit vor.

Jeden Morgen ging ich zur Residenz *Kunduns*, um ihm den Puls zu fühlen. Es verging kein Tag, an dem Seine Heiligkeit nicht vom Men-Tsee-Khang sprach, der seit 1961 in einem winzigen Gebäude in McLeod Ganj untergebracht war.

– Nehmen Sie die Dinge in die Hand. Wie die Bildung, wie die tibetische Oper muß auch das Wissen um unsere Medizin erhalten bleiben.

Zunächst aus Eigenmitteln des Dalai Lama, dann aus Spenden finanziert, hatte der Men-Tsee-Khang mit vielen internen Problemen zu kämpfen gehabt. Die Ärzte wollten

nicht bleiben. Einige waren gar aus rein finanziellen Gründen gegangen. Einer von ihnen hatte übrigens eine große Privatklinik aufgemacht, die ihre Medikamente selbst herstellte. Ich konnte ein solches Verhalten nicht verstehen, denn wir brauchten alle Energien der Ärzteschaft, um das Werk meines ehrwürdigen Meisters Khyenrab Norbu und seiner bedeutenden Vorgänger zu erhalten. »Die Ärzte von einst vermochten den Puls zu lesen, wenn sie nur den Schnürsenkel des Patienten berührten,« sagte man früher in Tibet. Das war nun leider nicht mehr der Fall, was ich bedauerte.

Nachdem ich mir ein Bild von den schwerwiegenden Mängeln des Instituts gemacht hatte, traf ich Lobsang Samten, den damaligen Leiter. In einem Gespräch über dieses und jenes fragte ich ihn:

– Stellen Sie Juwelenpillen her? Sind die Ärzte imstande, die Reinigung von Metallen wie Gold und vor allem von Quecksilber durchzuführen?

– Wir haben höchstens achtzig Medikamente.

Die Situation war ernst. Juwelenpillen, die nicht vom Men-Tsee-Khang stammten, sondern von Ärzten, die es mit unserer Ethik nicht so genau nahmen, waren auf dem Markt, ohne die Substanzen, die für ihre Herstellung unentbehrlich sind. Ich sprach die Frage in der Umgebung des Dalai Lama an.

– Wir sind uns des Problems vollkommen bewußt, aber wir haben kein Geld, hieß es im Chor.

– Wir werden all unsere Patienten verlieren, wenn wir nicht schnell eine Lösung finden, antwortete ich. Wir können eine solche Situation nicht länger hinnehmen.

Eines Morgens, während einer Beratung, beschloß ich, mit Seiner Heiligkeit darüber zu sprechen, und schlug ihm vor, die am wenigsten aufwendigen Juwelenpillen herzustellen. Der Dalai Lama stimmte meiner Bitte zu. Ich bat sogleich Tsarong Jigme, der damals in Ladakh lebte, mir Grundsubstanzen zu bringen. Er kam mit einer kleinen Flasche nach

Dharamsala und gab sie mir. Ich brach in Lachen aus und schwankte zwischen Verärgerung und Belustigung:

– Was sollen wir denn damit machen? Eine Flasche, das bringt doch nichts.

– Es gibt so viele Substanzen in Ladakh, *Lhamenpa*. Sie sollten selbst kommen.

Und wir hatten so viel Geld ausgegeben, um den Flug von Tsarong Jigme zu bezahlen.

– Was Sie da sagen, bringt uns absolut nicht weiter, sagte ich ihm, aber ich zweifle nicht daran, daß Sie Ihr Bestes getan haben.

Im Laufe der Monate wurde unsere Organisation effizienter. Wir erhielten nun Heilpflanzen aus Tibet und Grundsubstanzen aus bestimmten Bergregionen Indiens. Der Dalai Lama vertraute mir hunderttausend Rupien (damals ungefähr 25 000 DM) für den Bau eines neuen Gebäudes an, an der Stelle, wo sich noch heute der Men-Tsee-Khang von Dharamsala befindet. Wir brauchten bald große Mengen an Kohle, um Gold, Kupfer und Silber zu erhitzen und zu pulverisieren. Die Herstellung der *Tso-Tru*-Pille erforderte etwa hundert Ingredienzen, und wir erhielten die Erlaubnis, die Medikamente hinter der Residenz Seiner Heiligkeit herzustellen, an dem Ort, wo *Kundun* regelmäßig seine Feuerrituale abhielt.

Zwischen dem zweiten und dem sechsten Monat des Wasser-Hund-Jahres (1982) konnten wir mit großen Eifer arbeiten, unter dem ermutigenden und beschützenden Blick unseres geistigen Oberhaupts. Wir erhielten drei Millionen Juwelenpillen *Rinchen Tso-Tru Dhashel*, die wir für fünf Rupien das Stück verkauften. Manchmal drang das Lachen Seiner Heiligkeit durch die Abendstille. Tsarong Jigme und ich schliefen in einem kleinen Haus in der Nähe unserer Arbeitsstätte, denn wir mußten das Feuer und vor allem die Reinigung bestimmter Metalle überwachen. Da wir nun im Besitz von fünfzehn Millionen Rupien waren, konnten wir daran

denken, eine neue Etappe zu beginnen. Es kam der Tag, wo wir endlich eine ausreichende Menge unserer bekanntesten Medikamente herstellen konnten, *Rinchen Dangjor Rilnak Chenmo* und *Rinchen Ratna Samphel.* Das war für uns ein erster großer Sieg.

Zu der Zeit stellte ich fest, daß wir viele Rohmaterialien verschwendeten. Einige Substanzen, die mit der Hand bearbeitet wurden, waren nicht mehr zu verwenden, wenn sie Granulat blieben. Wir brauchten unbedingt Zerkleinerungsmaschinen. Ich teilte dies Seiner Heiligkeit mit und fügte hinzu, daß die Chinesen solche Maschinen im Mentsikhang von Lhasa aufgestellt hätten. In der Umgebung des Dalai Lama waren die Meinungen dazu ziemlich geteilt, denn Dharamsala liegt in einer der feuchtesten Gegenden Indiens, und nichts garantierte den Erfolg unseres Projekts. Schließlich erfüllte *Kundun* meine Bitte, und ich sagte den Skeptikern um mich herum:

– Mit jedem Tag schreitet die Welt weiter fort. Das können Sie hier in Indien feststellen. Müssen wir weiter in der Vergangenheit verharren, wenn wir die Möglichkeit haben weiterzukommen? Mit der alten Methode, die Sie befürworten, würden wir monatelang mehrere hundert Personen brauchen; und wir sind nur an die fünfzehn.

Ich fand geeignete Maschinen in Bombay. Ihre Ankunft in Dharamsala ging nicht ohne Aufsehen vonstatten. Sogar die Schüler des Men-Tsee-Khang reagierten darauf.

– Man könnte meinen, Zisternen. Was für eine Verschwendung, so viel Geld auszugeben …

Ich befand mich gerade in den Flüchtlingslagern im Süden Indiens, als mir dieser Wirbel um die Maschinen zu Ohren kam. Ich war dadurch etwas entmutigt. An diesem Abend suchte ich Zuflucht in der Meditation und flehte die Gottheiten an, mir zu Hilfe zu kommen. Einige Wochen später, nach meiner Rückkehr nach Dharamsala, informierte mich das

Privatsekretariat des Dalai Lama vom bevorstehenden Besuch Seiner Heiligkeit, der die Maschinen sehen wolle. Ich ließ sie anstellen, und meine Mannschaft stellte fast zweitausend Kilo Räucherwerk her. *Kundun* war von allem, was mit Technik zu tun hatte, fasziniert. Als er die zermahlenen Substanzen sah, brach er in lautes Lachen aus und beglückwünschte uns alle. Seine Heiligkeit der Dalai Lama, Tenzin Namgyal und ich posierten vor unseren großartigen Maschinen für die Nachwelt.

Anschließend mußte eine Medizinschule gegründet werden. Bisher gab es keine in Dharamsala. Zu Beginn hatten wir fünf Studenten. Angesichts der Schwierigkeiten, mit denen sie sich konfrontiert sahen, gaben zwei auf; aber andere Kandidaten stellten sich vor, und bald waren sie zu zehnt. An der Stelle, wo heute die Küche ist, ließ ich ein Zelt aufstellen, dort nahmen wir gemeinsam unsere Mahlzeiten ein. Es war schwierig, die Schüler im Internatsbetrieb aufzunehmen. Später, während einer Italienreise, erreichten Namgyal Lhamo, die Ehefrau von Lobsang Samten, und ich für unsere Schule eine Patenschaft. Mit Hilfe dieser Spenden wurde das große Gebäude des heutigen Men-Tsee-Khang gebaut. Die Kosten beliefen sich auf fast zehn Millionen Rupien. Die Küche wurde durch den Verkauf von Juwelenpillen finanziert. Damals wohnte ich im Hotel Kokonor in Dharamsala. In unserer Abwesenheit drangen Herden von Affen in das Zimmer ein und stibitzten alles, was sie finden konnten, Kleidung, Seife. Zum Kochen benutzten wir Kerosin, was die Wände schwarz machte.

1984, im Holz-Maus-Jahr, wurden sechs Behandlungszentren für tibetische Medizin eröffnet – darunter eins in Mundgod, zwei in Bylakuppe, zwei weitere in Dharamsala. Um den Bedürfnissen der zahlreichen Patienten nachzukommen, mußte man auch darangehen, das Sammeln der Pflanzen voranzutreiben. Ich vermeide es an dieser Stelle bewußt, konkreter zu werden, um die Familien und die tibetischen Mili-

tärs nicht in Gefahr zu bringen, die auf die indische Seite bestimmter Grenzregionen Tibets geschickt wurden, um mir beim Sammeln der von uns benötigten Pflanzen zu helfen. Unter dem Kommando eines indischen Offiziers leisteten diese Männer eine bemerkenswerte, schwierige Arbeit. Einmal mußte ich sogar einen Hubschrauber, so nennen Sie es wohl, ausleihen, den ich jedoch »Sturm-Flugzeug« getauft habe. Die Stelle war so hoch gelegen, daß ich einen Gehstock benutzen mußte, um den Abhang zu erklimmen. Einige von uns wurden höhenkrank. Die Männer mußten sich schonen. Überall wo wir hingingen, gab der Unteroffizier, der uns führte, unsere Position per Funk durch. Auf diese Weise sammelten wir achtzig Säcke mit Heilsubstanzen von äußerster Reinheit.

Als die Herstellung der Arzneimittel abgeschlossen war, entschieden wir, sie unentgeltlich an die tibetischen Flüchtlinge und die indischen Patienten abzugeben, die uns mehr und mehr aufsuchten. In Neu-Delhi hatten wir das Ärztezentrum im Tibethaus eingerichtet, und wir wohnten etwa zwanzig Minuten von dort in einem Haus, das uns freundlicherweise zur Verfügung gestellt worden war. Schon damals riet uns die indische Gesundheitsministerin, ein Ärztezentrum für traditionelle tibetische Medizin zu eröffnen.

– Wie sollen wir das machen? gab ich zu bedenken. Wir haben kein Grundstück.

Einige Tage später kamen wir mit offiziellen Vertretern aus der indischen Hauptstadt zusammen. Man riet uns, zunächst ein Haus zu mieten, was wir auch taten, bevor wir es zwei Jahre später dann kauften.

Kurze Zeit darauf wandte ich mich an eine Versammlung von tibetischen Medizinern. Wir brauchten dringend qualifiziertes Personal für die Polikliniken, sagte ich ihnen. Zu meiner großen Überraschung mußte ich feststellen, daß die Eigenschaften, die nötig waren, um anderen helfen zu können, manchmal ausschließlich zur eigenen Bereicherung genutzt

wurden. Ich selbst hätte diesen Weg gehen können, wenn ich gewollt hätte. Ich tat es nicht, weil das tibetische Volk all unserer Fähigkeiten bedurfte. Es wurden Zentren in Kollegal, in Bangalore – dort mit Unterstützung von Tempa Tsering –, dann in Nepal, in Sikkim und in Ladakh eröffnet. Heute gibt es etwa vierzig Zentren. Für all diese Standorte erwarben wir Gebäude, die aus Mitteln des Men-Tsee-Khang, der nun von einer wachsenden Zahl von Mäzenen Unterstützung erhielt, und immer noch von Seiner Heiligkeit dem Dalai Lama finanziert wurden. Die Spender waren Amerikaner, Japaner, Engländer und Franzosen. Mein Gehalt lag damals bei dreihundert Rupien im Monat (ungefähr siebzig DM).

In Dharamsala ging ich nun zweimal in der Woche – montags und donnerstags – morgens gegen sechs Uhr zur Residenz Seiner Heiligkeit des Dalai Lama. Ich fühlte ihm den Puls. Ich muß zugeben, daß unser Oberhaupt sehr robust ist und an keiner schweren Krankheit leidet. Seit er im Alter von fünfzehn Jahren das geistliche und weltliche Oberhaupt Tibets wurde, arbeitet er viel. Auf seinen Reisen ist er manchmal so beschäftigt, daß er nicht einmal Zeit zum Essen findet. In solchen Augenblicken stelle ich gewisse Schwankungen in seinem Zustand fest; aber es ist nie sehr ernst. Es kommt allerdings vor, daß ich ihn bitte, nicht zu viel Tee mit Zucker zu trinken und keine fetten Nahrungsmittel wie Erdnußbutter zu sich zu nehmen. Heute schätzt der Dalai Lama die traditionelle Medizin ebenso wie die westliche medizinische Wissenschaft, doch er gibt zu, daß er die Einnahme von tibetischen Medikamenten bevorzugt. Im übrigen unterzieht er sich regelmäßigen Kontrolluntersuchungen. Meistens stimmen die Diagnosen überein.

1985, im Holz-Stier-Jahr, bat Seine Heiligkeit mich, an einer Reihe von Konferenzen im Westen teilzunehmen. Ich nahm das Flugzeug in Neu-Delhi. Auf Einladung von großen Meistern wie Dagpo Rinpoche in Frankreich oder So-

gyal Rinpoche in Großbritannien entdeckte ich Europa – Italien, die Schweiz mit ihren vielen tibetischen Flüchtlingen und Deutschland –, bevor ich, anderen Einladungen folgend, nach Australien und in die Vereinigten Staaten fuhr. Mit westlichen Ärzten beteiligte ich mich an zahlreichen Kolloquien. Konferenzen und Diskussionen lösten einander ab. Ich erinnere mich insbesondere an einen Tag in Harvard, wo ich vor siebenunddreißig Experten der westlichen Medizin mehreren Patienten den Puls fühlen sollte. Ich war beunruhigt, aber alles lief wunderbar. Meine Diagnosen erwiesen sich als zutreffend und genau. Ich sprach damals lange über *Lung*, den Saft, der Körperfunktionen wie Atmung, Auswurf, Muskeltätigkeit, Sprechen, Menstruation, Urinieren und die Übertragung der sensorischen Nervenleitung steuert. In London nahm ich an einer Diskussion in einer Fachklinik für die Behandlung von Krebserkrankungen teil.

Ich war erschöpft, manchmal gereizt von der schnellen Folge der vielen Begegnungen, von denen eine wichtiger als die andere war. Ich wußte auch, daß einige die Zuverlässigkeit unserer Medizin testen wollten. Doch es wurde ein Erfolg, und ich wurde fünf weitere Male eingeladen, in den Westen zu reisen. Währenddessen hatten wir im Men-Tsee-Khang Forschungen zu Krebs, Aids, Fettsucht, Asthma, Diabetes und verschiedenen anderen schweren Krankheiten begonnen, darunter Herzproblemen, die ich auf meinen verschiedenen Reisen bei zahlreichen Patienten entdeckt hatte. In der ersten Zeit des Exils starben viele tibetische Flüchtlinge an Tuberkulose, einer Krankheit, die in Tibet praktisch unbekannt war.

Während unsere Pflückmannschaften die benachbarten Regionen und Länder nach Heilpflanzen durchsuchten, kam ich zu einer simplen Feststellung. Während im Jahre 1727 Tenzin Phuntsok, einer der berühmtesten Spezialisten in tibetischer Pharmakopöe, eine Liste mit etwa 2294 Substanzen aufgestellt hatte und außerdem 312 Pflanzen kommentierte und prüfte, verwenden wir heute kaum 1500 Substanzen und

200 Pflanzenarten, die unser Kapital sind, ein Schatz, mit Hilfe dessen wir die allernotwendigsten Arzneimittel herstellen. Es ist ausgeschlossen, daß wir irgendein Herstellungsverfahren auslassen, unter dem Vorwand, daß wir Schwierigkeiten hätten, die benötigten Ingredienzen zu finden. Ich glaube, der Dalai Lama würde es nicht akzeptieren, denn er zeigt sich zunehmend anspruchsvoller in allen Fragen, die den Men-Tsee-Khang betreffen.

Im Laufe der Monate mußte ich nun die Ausbildung der jungen tibetischen Ärzte mit meinen Konferenzen überall in der Welt in Einklang bringen. Dies war nicht leicht, um so mehr, als der Men-Tsee-Khang zunehmend erfolgreicher wurde. In Dharamsala bekamen wir Besuch von ausländischen Ärzten. Im Feuer-Tiger-Jahr erfuhr ich von dem Drama, das die Bewohner von Tschernobyl (26. April 1986) getroffen hatte. Drei Jahre später, im achten Monat des Erde-Schlange-Jahres (1989), bekam ich Gelegenheit, in die Sowjetunion zu fahren, an die Orte, die durch die Katastrophe verseucht waren. Man hatte ein Treffen mit anderen Ärzten organisiert. Die ukrainische Bevölkerung litt sehr.

Im Verlauf dieser Zusammenkunft erwähnte ich unsere Medizintexte, in denen seit dem elften Jahrhundert Fragen der Verseuchung in Verbindung mit den Fortschritten der Menschheit und chemischen Experimenten, die die Nahrungsaufnahme und die Gesundheit beeinträchtigen, behandelt wurden. Unsere Texte deuteten tatsächlich darauf hin, daß die gesellschaftliche Entwicklung einen Verfall moralischer Werte und die Zerstörung der Umwelt mit sich bringen werde. Über die Jahrhunderte hat sich der Mensch in ein System von schrankenlosen Wettbewerben gestürzt und strebt heute danach, immer mehr Macht zu erringen und seinen Status zu verbessern. Die Nationen betreiben einen wilden Rüstungswettlauf. Die reichen Länder mobilisieren beachtliches Kapital, um alle möglichen Experimente durch-

zuführen. All diese Aktivitäten werden durch die Entwicklung von fünf Plagen verstärkt: Gier/Anhaften, Verblendung, Hochmut, Aggressivität und Neid.

Ich schlug den anwesenden achtzehn Ärzten vor, Juwelenpillen, darunter *Rinchen Rilbu* zu verschreiben, um die Leiden ihrer Patienten zu lindern. Ich verfügte über solche Pillen, doch in eindeutig unzureichender Menge. Man führte mich dann in ein Krankenhaus, wo ich Männer, Frauen und Kinder sehen konnte, die durch nukleare Strahlung kontaminiert waren. Man bat mich um eine Diagnose: Ich fühlte den Puls und gab meinen Kommentar dazu. Zu meiner Freude stimmten die anwesenden Ärzte meiner Analyse zu.

Ich mußte Tschernobyl verlassen, um einer Einladung in die Mongolei Folge zu leisten, doch ich versprach den Ärzten zurückzukommen, sobald ich meine Verpflichtungen dort erfüllt hätte. Ich verbrachte zwei Tage in der Hauptstadt des Landes und nahm dann ein kleines Flugzeug, um an den Feierlichkeiten zum siebenhundertsten Todestag von Dschingis Khan teilzunehmen. Ich entdeckte ein Land und Traditionen, die den unseren sehr ähnlich waren. An vielen Stellen waren Stupas errichtet, Gebetsfahnen flatterten im Wind. Wie bei uns zählten die Mongolen den Ablauf der *Mantras* mit Hilfe ihrer *Mala*. Auch hier besuchte ich Krankenhäuser und bemerkte, daß die Ärzte auch tibetische Arzneimittel zur Behandlung benutzten. Sie gaben ihnen Namen, die mir seltsam erschienen, und ich beeilte mich, sie zu berichtigen. In einem Kloster zeigte man mir eine sehr alte Buddha-Statue, achtzig *Thangkas*, Bildnisse von Schutzgottheiten mit goldverzierten und korallengeschmückten Gesichtern sowie eine beachtliche Anzahl von Texten. Mich berührte besonders der religiöse Eifer dieser Menschen. Man schlug mir vor, eine Expedition zu leiten, um in den benachbarten Bergen Heilpflanzen zu sammeln, doch vor Ort fand ich kaum welche. Später würde ich in die Mongolei zurückkehren, um dort fast ein Jahr zu verbringen.

Inzwischen nach Tschernobyl zurückgekehrt, besuchte ich von neuem die Patienten. Einige hatten inzwischen das Krankenhaus verlassen. Man erklärte mir nicht, warum. Von den Kranken, denen ich die Juwelenpillen verschrieben hatte, waren nur noch dreizehn da. Ich konnte mich mit ihnen unterhalten und sie untersuchen. Ihr Herzklopfen war verschwunden; ihre Augenbrauen begannen nachzuwachsen; die Augenschmerzen hatten nachgelassen. Leider konnten wir nicht mehr tun, als ihr Leiden zu lindern. Damals machte man mir einen Vorschlag, den ich nicht ohne Interesse und einen Anflug von Stolz aufnahm, bedeutete dies doch, daß unsere tibetische Medizin voll und ganz anerkannt wurde: den Bau eines Krankenhauses mit einer tibetischen Abteilung. Die Vertreter der Gesundheitsbehörden schlugen uns vor, nach Moskau zu kommen und die Regionen zu besuchen, wo es nach ihren Angaben möglich war, die für die Herstellung von Medikamenten notwendigen Pflanzen und Substanzen zu finden. Ich kehrte nach Dharamsala zurück. Das Eisen-Pferd-Jahr verging mit Verhandlungen und Absprachen mit den Russen. Während dieser Zeit hatte ich einige Ärzte in der Entgiftung von Metallen geschult. Andere wurden für die Forschung ausgebildet. Ich war eher optimistisch, was die Bewahrung unserer medizinischen Tradition anging, unter der Bedingung jedoch, daß uns die Materialien nicht ausgingen.

Im August 1991 kam ich nach Moskau zurück, im Eisen-Schaf-Jahr. Namgyal begleitete mich. Das Projekt nahm Gestalt an. Etwa zwanzig Tibeter konnten an das geplante Institut entsandt werden. Alle Dokumente waren fertig. Wir flogen in die mongolische Hauptstadt, in Begleitung von neun Russen, zu denen dann ein weiterer hinzukam, der uns an die chinesische Grenze brachte. Auf diese Weise verbrachten wir etwa zwanzig Tage mit der Suche nach bestimmten Pflanzen; wir fanden nur sehr wenige, auf jeden Fall nicht genug angesichts dessen, was zu tun wir vorhatten. Enttäuscht kehrten

wir nach Moskau zurück. Das war am 18. September 1991. Die politischen Ereignisse, ein offensichtlicher Mangel an finanziellen Mitteln und vor allem an Heilpflanzen hinderten uns schließlich daran, dieses Projekt umzusetzen. Ich fuhr mit einer gewissen Bitterkeit im Herzen weg, aber das wesentliche war erreicht: Der Wert unserer Medizin wurde anerkannt.

Moskau, Paris, Rom, Zürich, Genf, Mexico-City, Tokio, Lissabon, Sydney, Frankfurt, in die Großstädte und Hauptstädte der Welt wurde ich eingeladen. Man stellte mir Fragen zur Situation in Tibet, zum Leben in den Lagern. Unsere Medizin war und ist ein in der westlichen Welt hochgeschätztes Thema. Zu der Zeit erfuhr ich, daß die Chinesen zehntausend Yuan für den Wiederaufbau von Chöde bereitgestellt hatten. Auch mir war es möglich, mit einer Spende in gleicher Höhe einen Beitrag zu leisten, was eine unmittelbare Reaktion der lokalen Behörden provozierte. Aber in Wirklichkeit braucht man für den Wiederaufbau von Chöde eine große Summe. Ich empfinde darüber noch heute eine tiefe Traurigkeit. Ich würde mir so sehr wünschen, daß Chöde wieder zum Leben erwacht.

Feuer-Maus-Jahr des tibetischen Kalenders (1996). Ich bin vierundsiebzig Jahre alt und muß mich nun darauf einzustellen, diesen Körper zu verlassen. Ich bin davon überzeugt, daß ich Tibet in diesem Leben nicht wiedersehen werde. Seit 1980, dem Jahr, als ich nach Dharamsala gekommen bin, habe ich alles mir Mögliche dafür getan, daß am Men-Tsee-Khang unsere Traditionen bewahrt werden können. Vier Chefärzte kennen nun die Verfahren der Reinigung und Entgiftung von Quecksilber und anderen Metallen. Im Verlauf dieses Jahres sind auch dreizehn praktizierende Ärzte darin unterwiesen worden. Achtzig Studenten arbeiten unter der ständigen Kontrolle von Professoren. Unsere Institution hat Zukunft. 1996 haben wir 109 Kilo Quecksilber und mehrere Millionen

Pillen herstellen können. Auch aus dem Ausland wurde uns Unterstützung zuteil. Einige haben unsere Schüler in westlicher Wissenschaft unterrichtet. Andere haben uns ermutigt und unterstützt und uns mit Spenden geholfen, der eine mit Geld, der andere mit Material, der dritte mit Sekretariatsarbeiten. Wir verfügen jetzt über Mikroskope und Computer.

Wissenschaftler aus der ganzen Welt schenken nun unseren Arbeiten Beachtung, doch es bleibt noch viel zu tun, bis der wahre Wert der tibetischen Medizin anerkannt wird und sie den ihr gebührenden Platz einnehmen kann, um auf ihre Weise zum Wohl der Menschheit beizutragen.

18
Vor der großen Reise

Jede Geburt an sich ist schon ein Schritt auf den Tod zu. Ich denke oft an meinen bevorstehenden Tod. Als Buddhist betrachte ich ihn als einen natürlichen Vorgang, eine Realität, die ich während meines gesamten Daseins akzeptiert habe. Niemand kann dem Tod entrinnen, und ich sehe keinen Grund, mich deswegen zu beunruhigen. Der Tod ist kein wirkliches Ende.

Jeder Augenblick, der vergeht, bringt mich diesem Zeitpunkt näher. Ich habe mich seit sehr langer Zeit darauf vorbereitet und versucht, so gut ich konnte, die Lehren des *Dharma* zu verwirklichen. Während meiner letzten Jahre in der Nähe Seiner Heiligkeit des XIV. Dalai Lama habe ich mich dieser Gewißheit noch mehr gebeugt: Nur die Gedanken der Liebe, des Mitgefühls und der Güte zählen. In diesem Punkt hinterlassen uns Tenzin Gyatso und Mahatma Gandhi die gleiche Botschaft: Wir sollen uns bemühen, auch unsere Feinde zu lieben.

Seit dem Erde-Stier-Jahr (1949) hält das kommunistische China Tibet besetzt. Es führt dort eine erbarmungslose Un-

terdrückungspolitik durch. Und dennoch, selbst wenn unser Feind grausam ist, wenn er Terror, Gewalt und Ungerechtigkeit sät, ruft uns der Buddha dazu auf, ihn zu lieben. Wenn man versteht, daß die Quelle all unserer Leiden und unseres falschen Verhaltens die Unwissenheit ist, so erkennt man, daß sich die tibetische Frage eines Tages nur durch den Dialog lösen lassen wird. Dieses Buch ist ein einfaches Zeugnis, damit die Welt erfährt, was wir Tibeter unter der chinesischen Gewaltherrschaft erlitten haben und noch erleiden. Peking gibt vor, seine Besatzungspolitik gelockert zu haben. Nach seinen offiziellen Reden zu urteilen, können die Tibeter nun ihre Religion ausüben und eine Ausbildung erhalten. Dem ist leider nicht so. Ob unterdrückt in Tibet oder frei im Exil: Die Tibeter finden sich mit der chinesischen Besatzung nicht ab; sie erdulden sie, physisch und moralisch. Doch niemand wird jemals etwas gegen ihren Überlebenswillen, ihre Entschlossenheit und ihr Vertrauen in ihren geistlichen und weltlichen Führer, den Dalai Lama, ausrichten können.

Liebe und Mitgefühl spielen eine entscheidende Rolle in unserem Dasein. Hinzu kommt die Toleranz. Wir sollten uns bemühen, ein Leben zu führen, das vom Bewußtsein für unser Handeln geprägt ist. So haben wir nichts zu bereuen, was auch immer geschehen mag.

Mit sechsundsiebzig Jahren gebe ich die Hoffnung auf die Zukunft nicht auf. Mein Leben lang habe ich versucht, so gut ich konnte, anderen zu helfen, Freunden und Feinden. Ich bin Seiner Heiligkeit dem Dalai Lama treu geblieben. Ich werde ihm dienen, solange ich noch zu leben habe. Eines Tages werde ich dann gehen. Vielleicht werde ich als einfacher Mönch in Chöde wiedergeboren, um dort den Wiederaufbau des Klosters zu betreiben, oder als Arzt am Men-Tsee-Khang, um das Werk meines Meisters, des Ehrwürdigen Khyenrab Norbu, fortzuführen, oder ...

Könnte ich, wenn es sich als notwendig erweist,
Daran wirken, die stets kostbare Kultur
Des Dharma und der Medizin,
So lange Teil tibetischer Tradition, zu bewahren.

Gebet für die Wahrheit

Ihr, Buddhas der drei Zeiten, Bodhisattvas und
ihre Schüler,
Die Ihr einen Ozean grenzenloser Fähigkeiten entfaltet
habt,
Die Ihr jedes Wesen wie Euer einziges Kind betrachtet,
Möget Ihr diese verzweifelte Bitte um ein Erkennen der
Wahrheit wahrnehmen.

Mögen die Lehren des Buddha,
Die das Leid beseitigen helfen,
In der ganzen Welt Wohlbefinden und Wohlstand
verbreiten,
Daß die Hüter des Dharma der Lehre und des Dharma
der Verwirklichungen
Durch ihr Handeln die zehn Aspekte der Praxis zur
Entfaltung bringen.

Unter dem unausweichlichen Zwang folgenschwerer
schädlicher Handlungen,
Sind die Wesen unablässig von den Schrecken des Leids
heimgesucht.
Bei allen schwer erträglichen Ängsten vor Hunger,
Waffen und Krankheit,
Gebt, daß jeder ihrer Atemzüge wie ein Meer des
Friedens und des Glücks sei.

Daß vor allem die Hüter des Dharma vom Land des
Schnees
Die starken Kräfte des Mitgefühls hervorquellen
lassen,
Um die Ströme von Blut und Tränen rasch versiegen zu
lassen,
Die die Armeen erbarmungsloser Barbaren aus einem
verdunkelten Land fließen lassen.

Diese Barbaren mit ihrem schändlichen Verhalten,
verleitet durch die Verwirrungen böser Geister,
Diese Objekte des Mitgefühls bewirken ihren eigenen
Ruin und den Ruin anderer.
Gebt, daß diese Ansammlungen zügelloser Wesen das
Auge der Weisheit erlangen
Und Liebe und Güte voll zur Entfaltung bringen.

Mein Wunsch, in den Tiefen meines Herzens gereift,
Ist, daß Reinheit und Freiheit in ganz Tibet wieder
Einzug halten.
Daß das Fest eines harmonischen Nebeneinanders von
Spirituellem und Weltlichem
Spontan und möglichst bald gefeiert werde.

O Beschützer, in Eurem Mitgefühl möget Ihr Sorge
tragen für
Die Lehre und ihre Hüter, das Volk und seine
Repräsentanten,
Für die, die ihren Besitz und ihr Leben geopfert
Und so viel Mißhandlungen erlitten haben.

Und schließlich, unter den Augen des Siegreichen,
Mögest Du, Chenresi, Beschützer, der über Tibet wacht,
Im Sinne Deines großen Gebets,
Rasch den Regen des Glücks herniederfallen lassen.

Aufgrund der Wechselbeziehung zwischen der tiefen
Wirklichkeit des Scheins und der Leere,
Der Kraft der wahren Worte, der Stärke des Mitgefühls
des Dreifachen Juwels
Und der Macht der untrüglichen Wahrheit des
Kausalitätsgesetzes,
Möge dieses Gebet um Wahrheit schnell und
ungehindert Wirklichkeit werden.

Seine Heiligkeit Tenzin Gyatso, Dalai Lama XIV

Anhang

Glossar

Amala: Ehrentitel zur Bezeichnung der Mutter. Die Silbe *la* drückt Achtung, Respekt aus.

Bardo: »zwischen«, »Zwischenzustand«. Im Augenblick des Todes verschwindet ein Wesen nicht vollständig. Den physischen Körper hinter sich lassend, durchläuft sein Bewußtseinskontinuum ein Zwischenstadium, bevor es eine neue leibliche Hülle erhält. Zwischenzustand zwischen Tod und Wiedergeburt.

Bön: Religiöse Tradition in Tibet vor Einführung des Buddhismus, die bis heute fortdauert.

Bodhisattva: Wesen, das den Geist des Erwachens vollständig entwikkelt hat, aber darauf verzichtet, ins Nirwana einzugehen, und sich reinkarniert, um anderen Wesen zur Erleuchtung zu verhelfen.

Chang: Gerstenbier.

Changseshar: Ort zwischen dem Zentrum von Lhasa und dem Potala. Die Familie des Dalai Lama lebte hier bis 1959.

Chuba: tibetisches Gewand, das von Männern wie Frauen getragen wird.

Dalai Lama: *Dalai* ist ein mongolisches Wort mit der Bedeutung *Ozean*, und *Lama* die tibetische Entsprechung zum indischen Begriff des Guru, der einen spirituellen Meister bezeichnet. In der Kombination werden die beiden Begriffe oft als »Ozean der Weisheit« übersetzt. Aber *Dalai Lama* ist vor allem ein Titel: der des spirituellen Oberhaupts von Tibet, der herausragendsten religiösen Persönlichkeit der buddhistischen Welt, und des weltlichen Oberhaupts und Regierungschefs von Tibet. Der Dalai Lama gilt als eine der Verkörperungen von Chenresi, dem *Bodhisattva* des Mitgefühls. Der erste Titel wurde im Jahre 1578 vom Mongolenfürsten Altan Khan an Sonam Gyatso (1543-1588) verliehen, der ihn seinen zwei Vorgängern posthum zuerkannte.

Dharma: Dieses Sanskritwort hat verschiedene Bedeutungen. Hier ist es im Sinne von Lehre des Buddha zu verstehen.

Ganden Tripa: Titel des Oberhaupts der *Gelugpa*-Linie. *Ganden* ist der Name des Klosters, *Tri* bedeutet im Tibetischen »Thron«. Wörtlich übersetzt: »der Inhaber des Throns von Ganden«.

Geshe: Titel des Doktors der buddhistischen Philosophie, der vorwie-

gend in der *Gelugpa*-Schule nach Bestehen schwieriger Prüfungen verliehen wird.

Gyaltsab: vom *Kashag* bestimmter Regent, der Tibet während der Abwesenheit oder der Minderjährigkeit der Dalai Lamas regiert.

Gyalyum: Ehrentitel zur Bezeichnung der Mutter des Dalai Lama. Der Vater trägt den des *Gyalyab*.

Gyüzhi: die *Vier Tantras*, Basistexte der tibetischen Medizinlehre.

Je Tsongkhapa (1357-1419): Großer Meister der Tradition des tibetischen Buddhismus, Gründer der *Gelugpa*-Schule, in der Kontinuität der *Kadampa*-Schule.

Jokhang: Haupttempel der tibetischen Hauptstadt Lhasa. Neben Ramoche meistverehrter Tempel der tibetischen Buddhisten, der Überlieferung nach im siebten Jahrhundert gegründet.

Jowo: Statue des Buddha Shakyamuni im Zentrum des *Jokhang*. Sie ist die meistverehrte Statue in Tibet.

Kalachakra: Gottheit des tibetischen tantrischen Buddhismus.

Karma: wichtiger Begriff des Buddhismus. Etymologisch bedeutet *Karma* »Tat«. Das Gesetz des Karma bezieht sich auf den Kausalzusammenhang zwischen Ursache und Wirkung.

Kashag: Ministerrat, der sich während der Unabhängigkeit Tibets aus drei Laien (den *Kalons*) und einem Geistlichen (dem *Kalon Lama*) zusammensetzte. Heute setzt sich der im Exil neugebildete *Kashag* aus sieben Ministern zusammen.

Khata: weißer Schal, im allgemeinen aus Seide, der zur Begrüßung dargeboten wird.

Kundun: einer der Titel des Dalai Lama.

Lama: tibetisch-buddhistischer Meister.

Losar: das Neue Jahr. Die Neujahrsfeiern in Tibet beginnen am neunundzwanzigsten Tag des zwölften Monats, am *Gutor*-Tag, an dem alle negativen Erscheinungen des vergangenen Jahres ausgetrieben werden. Es ist Anlaß für zahlreiche Zeremonien. Die tibetische Zeitrechnung beginnt im Jahre 127 v. Chr. (1999 = 2126 des tibetischen Kalenders).

Mala: Gebetskette, mit deren Hilfe Mantras gezählt werden. In etwa vergleichbar mit dem Rosenkranz.

Mandala: symbolische Darstellung der Welt, des Kosmos, des Palastes einer Gottheit oder eines Paradieses. Existiert als Gemälde, in farbigem Sand oder dreidimensional und stellt eine Meditationshilfe dar.

Mani-Stein: Stein mit eingemeißeltem Mantra, oft: *Om Mani Padme Hum*. Einige Steine sind farbig und können die Größe eines Felsens erreichen; andere dagegen, kleinere, sind aufeinandergeschichtet und bilden Mauern, die *Mendong* genannt werden. Man findet sie überall, an heiligen Stätten, in der Nähe von Klöstern und Dörfern.

Mantra: rituelle Formel, die im Hinduismus wie im Buddhismus als Meditationshilfe verwendet wird. *Om Mani Padme Hum* ist das bekannteste Mantra Tibets: das Mantra von Chenresi, dem Bodhisattva des Mitgefühls, der als Beschützer des Landes gilt.

Mönlam: gemeinsame Rituale, bei denen Neujahrswünsche ausgetauscht werden.

Mönlam Chenmo: wörtlich das »Große Gebet ». Zu diesem bekannten religiösen Fest, das von Je Tsongkhapa 1409 eingeführt wurde und in den ersten zwei Wochen nach Neujahr gefeiert wird, kamen früher in Lhasa bis zu tausend Menschen zusammen.

Mola: Bezeichung für die Großmutter.

Momo: traditionelles Festessen; dem Aussehen nach wie Ravioli, gedämpft, vegetarisch oder mit Fleischfüllung.

Moxibustion: Behandlungsmethode, bei der der Haut (direkt oder aus einer gewissen Entfernung) Wärmequellen zugeführt werden.

Orakel von Nechung: bezeichnet ein Medium mit der Aufgabe, spezielle Rituale durchzuführen, bei denen es im Zustand der Trance vom »Geist einer Gottheit« durchdrungen ist. In diesem Zustand erteilt das Medium Ratschläge und Prophezeiungen. Die Tibeter nennen es Kuten, was wörtlich bedeutet: »physische Stütze«. Sie erzählen gern, daß der Geist von Nechung 1554 zum ersten Mal in den Körper eines Menschen eingetreten sei. So wurde Drag Tranggowa Lobsang Palden der erste Kuten von Nechung.

Padmasambhava: geboren in Uddiyana in Nordindien. Tantrischer Meister, der durch seine Bezähmung einheimischer Dämonen zur Bekehrung Tibets zum Buddhismus beigetragen hat. Er hat auch in Samye beim Bau des ersten buddhistischen Klosters in Tibet mitgewirkt.

Pala: Bezeichnung für den Vater.

Panchen Lama: der zweithöchste Würdenträger des tibetischen Buddhismus nach dem Dalai Lama.

Puja: religiöse Zeremonie.

Ramoche Tsuglaghang: einer der meistverehrten Tempel des tibetischen Buddhismus in Lhasa.

Regent: Er regiert das Land in Abwesenheit oder während der Minderjährigkeit des Dalai Lama. Die Institution wurde im 17. Jahrhundert durch den fünften Dalai Lama geschaffen.

Reinkarnation: siehe *Tulku*.

Rinpoche: Ehrentitel zur Bezeichnung eines besonders befähigten und verwirklichten spirituellen Meisters. Beispiel: Dalai Lama ist ein mongolischer Titel, der auch von Chinesen und Menschen im Westen verwendet wird. Die Tibeter nennen ihn Gyalwa Rinpoche: den Kostbaren Siegreichen.

Samsara: Kreislauf der Wiedergeburten.

Sang: tibetische Währung.

Sangha: Im herkömmlichen Sinn bezeichnet der Begriff *Sangha* die Gemeinschaft von Buddhisten.

Schulen des Buddhismus: Der *Vajrayana-Buddhismus* (Diamantfahrzeug) ist die speziell in Tibet entwickelte Form des *Mahayana-Buddhismus* (Großes Fahrzeug), die mithilfe tantrischer Praktiken (magischer Rituale) erlaubt, in einem einzigen Leben zur Erleuchtung zu gelangen. Vier Hauptschulen des *Mahayana* verbreiteten sich in Tibet: *Kagyü, Nyingma, Sakya* und *Gelug*. Diese vier Schulen bewahren unverändert die ursprünglichen Lehren.

Sutra: Sutras sind die Texte, die die ursprünglichen Lehren des Buddha enthalten. Sie können die Form eines Dialogs zwischen dem Buddha und seinen Schülern über ein bestimmtes Thema annehmen.

Tantra: Die Tantras sind die Lehren und die Schriften, die die Grundlage des *Vajrayana-Buddhismus* bilden (siehe *Schulen des Buddhismus*).

Tashi delek: Redewendung, mit der man sich »alles Gute« wünscht.

Tashilhunpo: Dieses Kloster in der Nähe von Shigatse wurde 1447 von Gendün Drub, dem ersten Dalai Lama und Schüler von Tsongkhapa, gegründet.

Thamzing: (wörtlich »kämpfen«): von den chinesischen Kommunisten eingesetzte Sitzung öffentlicher Kritik; der Beschuldigte steht mehrere Stunden lang vor einer zu diesem Anlaß versammelten Gruppe. Familie, Kinder und Freunde können gezwungen werden, daran teilzunehmen und das Opfer zu kritisieren. Zur »Selbstkritik« kommen Beleidigungen hinzu, das Opfer wird von seinen Angehörigen geschlagen und bespuckt. Gedemütigt und verhöhnt, wünscht oder verlangt die betreffende Person schließlich oft einen schnellen Tod.

Thangka: in Tibet Malerei, die auf der indischen religiösen Kunst aus der Zeit der Pala-Dynastie beruht. In der Kontinuität der religiösen Lehren des indischen Buddhismus haben die Tibeter sehr genau die Weisungen der indischen buddhistischen Künstler und später die der nepalesischen buddhistischen Künstler befolgt. Im siebten Jahrhundert, während der Regentschaft des Königs Songtsen-Gampo entwickelt sich die Thangka-Malerei in Zentraltibet.

Tsampa: geröstetes Gerstenmehl.

Tulku: Der Gedanke der Reinkarnation ist in die Philosophie des Buddhismus eingegangen. Ein *Tulku* ist die bewußte Reinkarnation eines Meisters der Vergangenheit.

Tsokrampa: Geshe (siehe dort) zweiten Grades, dessen Prüfung in Lhasa während des Tsokchö-Festes stattfindet.

Zeittafel

5000 v. Chr.: Funde von Knochensplittern und Tonscherben in der Region Chamdo stammen aus dieser Zeit.

416 v. Chr.: Gründung der Dynastie derer aus dem Tal von Yarlung. Bau der ersten tibetischen Festung, des Yambulhakang.

127 v. Chr.: Die Stämme des Yarlungtals, der Wiege der tibetischen Zivilisation, küren Nyatri Tsenpo in Chongye zu ihrem ersten König. Mit dieser Krönung beginnt in Tibet eine neue Zeitrechnung. 1992 z. B. ist das 2119. tibetische Königsjahr (also 127 plus 1992 = 2119).

617-649: Vereinigung der tibetischen Hochlandstämme unter Songtsen Gampo. Lhasa wird Hauptstadt. Tibet steigt zu einer asiatischen Großmacht auf. Entstehung und Weiterentwicklung der tibetischen Schrift.

639: Songtsen Gampo heiratet die nepalesische Prinzessin Bhrikuti, zwei Jahre später die chinesische Prinzessin Wencheng. Als engagierte Buddhistinnen tragen Bhrikuti und Wencheng zur Verbreitung des Buddhismus in Tibet bei.

754-797: Herrschaft von Trisong Detsen, die Yarlung-Dynastie steht im Zenit ihrer Macht. 763 erobert die tibetische Armee unter Takra Lugong die chinesische Hauptstadt Changan (Xiõan). Ausdehnung des tibetischen Königreichs von Pamir über Turkmenistan bis nach Nepal.
Der indische Lehrmeister Padmasambhavas kommt nach Tibet.

ca. 775: Bau des ersten Klosters – Samye – in Tibet. Ordination der ersten tibetischen Mönche.

779: Buddhismus wird Staatsreligion.

836: Trisong Detsen, unter dem der Buddhismus seinen vorläufigen Höhepunkt erreicht, wird ermordet. Antibuddhistische Kräfte gewinnen die Oberhand. Das Großreich zerfällt.

Ende des 10. Jahrhunderts: Eine zweite Welle der Verbreitung des Buddhismus setzt ein. Entstehung mehrerer Großklöster. Lha Lama Yeshe Ö, der König von Guge (West-Tibet) lädt Atisha nach Tibet ein.

1027: Einführung der heute gültigen tibetischen Kalenderrechnung.

1040-1123: Milarepa, bedeutendster Dichter und Yogi Tibets.

1207: Führende Adlige und Äbte Tibets senden eine Gesandtschaft

mit dem Angebot der Unterwerfung an Gengis Khan und verhindern damit den Einfall der Mongolen in Tibet.

1182-1252: Sakya Pandita baut die Sakya-Hegemonie in Tibet auf. Er wird Vizekönig von Tibet, das nun nominell ein Vasallenstaat des mongolischen Weltreiches ist.

1260: Kublai Khan ernennt den Neffen Sakya Panditas, Phagpa, zum Kaiserlichen Lehrer und gibt ihm die Macht über ganz Tibet. Der tibetische Buddhismus wird zur Staatsreligion des mongolischen Weltreiches.

1350: Unabhängigkeit Tibets von den Mongolen; die chinesischen Dynastien der Ming und Mandschu beanspruchen die Oberhoheit über Tibet.

1357-1419: Tsongkhapa, der große Reformator und Begründer der Schule der Gelugpas (»Gelbmützen«). Er bzw. seine Schüler gründen die Klöster Ganden (1409), Drepung (1416) und Sera (1419), die »Säulen des Staates«.

1543-1588: Sönam Gyatso am Hof des mongolischen Prinzen Altan Khan. Zweite Bekehrung der Mongolen zum Buddhismus. Sönam Gyatso erhält den Ehrentitel »Dalai Lama«. Seither ist diese Inkarnationslinie als Dalai Lama (Lama, dessen Weisheit so tief und weit ist wie der Ozean) bekannt. Sie wird als Wiederverkörperung des Avalokiteshvara, tibetisch Chenresi, des Bodhisattvas der Barmherzigkeit und Schutzpatrons Tibets angesehen. Den beiden Vorgängern Sönam Gyatsos, Gedün Drub und Gedün Gyatso, wurde dieser Titel posthum verliehen.

1617-1682: V. Dalai Lama Ngawang Lobsang Gyatso. 1642 löst er mit Hilfe von Gushri Khan die Tsangpa-Könige von der Macht ab und wird nach dem Tod Gushri Khans auch zum weltlichen Herrscher Tibets. Er verleiht seinem Lehrer Lobsang Choekyi Gyaltsen den Titel Panchen Rinpoche (Kostbarer Gelehrter).

1643: Bau des Potala-Palastes.

1727/28: Bürgerkrieg in Tibet. Pholhanä, der aus dem Bürgerkrieg als Sieger hervorgeht, sichert sich die Unterstützung der Mandschu. Zum ersten Mal kommen zwei Ambane (chinesische Hochkommissare) nach Lhasa.

1747-1876: Verhältnis wechselnder Abhängigkeit von den Mandschus.

1788: Einfall der Nepalesen in Tibet. Die Tibeter erhalten Unterstützung von der Armee Kaiser Qianlongs. 1792 Unterzeichnung eines Friedensvertrages. Die tibetische Verwaltung verliert ein Stück Un-

abhängigkeit, wichtige Entscheidungen sollen von den Ambanen getroffen werden.

1795: Tod Qianlongs. Rückgang des Einflusses der chin. Qing-Dynastie.

1854: Zweiter nepalesischer Einfall in Tibet, Verteidigung durch die mandschurische Armee. 1856 Unterzeichnung eines Vertrages zwischen Tibet und Nepal.

1876-1933: XIII. Dalai Lama Thubten Gyatso, der »Große Dreizehnte«.

1895: Der XIII. Dalai Lama übernimmt die Macht in Tibet. Tibet wird Zankapfel zwischen dem zaristischen Rußland und dem britischen Weltreich.

1904: Britische Invasion in Tibet. Der Dalai Lama flieht in die Mongolei.

1905-1910: Bedrohung durch Zhao Erfeng, Militärmachthaber von Sichuan, der bis nach Lhasa vordringt. Der Dalai Lama flieht nach Indien.

1911: Sturz der Mandschu-Qing-Dynastie in China. Mandschu-Truppen in Lhasa ergeben sich.

1912: Rückkehr des XIII. Dalai Lama aus dem indischen Exil. 1913 erklärt er die besonderen Beziehungen zwischen den Mandschu-Kaisern und den Dalai Lamas für beendet und ruft offiziell die Unabhängigkeit Tibets aus.

1914: Konferenz von Simla mit Großbritannien, China und Tibet: Anerkennung der chinesischen Oberhoheit über Tibet durch Großbritannien.

1924: Eröffnung der ersten modernen Schule Tibets nach englischem Vorbild in Gyangtse. Auf Druck der konservativen Klerikalen wird sie 1926 geschlossen.

1934: Der »Lange Marsch« der KP Chinas kreuzt tibetisches Territorium. Fortschrittliche Tibeter schließen sich an.

1935: 6. Juli: Geburt des XIV. Dalai Lama Tenzin Gyatso in Taktser in Amdo.

1939-1945: Tibetische Neutralität im 2. Weltkrieg. Lhasa läßt indischen Nachschub nicht nach China durch.

1940: Inthronisierung des XIV. Dalai Lama am 14. Tag des 1. Monats im Eisen-Drachen-Jahr.

1946: Ankunft von Heinrich Harrer und Peter Aufschnaiter in Lhasa.

1949: Juli: Vertreibung der chinesischen Mission aus Tibet.

1. Oktober: Ausrufung Volksrepublik China durch Mao Tsetung. Einfall der 2. Armee der Volksbefreiungsarmee in Amdo.

1950: 7. Oktober: erneuter Angriff der chinesischen Armee in Kham. Tibets Appell bleibt ohne Ergebnis.

17. Oktober: vorzeitige Übernahme der weltlichen Macht durch den XIV. Dalai Lama. Er setzt eine Reformkommission ein. Vorübergehende Flucht nach Dromo im Chumbital.

1951: Rückkehr des Dalai Lama nach Lhasa. Der Widerstand gegen die Chinesen wächst.

23. Mai: Tibetische Gesandte werden in Peking gezwungen, das »17-Punkte-Abkommen über die Maßnahmen zur friedlichen Befreiung Tibets« zu unterzeichnen, das die Integration Tibets in das chinesische Reich bestätigt. China verpflichtet sich, die Autonomie Tibets weitgehend anzuerkennen.

9. September: Einmarsch der chinesischen Armee in Lhasa. Die tibetische Regierung bemüht sich um eine Politik der friedlichen Koexistenz.

1954: 29. April: Unterzeichnung des indisch-chinesischen Vertrages, in dem Indien anerkennt, daß Tibet Teil des chinesischen Staates ist.

September 1954 bis Mai 1955: Der Dalai Lama und der Panchen Rinpoche halten sich in China auf. Der Dalai Lama wird Vorsitzender des »Vorbereitenden Komitees zur Errichtung der Autonomen Region Tibet«. Widerstand gegen die chinesische Besatzungsmacht formiert sich in verschiedenen Teilen Tibets.

1956/57: November bis März: Der Dalai Lama weilt anläßlich der Feierlichkeiten zum 2500. Geburtstag Buddhas in Indien.

1959: Februar/März: Der Dalai Lama legt die Abschlußprüfung als Meister der Metaphysik ab. – Explosive Lage in Lhasa.

10. März: Aus Furcht vor einer Entführung des Dalai Lama versammelt sich die Bevölkerung Lhasas vor dem Norbulingka-Palast. Beginn des Nationalaufstandes des tibetischen Volkes gegen die chinesische Besatzungsmacht.

17. März: Der Dalai Lama bricht nach Indien ins Exil auf.

19. März: Chinesischer Militärangriff. Der Aufstand der schlecht ausgerüsteten Tibeter wird blutig niedergeschlagen. Geheimen chinesischen Dokumenten zufolge werden bis zum September 1960 in Kampfhandlungen 87000 Tibeter getötet.

26. März: In Südtibet kündigt der Dalai Lama das 17-Punkte-Abkommen auf und ruft eine provisorische Regierung aus.

21. Oktober: Die UN-Vollversammlung nimmt die von Malaysia und Irland eingebrachte Resolution 1353 zur Tibetfrage an.

1960: Eine internationale Juristenkommission stellt in ihrem Bericht »Tibet und die VR China« fest, daß sich China in Tibet des Völkermordes schuldig macht.

April: Der Dalai Lama läßt sich in Dharamsala nieder. Beginn von Selbsthilfeprojekten und dem Bau einer Schule.

2. September: Konstituierung des tibetischen Parlaments im Exil.

1961: Erneute UN-Resolution zur Tibetfrage.

1963: 10. März: Verkündung der demokratischen Verfassung im Exil.

1965: 9. September: Gründung der »Autonomen Region Tibet«, die nur etwa die Hälfte des eigentlichen Tibet umfaßt, durch die Chinesen. Die anderen tibetischen Gebiete werden chinesischen Verwaltungseinheiten zugeschlagen.

18. Dezember: Die UN-Vollversammlung beschließt erneut, »die fortgesetzte Verletzung der grundlegenden Rechte und Freiheiten des Volkes von Tibet zu verurteilen«.

1966-1976: Proletarische Kulturrevolution in China. Die noch intakten Tempel und Klöster in Tibet werden geplündert und zerstört. Tausende von Tibetern, Mönche und Laien, werden verfolgt und in Arbeitslager geschickt. In Tibet dauert der Terror bis 1988.

1973: Der Dalai Lama besucht 11 westeuropäische Länder, darunter auch Deutschland. Dies ist seine erste Reise außerhalb Asiens.

1976: Tod Mao Tsetungs.

1979: Erstmals besucht eine Delegation der Exilregierung Tibet.

1980: Mai: Hu Yaobang, Generalsekretär der chinesischen KP, besucht Tibet und räumt schwerwiegende Fehler in der chinesischen Tibetpolitik ein. Er kündigt Reformen an.

1985: Öffnung Tibets für den Massentourismus.

1986: Auf Initiative der Grünen wird das Thema Tibet erstmals im deutschen Bundestag behandelt.

1987: Juli: Der Gouverneur der Autonomen Region Tibet nennt erstmals Zahlen über deren Zerstörung: 1959 lebten 114000 Mönche und 1600 reinkarnierte Lamas in 2700 Tempeln und Klöstern, 1978 noch 970 Mönche in 8 Klöstern.

September: Der Dalai Lama legt vor dem Menschenrechtsausschuß des US-Kongresses einen »5-Punkte-Friedensplan« vor.

1. Oktober: Schwere Unruhen in Tibet. Internationale Proteste gegen die chinesischen Menschenrechtsverletzungen in Tibet.

1988: Der Dalai Lama stellt seinen »Straßburger Vorschlag«, auch »Mittlerer Weg« genannt, vor dem Europäischen Parlament vor: Verzicht auf Unabhängigkeit, dafür »echte Autonomie« für ganz Tibet, wobei Außen- und Verteidigungspolitik in Händen Chinas bleiben.

1989: März: Verhängung des Kriegsrechts in Tibet (bis Mai 1990).

April: Die einstimmig im deutschen Bundestag angenommene »Bonner Erklärung« fordert Freiheit für Tibet.

4. Juni: Massaker auf dem Platz des Himmlischen Friedens (Tian An Men) in Peking.

September: Gründung der »Föderation für ein Demokratisches China« in Paris.

10. Dezember: Der Dalai Lama nimmt in Oslo den Friedensnobelpreis entgegen. Das norwegische Nobelkomitee hebt hervor, daß er sich bei dem Kampf für die Freiheit seines Landes konsequent auf friedliche Mittel beschränkt hat.

seit 1990: Der Dalai Lama wird von den Repräsentanten vieler Staaten empfangen und unterstützt. Die Lage in Tibet ist wiederholt Gegenstand der Beratungen der UNO. Auch der deutsche Bundestag verabschiedet im Juni 1996 einstimmig eine Tibet-Resolution.

1992: Der Volksgerichtshof in Straßburg befindet China schwerwiegender Völker- und Menschenrechtsverletzungen in Tibet für schuldig.

seit 1993: Die Unterdrückung in Tibet wird wieder verstärkt: erneute Umerziehungsmaßnahmen in Klöstern, Verbot von Fotos des Dalai Lama, Nonnen und Mönche werden gezwungen, den Dalai Lama öffentlich zu kritisieren und sich von ihm loszusagen, sonst droht ihnen Folter, der Ausschluß aus dem Kloster oder Drangsalierung ihrer Familien.

Weiterführende Literatur

Adhe, Ama, Doch mein Herz lebt in Tibet. Die bewegende Geschichte einer tapferen Frau, hg. v. Joy Blakeslee, Freiburg i. Br.: Herder 1998

Asshauer, Egbert, Tibets sanfte Medizin. Heilkunst vom Dach der Welt, Freiburg i. Br.: Herder 1997

ders., Gesund bleiben mit der Heilkunst der Tibeter, Stuttgart: Trias 1999

Avedon, John F., In Exile from the Land of Snows, London: Wisdom 1985 (Neuauflage: New York: Harper Collins 1994)

Barraux, Roland, Die Geschichte der Dalai Lamas. Göttliches Mitleid und irdische Politik, Solothurn: Walter 1995

Bell, Charles, Tibet einst und jetzt, Leipzig: Brockhaus 1925

Borges, Phil, Das Gesicht Tibets. Die Kraft des Mitgefühls, Prolog v. Jeffrey Hopkins, Epilog v. Elie Wiesel. Text v. Dalai Lama XIV, Weingarten: Kunstverlag Weingarten 1996

Brauen, Martin (Hg.), Peter Aufschnaiter. Sein Leben in Tibet, Innsbruck: Steiger 1983

Choedrak, Tenzin, Ganzheitlich leben und heilen. Der Leibarzt des Dalai Lama über Vorbeugung und Therapie von Krankheiten, hg. v. Egbert Asshauer, Freiburg i. Br.: Herder 1994

Clifford, Terry, Die spirituellen Geheimnisse tibetischer Heilkunst. Diagnostische Methoden, Heilmittel, Psychosomatik und Seelenheilkunde, Berlin: Ullstein 1996

Craig, Mary, Kundun. Der Dalai Lama und seine Familie. Die Biographie, Bergisch Gladbach: Lübbe 1998

Dalai Lama VI, Liebeslieder, Frauenfeld: Verlag im Waldgut 1986

Dalai Lama XIV, Mein Leben und mein Volk. Die Tragödie Tibets, Zürich/München: Droemer Knaur 1982 (Neuauflage 1992)

ders., Das Auge einer neuen Achtsamkeit. Traditionen und Wege des tibetischen Buddhismus. Eine Einführung aus östlicher Sicht, München: Goldmann 1986 (Neuauflage 1995)

ders., Logik der Liebe. Aus den Lehren des Tibetischen Buddhismus für den Westen, München: Dianus Trikont 1986, (Neuauflage München: Goldmann 1998

ders., Die Weisheit des Herzens, München: Goldmann 1987 (Neuauflage 1995)
ders., Das Buch der Freiheit. Die Autobiographie des Friedensnobelpreisträgers, Bergisch Gladbach: Lübbe 1990
ders., Eine Politik der Güte, hg. v. Sidney Piburn, Olten: Walter 1992
ders., In die Herzen ein Feuer. Aufbruch zu einem tieferen Verständnis von Geist, Mensch und Natur, München: O. W. Barth/Scherz 1995
ders., Den Geist erwecken, das Herz erleuchten. Zentrale tibetisch-buddhistische Lehren, München: Droemer Knaur 1996
ders., Gewagte Denkwege. Wissenschaftler im Gespräch mit dem Dalai Lama, hg. v. Jeremy W. Hayward und Francisco J. Varela, München: Piper 1996
ders., Der Weg zur Freiheit. Zentrale tibetisch-buddhistische Lehren, München: Droemer Knaur 1996
ders., Das Herz aller Religionen ist eins. Die Lehre Jesu aus buddhistischer Sicht, Hamburg: Hoffmann und Campe 1997
ders., Die Freude, friedvoll zu leben und zu sterben, München: Droemer Knaur 1998
ders., Die Regeln des Glücks, mit Howard C. Cutler, Bergisch Gladbach: Lübbe 1999
ders., Vision des Herzens. Wieso ich optimistisch in die Zukunft sehe, hg. v. Piero Verni, Freiburg i. Br.: Herder 1999
Donden, Yeshi, Tibetisches Heilwissen. Gesundheit durch Harmonie. Der Leibarzt des Dalai Lama über die Prinzipien eines gesunden und langen Lebens, hg. v. Jeffrey Hopkins, Freiburg: Herder 1998
Donnet, Pierre-Antoine, Tibet: Survival in Question, London: Zed Books 1994
Forster-Latsch, Helmut / Renz, Paul Ludwig, Tibet. Land – Religion – Politik, Frankfurt: Suhrkamp 1999
Grasdorff, Gilles van (Hg.), Tibet (Ort der Götter, Land der Tränen), Freiburg i. Br.: Herder 1996
Gyatso, Palden (mit *Tsering Shakya)*, Ich, Palden Gyatso, Mönch aus Tibet, Bergisch Gladbach: Lübbe 1998
Harrer, Heinrich, Sieben Jahre in Tibet. Mein Leben am Hofe des Dalai Lama, Wien: Ullstein 1952 (Neuauflage Berlin: Ullstein 1997)
ders., Widersehen mit Tibet, Innsbruck/Frankfurt: Pinguin/Umschau 1983 (Neuauflage Berlin: Ullstein 1984)
ders., Erinnerungen an Tibet, Berlin: Ullstein 1993
ders., Das alte Lhasa. Bilder aus Tibet, Berlin: Ullstein 1997

International Commission of Jurists, The Question of Tibet and the Rule of Law, Genf: ICJ 1959

dies., Tibet and the Chinese People's Republic. A Report to the International Commission of Jurists by its Legal Inquiry Committee on Tibet, Genf: ICJ 1960

dies., Tibet: Human Rights and the Rule of Law, Genf: ICJ 1997

Kelly, Petra, Tibet – Eine Kolonie Chinas. Ein buddhistisches Land sucht die Befreiung, hg. v. Helmut Steckel, Hamburg: Edition Tibet, Olaf Hille Buchverlag 1993

Kelly, Petra / Bastian, Gert (Hg.), Tibet – ein vergewaltigtes Land, Reinbek: Rowohlt 1988

Kelly, Petra / Bastian, Gert / Ludwig, Klemens, Tibet klagt an. Zur Lage in einem besetzten Land, Wuppertal: Peter Hammer 1990 (Neuauflage 1992)

Lehmann, Peter-Hannes / Ullal, Jay, Tibet – Das stille Drama auf dem Dach der Erde, Hamburg: Gruner & Jahr Neuausgabe 1998

Ludwig, Klemens, Tibet, München: Beck 1989 (Neuauflage 1996)

Maraini, Fosco, Geheimnis Tibet, München/Wien: Andermann 1953

Mythos Tibet. Wahrnehmungen, Projektionen, Phantasien, hg. v. Kunst- und Ausstellungshalle der Bundesrepublik Deutschland, Bonn, in Zusammenarbeit mit Thierry Dodin und Heinz Räthner, Köln: DuMont 1997

Norbu, Jamyang, Horseman in the Snow. The Story of Aten, An Old Khampa Warrior, Dharamsala/India: Information Office 1979

Pema, Jetsun, Zeit der Drachen. Die Autobiographie der Schwester des Dalai Lama, Hamburg: Hoffmann und Campe 1997

Powers, John, Religion und Kultur Tibets. Das geistige Erbe eines buddhistischen Landes, München: O. W. Barth/Scherz 1998

Reichle, Franz (Hg.), Das Wissen vom Heilen. Tibetische Medizin, Bern u. a.: Haupt 1997

Richardson, Hugh E., High Peaks, Pure Earth. Collected Writings On Tibet. History And Culture, hg. v. Michael Aris, London: Serindia Publications 1998

ders., Tibet. Geschichte und Schicksal, Frankfurt/Berlin: Metzner 1964

Shakya, Tsering, The Dragon in the Land of Snows. A History of Modern Tibet since 1947, London: Pimlico 1999

Sogyal Rinpoche, Das Tibetische Buch vom Leben und vom Sterben. Befreit leben im Bewußtsein der eigenen Vergänglichkeit, Bern u. a.: O. W. Barth/Scherz 1993

Stein, Rolf A., Die Kultur Tibets, Amsterdam: Ed. Weber 1992 (auch Berlin: Clemens Zerling/Bugrim 1993)
Taring, Rinchen Dolma, Eine Tochter Tibets. Leben im Land der vertriebenen Götter, Hamburg/Düsseldorf: Marion von Schröder 1982
Taring, Rintschen Dolma, Ich bin eine Tochter Tibets, Bergisch Gladbach: Bastei Lübbe 1995
Tibet: Environment and People, engl./frz., hg. v. Eco-Tibet France, Eco Tibet France & Environnement Sans Frontière: Maule/Paris 1993
Winnington, Alan, Tibet, ein Reisebericht, Berlin: Volk und Welt 1960
Wu, Harry, Troublemaker, New York: Random 1996

Tibet auf einen Blick

Größe: 2,5 Millionen km²
Hauptstadt: Lhasa
Bevölkerung: 6 Millionen Tibeter, mehr als 8 Millionen Chinesen
Religion: Die tibetische Bevölkerung ist zu 90 % buddhistisch; ebenfalls praktiziert werden der Islam und der Katholizismus.
Sprache: Tibetisch (gehört zur Familie der tibeto-birmanischen Sprachen). Chinesisch ist Amtssprache.
Grundnahrungsmittel: *Tsampa* (geröstetes Gerstenmehl)
Nationalgetränk: *Chang* (Gerstenbier) sowie Buttertee (Tee mit einer Prise Salz und einem Stich Butter)
Durchschnittliche Höhe: 4000 Meter
Höchster Berg: Chomolangma (Mount Everest), 8848 m
Einheimische Säugetiere: Yak, Bharal (Blauschaf), Moschustier, Tibetantilope, Tibetgazelle, Kyang (Wildesel), Panda und Ica
Einheimische Vogelarten: Schwarzhalskranich, Lämmergeier, Großer Haubentaucher, Kahlkopfgans, Regenbogenente und Ibis
Hauptsächliche Umweltbedrohungen: Massive Abholzung von Wäldern im Osten Tibets, Ausrottung großer Säugetiere. Exzessive Ausbeutung von Bodenschätzen und anderen natürlichen Rohstoffen
Durchschnittliche Niederschlagsmenge: Sehr unterschiedlich. Im Westen zwischen 1 mm im Januar und 25 mm im Juli. Im Osten zwischen 25 und 50 mm im Januar und 800 mm im Juli
Bodenschätze: Bauxit, Uran, Eisen, Kupfer, Chrom, Kohle, Salz, Glimmer, Lithium, Zinn, Gold und Erdöl
Wichtigste Flüsse: Zachu (Mekong), Drichu (Jangtse), Machu (Huangho), Gyalmo Ngulchu (Salween), Tsangpo (Brahmaputra), Senge Khabab (Indus) und Langchen Khabab (Sutlej)
Wirtschaft: Tibeter: hauptsächlich Landwirtschaft und Viehzucht. Chinesen: in Regierung, Handel und öffentlichem Dienst tätig
Provinzen: U-Tsang (Zentraltibet), Amdo (Nordosttibet) und Kham (Südosttibet), Ngari im Südwesten, Changthang im Norden
Angrenzende Länder: Indien, Nepal, Bhutan, Burma, Ostturkestan, Mongolei und China
Flagge: ein Berg, Schneeleoparden, eine Sonne mit roten und blauen Strahlen. In Tibet verboten

Staatsoberhaupt: Seine Heiligkeit der XIV. Dalai Lama (vollständiger Titel: Jetsun Ngawang Lobsang Yeshi Tenzin Gyatso Sisum Wangyur Tsungpa Mepai Dhe Palsangpo)

Exilregierung: Demokratisch (parlamentarische Regierungsform: 43 der 46 Abgeordneten werden alle fünf Jahre gewählt, 3 vom Dalai Lama ernannt)

Regierung in Tibet: Kommunistisch

Verhältnis zu China: Kolonialstaatlich

Rechtsstatus: Besetztes Land

Danksagung

Wir danken insbesondere:

Den Übersetzern, die Dr. Tenzin Choedrak und Gilles van Grasdorff in Dharamsala unterstützt haben.

Für die Simultanübersetzung: Kelsang Yangzom und Tenzin Rabgyal für ihre Hilfe zu jeder Zeit, ihr Talent und ihren Einsatz für das Gelingen dieses Projekts.

Für die schriftliche Übersetzung: zuallererst Phuntsok, unterstützt von Khedup Woeser, für ihre bemerkenswerte Arbeit, ihre Geduld und ihre Freundlichkeit. Und Dr. Namgyal Tenzin, für die Qualität seiner Übersetzungen bei allen Texten, die mit Medizin zu tun haben.

Für die Recherchen über Khyenrab Norbu: Die Zusammenstellung ist in Zusammenarbeit mit Sonam Rinchen und Ngawang Soepa erfolgt.

In Frankreich hat Geraldine Le Roy die enorme Übersetzungsarbeit von siebenundsechzig Kassetten und anderen Dokumenten aus dem Englischen ins Französische, insgesamt über zweitausend Seiten, geleistet. Neben ihrem Talent hat sie hier ihre Unterstützung und ihren Glauben an dieses Werk eingebracht.

Jean Lassale und Jacques Krischer für ihre ständige Unterstützung.

Dem Tibet-Büro und Wangpo Bashi für ihre Mitarbeit.

Ngawang Dakpa für sein Korrekturlesen (sowie seiner ganzen Familie).

Die Entstehung dieses Buchs wäre ohne die besonders herzliche Aufnahme durch die tibetische Exilregierung und die gesamte tibetische Gemeinschaft nicht möglich gewesen.

Mein Dank richtet sich zunächst an Herrn Dawa Thondup, den früheren Vertreter Seiner Heiligkeit des Dalai Lama in Frankreich, der mir geholfen hat, den Kontakt mit Dr. Tenzin Choedrak herzustellen, und mich gleichzeitig vor den zahlreichen Hindernissen gewarnt hat, auf die ich bei meinem Vorhaben stoßen würde. Dank auch an Frau Kunzang D. Yuthok, die jetzige Vertreterin Seiner Heiligkeit in Paris, für ihre Unterstützung.

In Dharamsala gilt mein Dank ganz besonders Herrn Tempa Tsering, Sekretär der Abteilung für Information und Internationale Beziehungen, für sein Vertrauen und seine Freundschaft, und der gesam-

ten tibetischen Exilregierung; Dank auch an Jetsun Pema, die alles im Cottage, dem Symbol so vieler Begegnungen, organisiert hat, an meinen Freund Palden Gyatso und an das Orakel von Nechung. In Frankreich richtet sich mein Dank an Dagpo Rinpoche für seine fortwährende Unterstützung.

Und schließlich danke ich den Senatoren Claude Huriet, Vorsitzender des Parlamentarischen Freundeskreises Tibet im Senat, Louis de Broissia und Jean-Jacques Robert; ebenfalls gedankt sei Herrn Léon Zeches und seiner Familie; Herrn André Heiderscheid; Olivier Masseret; Sofia und Khoa; Anne-Marie und Maître Gilbert Collard; und Marie …

Adressen

Sie können den Men-Tsee-Khang unterstützen oder sich am Wiederaufbau des Klosters Chöde beteiligen, wenn Sie sich direkt an die folgende Adresse wenden:

Dr. Tenzin Choedrak
Men-Tsee-Khang
Tibetan Medical and Astrological Institute of His Holiness the Dalai Lama
Gangchen Kyishong
Dharamsala – 176215 (HP) India
Tel 0091–1892–2 26 18 / 2 31 13, Fax +91–1892–2 41 16
e-mail: TMAI@tcrclinux. tibdsala. org. in

Wenn Sie Patenschaften für bedürftige Mönche, Nonnen oder Laien übernehmen möchten, wenden Sie sich bitte an:

Deutsche Tibethilfe e. V.
Frau Irmtraut Wäger
Mauthäuslstr. 9
81379 München
Tel. 089–78.83.06
Fax 089–78.28.93

Für weitere Auskünfte wenden Sie sich bitte an:

The Tibet Bureau
10, Place de la Navigation
CH – 1201 Genf
Tel. 41–22–738.79.40
Fax 41–22–738.79.41
e-Mail: *tibet@bluewin.ch*
Internet: *www.tibet.com.*

Das »Tibet Bureau« ist die offizielle Repräsentation des Dalai Lama und der Regierung Tibets im Exil für Mittel- und Südeuropa.

Deutschland:

Tibet Initiative Deutschland e. V.
Asienhaus
Bullmannaue 11
D-45327 Essen
Tel.: 0201–830–3821
Fax: 0201–830–3822
e-mail: *tibet.initiative@asienhaus.org.*

Tibet Initiative München e. V.
Nordendstraße 7a
D-80799 München
Tel./Fax: 089–271 31 01, 271 31 06

Deutsch-Tibetische Kulturgesellschaft e. V.
Z. Hd. Tsewang Norbu
Große Hamburger Straße 1
D-10115 Berlin
Tel./Fax: 030–285 34 306
e-mail: *Norbu@Boell.de*

Tibet-Forum
Monika Deimann-Clemens
(Redaktion)
Goethestraße 33
D-63674 Altenstadt
Tel.: 06047–7816
Fax: 06047–67253
e-mail: *106055.3574@compuserve.com*
»Tibet-Forum« bringt dreimal im Jahr Berichte und Kommentare aus Politik, Kultur und Gesellschaft. Herausgeber: Verein der Tibeter in Deutschland e. V.

Schweiz/Liechtenstein:

Gesellschaft Schweizerisch-Tibetische Freundschaft
Hottinger Straße 28
CH-8032 Zürich
Tel./Fax: 0041-1-252-7777
e-mail: *GSTF@bluewin.ch*
Internet: *www.tttibet.com*

Österreich:

Save Tibet Austria
Lobenhauerngasse 5/1
A-1170 Wien
Tel.: 0043-1-330 28 94
Fax: 0043-1-470 58 20 60

Italien (Südtirol):

Tibet-Unterstützungsgruppe
Südtirol
Z. Hd. Dr. Günter Cologna
Weggensteinstraße 29
I-39100 Bozen
Tel.: 0039-471-982-646
e-mail: *G.Cologna@io1.it*

Tibet
Land – Religon – Politik

Von Helmut Forster-Latsch
und Paul Ludwig Renz
suhrkamp taschenbuch 3043
245 Seiten
Suhrkamp Verlag
Frankfurt am Main 1999

1949, vor fünfzig Jahren, wurde Tibet von China militärisch besetzt und verlor 1951 seine Souveränität. Seitdem dauern dort die größte Landnahme seit dem Ende des Zweiten Weltkrieges und die kommunistische Diktatur Chinas an. Die tibetische Hochkultur muß um ihr Überleben ringen.
Bei und nach der Besetzung ihres Landes waren die Tibeter, allen voran die Mönche und Nonnen, schwersten Verfolgungen durch die chinesischen Besatzer ausgesetzt. Zahlreiche Klöster, gleichzeitig Schulen des Landes, wurden zerstört. Der tibetische Widerstand fand seinen Höhepunkt im Volksaufstand in Lhasa und wurde am 10. März 1959 von den Chinesen blutig niedergeschlagen. Der chinesische Terror ist auch heute noch nicht beendet.
Der Dalai Lama bemüht sich seit Jahrzehnten, eine friedliche Lösung des Tibetproblems mit der chinesischen Regierung herbeizuführen.
Der Band gibt eine Übersicht über das Land, die Religion – die Orden bzw. Schulen des tibetischen Buddhismus, die Lehre der Reinkarnation – und die politischen Ereignisse der letzten Jahrzehnte bis hin zu den aktuellen Entwicklungen.

Tibet
Erfahrungen auf dem Dach der Welt

Von Wilhelm A. Klingenberg
Mit zahlreichen Fotografien
insel taschenbuch 1860
198 Seiten
Insel Verlag Frankfurt am Main
und Leipzig 1997

Wilhelm Klingenberg kennt Tibet wie kaum ein anderer. Jahr für Jahr bereist er das Land, besucht auf eigene Faust berühmte Klöster und heilige Berge, schwer erreichbare Meditationshöhlen und geheimnisvolle Seen. Er geht alten Pilgerwegen nach und kennt das Leben der Yak-Hirten. Mit jeder Reise ist er mehr in den Bann dieser einzigartigen Zivilisation geraten, die das großartige Lehrgebäude des Buddhismus hervorgebracht hat und in der sich bis in die Mitte unseres Jahrhunderts ein archaisches Feudalsystem hielt.
Viel zu lange hat Tibet versäumt, sich seinen Platz in der modernen Welt zu suchen, die Zeitumstände trugen dazu bei. Heute wird dem Land von einem wiedererstarkten China die nationale Selbständigkeit verweigert. Noch ist der Selbstbehauptungswille der Tibeter ungebrochen, noch lebt die alte ruhmreiche Kultur. Das Buch Klingenbergs vermittelt einen lebendigen Eindruck vom heutigen Tibet, aber es führt auch ein in die Eigenheiten und Entwicklungen der Geschichte.

Hermann Hesse
Aus Indien
Aufzeichnungen, Tagebücher, Gedichte, Betrachtungen und Erzählungen

suhrkamp taschenbuch 562
364 Seiten
Suhrkamp Verlag
Frankfurt am Main 1980

Überdrüssig der allzu langen Seßhaftigkeit und Gebundenheit an sein Haus in Gaienhofen am Bodensee begab sich Hermann Hesse als 34jähriger auf die längste Reise seines Lebens. Das Reiseziel war Indien, das Land, in welchem seine Großeltern und Eltern zur Verbreitung des protestantischen Christentums missioniert hatten. Sein bisheriges Wissen über Indien hatte Hesse aus Erzählungen seiner Eltern und aus den wenigen damals greifbaren – und von ihm aufmerksam verfolgten – deutschen Übersetzungen aus diesem Kulturkreis gewonnen. Dies galt es nun mit den Erfahrungen der Realität zu konfrontieren. Die Verarbeitung dieser Konfrontation war so fruchtbar, daß sie Hesse dazu befähigte, das missionarische Erbe seiner Vorfahren in einem umgekehrt wirkenden Religionsverständnis fortzusetzen und mit Büchern wie *Siddhartha*, *Die Morgenlandfahrt* und *Das Glasperlenspiel* einen west-östlichen Dialog anzuregen. Neben den Aufzeichnungen von dieser Indonesienreise, die 1913 u. d. T. *Aus Indien* erschien, enthält dieser Band auch die wichtigsten essayistischen und fikionalen Texte Hesses, die sich mit »indischen« Themen befassen, sowie ein noch unveröffentlichtes Reisetagebuch.

Octavio Paz
Im Lichte Indiens
Ein Essay

Bibliothek Suhrkamp 1308
202 Seiten
Suhrkamp Verlag
Frankfurt am Main 1997

Octavio Paz' lebenslange Beschäftigung mit der wesentlich anderen Spiritualität und Sensualität der indischen Kultur hat hier die Form eines großen, autobiographisch eingeleiteten Essays gefunden, nachdem sie bereits in seine Bücher *Der sprachgelehrte Affe* (BS 530) und *Vrindavan und andere Gedichte aus dem Osten* eingegangen war.

»Sein Essay sei kein Buch für Fachleute, sagt Paz, es sei nicht die Frucht des Wissens, sondern der Liebe. Seine Perspektive ist also eine den Liebhabern Indiens vertraute, und genau deswegen ist die Lektüre ein Genuß ...«

Frankfurter Allgemeine Zeitung

Shashi Tharoor
Der große Roman Indiens

suhrkamp taschenbuch 2867
659 Seiten
Suhrkamp Verlag
Frankfurt am Main 1998

»Sie erklären mir, Indien sei ein unterentwickeltes Land ... Natürlich alles dummes Zeug ... Ich erkläre ihnen, wenn sie nur einmal das Mahabharata studierten, dann würden sie begreifen, daß Indien kein unterentwickeltes, sondern ein hochentwickeltes Land im Zustand fortgeschrittenen Verfalls ist.«

Am Ende des 20. Jahrhunderts schreibt der indische Schriftsteller Shashi Tharoor seine moderne Version des rund 2000 Jahre alten indischen Epos *Mahabharata*. Ein Werk, am das Anfang der indischen Literatur und des indischen Nationalbewußtseins steht. *Der große Roman Indiens*, so die wörtliche Übersetzung von ›Mahabharata‹, schlägt einen Bogen vom Indien der Kolonialzeit bis zu den jüngsten politischen, sozialen und religiösen Entwicklungen des Landes: eine lebendige Realsatire, »eine brillante, respektlose *tour de force* durch die Geschichte des 20. Jahrhunderts, ein Buch, das bis zur letzten Seite spannendes Lesevergnügen bildet.« – wie das *Times Literary Supplement* schrieb.

Heinrich Zimmer
Philosophie und Religion Indiens

suhrkamp taschenbuch wissenschaft 26
595 Seiten
Suhrkamp Verlag
Frankfurt am Main 1973

Heinrich Zimmers Buch revidiert das in Europa bekannte Bild Indiens und bereinigt es von herrschenden Vorurteilen und Vorstellungen. Es genügt deshalb einem doppelten Anspruch: Auf der einen Seite handelt es sich um eine umfassende Darstellung der Geschichte der Philosphie und Religion Indiens und wird durch Bibliographie, Register und Sanskrit-Index geradezu zu einem indologischen Nachschlagewerk, auf der anderen Seite bleibt Zimmer aber nicht etwa ein distanzierter Betrachter, vielmehr kommt er durch sein Interesse an einem Abbau westlicher Vorurteile zu einer Schau »der ewigen Werte Indiens«.

Heinrich Zimmer, geboren 1890 in Greifswald, starb 1943 in New Rochelle bei New York. 1939 gab er seine Professur in Heidelberg auf, um in Oxford Vorlesungen zu halten. Zuletzt lehrte er an der Columbia-Universität in New York.